古典文獻研究輯刊

十八編

潘美月・杜潔祥 主編

第 18 冊

小說林社研究（上）

欒偉平 著

國家圖書館出版品預行編目資料

小說林社研究（上）／欒偉平　著 — 初版 — 新北市：花木蘭
文化出版社，2014〔民 103〕
目 4+202 面；19×26 公分
（古典文獻研究輯刊 十八編；第 18 冊）
ISBN：978-986-322-626-0（精裝）
1. 小說　2. 文學評論
011.08　　　　　　　　　　　　　　　　103001311

ISBN-978-986-322-626-0

9 789863 226260

古典文獻研究輯刊
十八編　第十八冊　　　　　　　ISBN：978-986-322-626-0

小說林社研究（上）

作　　　者　欒偉平
主　　　編　潘美月　杜潔祥
總 編 輯　杜潔祥
副總編輯　楊嘉樂
編　　　輯　許郁翎
企劃出版　北京大學文化資源研究中心
出　　　版　花木蘭文化出版社
社　　　長　高小娟
聯絡地址　235 新北市中和區中安街七二號十三樓
　　　　　　電話：02-2923-1455／傳真：02-2923-1452
網　　　址　http://www.huamulan.tw 信箱 hml 810518@gmail.com
印　　　刷　普羅文化出版廣告事業
初　　　版　2014 年 3 月
定　　　價　十八編 22 冊（精裝）新台幣 40,000 元　　　版權所有・請勿翻印

小說林社研究（上）

欒偉平　著

作者簡介

欒偉平，女，1977 年生於山東省平度市，2003 年畢業于山東大學中文系，獲文學碩士學位，2009 年畢業於北京大學中文系，獲文學博士學位，現就職於北京大學圖書館。主要研究方向為近代中國報刊雜誌研究、小說出版研究、版本目錄學。撰有《近代科學小說與靈魂──由〈新法螺先生譚〉說開去》、《〈觚庵漫筆〉作者考》等十餘篇論文。

提　要

　　小說林社為晚清著名的小說書局，但學界此前對其並無系統研究。本書的目的是通過大量第一手材料，縷述小說林社發展的歷史，並對其各項出版事業、經營管理策略作一個相應勾勒，而將重點放在小說林社的小說出版和《小說林》雜誌的理論成就上。

　　本書分兩編：上編為小說林社研究，下編為小說林社小說研究。

　　本書上編包括三章。前兩章主要考察小說林社的創辦、發展、結束和它的各項事業。小說林社由以曾樸為首的常熟籍新知識分子創立，主要活動於 1904～1908 年，正式結束於 1909 年。該社辦有《女子世界》、《理學雜誌》與《小說林》三種刊物，還出版有近百種單行本小說，其中偵探和言情小說占百分之七十以上。

　　本書第三章主要討論小說林社的商業運營。小說林社是一個股份制的民營出版社，要想維持生存發展，必須適應市場需求。為此，小說林社採取了多種市場營銷策略，在後期的出版中，更是不得不偏向市場──1906 年開始發行的「小本小說」叢書，價廉便攜，宗旨也相應改為提倡消遣娛樂。作為一個經營實體，小說林社還必須面對同行的競爭。本書認為，商務印書館加入翻譯小說出版市場，並迅速佔有市場的最大份額，是導致小說林社衰落的一個重要原因。

　　本書下編包括四至六章。

　　第四章研究《小說林》雜誌的小說理論。《小說林》雜誌同人提出「小說者，文學之傾於美的方面之一種也」，確定了小說的審美本質與獨立性；並客觀評判小說與社會的關係，對糾正小說過分政治化的時論有一定的反撥作用。黃人是《小說林》的理論靈魂，徐念慈次之。徐念慈和黃人之所以能高出同儕，乃是由於吸收了日本和西洋的文學及美學理論。此章除了探討黃人和徐念慈小說理論的東學與西學來源，還試圖還原《小說林》雜誌創刊到結束期間的上海小說期刊界的原生態，論述了《小說林》雜誌上諸種論說與《月月小說》雜誌及吳趼人小說觀的爭鳴與呼應。

　　小說林社是一個以出版翻譯小說為主的書局，多達 123 種的單行本譯作奠定了它在晚清小說書局中的獨特地位。本書第五章主要分析了小說林社翻譯外國小說的動機、稿源，以及譯者情況、讀者接受情況和翻譯小說概貌。本書認為，小說林社的翻譯動機主要是傳播新知和新民，出於文學藝術方面的考慮較少。造成此現象的原因，與譯者群的外語多依靠自學、很少有人具備系統的西方文學知識有關，也與當時讀者的接受興趣或在新知或在情節上有關。但經由翻譯引進的一些外國小說的結構、技巧，確實為晚期小說界帶來了新氣象。

本書第六章爲小說林社科學小說的專門研究。科學小說是小說林社所有出版物中最具特色的小說類型，小說林社編輯部主任徐念慈帶頭翻譯並創作，留下了《新法螺先生譚》等一系列精品。小說林社的科學小說中，既有對於物質科學神奇美妙力量的鋪敍，也有對於精神和靈魂力量的讚美；既有對科學力量的傾心推崇，也有對科學以及科學家能力的懷疑。總體而言，這些作品呈現出一種紛雜的面貌，其中不乏裂隙和相互牴觸之處。這也引起我們思考，晚清科學小說究竟在多大程度上能夠承擔起傳播新知的功能。

　　通過以上分析，本書得到下列結論：小說林社同人的小說理論極其出色，這得益於他們對東學和西學的吸收借鑒。然而，理論和實踐之間有著巨大鴻溝，小說林社出版的小說中，多是通俗小說，鮮有經典之作。這與民營出版社的商業化有關，與核心成員的知識結構、譯者的整體水平、讀者的接受心理等等都有很大關係。小說林社小說出版的主要成就，在於以大量的翻譯小說，引起了國人對於西方小說的興趣，並促進了商務印書館小說叢書的擴大發展。

　　由此，本書進而希望反省學界對於「小說界革命」的研究。學界一般把二十世紀的第一個十年看作「小說界革命」時期，認爲此時期主要提倡利用小說進行社會改良和國民教育，而新小說的商業化以及由此帶來的消遣娛樂觀，要到辛亥革命後，才由鴛鴦蝴蝶派作家提出和貫徹。通過對小說林社的研究，本書認爲這種觀點太過表面化。新小說的商業化早在一九〇〇年代就已經開始。晚清大量的新小說是由民營書局出版發行的。民營書局要生存和發展，離不開對市場的把握。正是由於民營出版業的商業化，促進了新小說的商業化，使得新小說迅速普及並取得重要地位，從而爲五四接受西方小說奠定了心理基礎。

目

次

前　言

一、本書緣起

　　小說林社是晚清第一個專門以經營新小說為主的出版社，由曾樸為首的常熟籍新知識分子於 1904 年創立，主要活動於 1904～1908 年，1909 年正式結束。它所出版的《小說林》雜誌是晚清四大小說雜誌之一，所出版的《孽海花》是中國歷史小說由古代向現代轉型的重要作品，《新法螺先生譚》更是我國最早的科幻小說之一。

　　小說林社出版的單行本小說有 123 種之多。其中單行本翻譯小說就有 104 種。憑藉大量的單行本翻譯小說，小說林社將外國風土人情介紹到中國，開拓了國人眼界，引起了國人對於西方小說的興趣。並且，借助譯本，一些外國小說的結構技巧也同時引進到中國，給中國小說帶來了新氣象。小說林社小說在晚清風靡一時，當時名人邱煒萲、金松岑、孫寶瑄、徐兆瑋等人都留下了對小說林圖書的評點文字，中下層文人鍾駿文（寅半生）也在自己的《小說閒評》中多次談及。商務印書館見而起競爭之意，其「說部叢書」本來時刊時輟，因受小說林社小說熱銷的刺激而擴大發行；甚至商務印書館大量刊行林譯小說，也與小說林社不無關係。從晚清外國小說的大規模翻譯方面來說，小說林社確有開風氣之功。五四一代作家能夠從心理上接受西方小說，也得益於小說林社對外國小說的普及。

　　小說林社是晚清一家頗具規模的中型出版社，前期，它因大量翻譯西方小說、開風氣之先而興旺；後期又因經營過分擴張及與實力遠過於己的同行競爭而衰落。小說林社雖然存在時間較短，但其在經營上的成敗，給走向現

代化經營的出版界提供了有益的經驗與教訓。

小說林社集結了一批譯者（作家）隊伍。周作人一生中的第一筆稿費，源於向小說林社投稿的《孤兒記》；魯迅在小說林社發行的《女子世界》雜誌上，發表過譯作《造人術》。小說林社也爲鴛鴦蝴蝶派作家提供了作品發表空間：包天笑、徐卓呆、王蘊章、李涵秋、許指嚴等人，都在小說林社出版過譯作（著作），他們的文學創作技巧，很多都是在翻譯中學得並熟練的。他們在辛亥革命後的作品風格，於小說林社時期就已經初露端倪。

《小說林》的小說理論極爲精闢，在小說新民論占統治地位的時候，黃人指出小說是「文學中傾向於美的方面之一種」，徐念慈應用德國美學觀點來探究小說的價值；他們客觀評價小說與社會的關係，認爲「小說固不足生社會，而惟有社會始成小說者也」。他們的觀點，在當時來說可說是最新穎的見解，對糾正小說創作過分政治化的時尚有一定的反撥作用。

綜上，既然小說林社在晚清新小說出版界、小說理論界有如此重要的地位，但學界至今對其並無系統研究。這實在是與其地位不相稱，因此筆者才選取小說林社作爲博士論文題目。

二、以往研究綜述

以往對小說林社的研究，主要分爲三大部分：雜誌研究，小說林社成員研究，出版社研究。其中，出版社研究是最薄弱的部分。

（一）雜誌研究

小說林社辦有三種雜誌：《女子世界》、《理學雜誌》和《小說林》。《理學雜誌》尚無專文研究。夏曉虹教授於 2003 年選編了《〈女子世界〉文選》，其撰寫的導讀《晚清女報的性別觀照——〈女子世界〉研究》，詳細考察了《女子世界》的運作方法、作者構成與議論主題，研究全備且深刻。〔註1〕

《小說林》雜誌研究分兩部分：綜合研究以及《小說林》理論研究。綜合研究方面，阿英先生的《晚清文藝報刊述略》有開創之功。此外還有郭浩帆的《近代四大小說雜誌研究》〔註2〕和王燕的《晚清小說期刊史論》〔註3〕。

〔註1〕 夏曉虹選編並導讀《〈女子世界〉文選》，貴陽：貴州教育出版社，2003 年版。
〔註2〕 郭浩帆《近代四大小說雜誌研究》，山東大學 2000 年博士論文，同名著作於
　　　 2003 年由中國當代出版社出版。

《近代四大小說雜誌研究》是筆者所見到的當代最早的對《小說林》雜誌進行系統研究的著作。郭浩帆梳理了《小說林》雜誌的創辦歷史，介紹了主要作者譯者的情況，此外還對《小說林》的主要特色和價值進行了較恰當的評價。王燕的《晚清小說期刊史論》注意到了《小說林》雜誌和小說林社的關係，並注意到了雜誌和出版社的互動，可惜限於篇幅（對《小說林》雜誌的論述只占全部七章篇幅中的一節），未曾展開。2007年，揚州大學姚洪兵的碩士論文《〈小說林〉研究》，概述了《小說林》雜誌的面目、辦刊理念及小說理論，但過於簡略。

　　《小說林》理論研究方面，郭延禮《中國近代文學發展史》把黃人、徐念慈歸入資產階級革命派，認為他們的理論成就在於：一、正確闡明了小說與社會生活的關係。二、借鑒西方美學的觀點，探討小說文體的藝術性能。三、論述了塑造人物的現實主義藝術原則。四、正確評價古代小說遺產。〔註4〕顏廷亮在《晚清小說理論》〔註5〕中，闢有專章，討論《徐念慈、黃人等〈小說林〉作者的小說理論》，他指出，小說林社理論的成就在於正確評價小說與社會的關係、強調小說藝術性的重要性，客觀看待我國古代小說遺產等。另外，他還指出，徐念慈的《〈小說林〉緣起》是一篇初步運用資產階級美學和小說理論探討小說問題的專文。黃霖在《中國文學批評通史》（近代卷）〔註6〕第七章的《小說論》中，討論了黃人和徐念慈的小說理論，仍是把二人歸入資產階級革命派；比較具體地分析了徐念慈在《〈小說林〉緣起》一文中，對德國美學思想的運用；分析了徐念慈在《余之小說觀》中對於小說與社會關係的周到看法；肯定了黃人對於古典小說的客觀評價。以上三位先生對《小說林》小說理論成就的分析比較中肯而全面，但三人用階級觀點，把徐念慈、黃人歸入資產階級革命派，這是不太恰當的：首先，文學理論不能用政治條框來限定；其次，如果一定要區分政治態度的話，以筆者閱讀所及，徐念慈的政治態度相當溫和，與其說是資產階級革命派，倒不如歸入資產階級改良派。另外，三位都把《觚庵漫筆》的著作權歸給俞明震，

〔註3〕　王燕《晚清小說期刊史論》，長春：吉林人民出版社，2002年版。
〔註4〕　參見郭延禮《中國近代文學發展史》（第三卷）第四十三章第一節《資產階級革命派的小說理論》，濟南：山東教育出版社，1995年版。
〔註5〕　顏廷亮《晚清小說理論》，北京：中華書局，1996年版。
〔註6〕　黃霖《中國文學批評通史》（近代卷），上海：上海古籍出版社，1996年版。

這是不恰當的。經作者考證，《觚庵漫筆》的作者是小說林社總編輯徐念慈。

袁進在《中國小說的近代變革》一書中，肯定黃人、徐念慈等「小說林派」「試圖建立一個新的小說本體，將小說價值由政治教育的基礎上，轉移到藝術審美的基礎上來」〔註7〕，是在幫助「新小說」擺脫困境。袁進認爲，他們努力的方向是對的，沒有獲得成功的原因有二：一是在感情上不願承認中國文學比西方文學落後，從而看不清二者的差距；其二是學習西方美學理論帶有強烈的急功近利色彩，不合理地摘引西方美學語錄，來爲「新小說」的合理性尋找根據。在說明第一點的時候，袁進所引「小說林」派的材料只有黃人《國朝文匯‧序》中的一句話，「以我國文學之雄奇奧衍，假罄其累世之積蓄，良足執英、法、德、美壇坫之牛耳」〔註8〕。而該序言撰寫於 1909 年，當時小說林社已經結束，不應作爲論據。關於第二點，袁進舉了徐念慈《〈小說林〉緣起》一文中對於黑格爾美學的誤用，並一一說明誤用在何處。筆者認爲，袁先生所指出的誤用處非常深刻且恰當。但筆者也認爲：我們在評論前人的時候，要帶著同情之理解。徐念慈從西方美學中吸收養料來討論中國小說，即使多有錯誤，也是過渡時代的常見現象。正是在這樣一個個錯誤的嘗試積累下，西方美學和文學理論才逐漸在中國紮下根來。徐念慈的努力自有其意義，畢竟他是較早運用美學知識討論小說的人（更早的是王國維，用德國哲學和美學知識寫成《紅樓夢評論》）。所以，筆者不完全同意袁進先生用這兩點來批評小說林派。

總之，學界對《小說林》理論成就的判定基本達成共識，主要觀點是：小說林派對小說與社會關係的中肯見解，對小說藝術特徵的重視，徐念慈對西方美學思想的運用，黃人對於古代小說的客觀評價等都值得肯定。但上述諸人都沒有討論過黃人、徐念慈超卓的理論見解來自哪裏。2008 年，陳廣宏發表《黃人的文學觀念與十九世紀英國文學批評資源》〔註9〕，認爲黃人《中國文學史》中的西方文學觀——主要是第一編「總論」關於「文學之目的」的探討，和第四編「分論」第一章第一節有關「文學定義」的闡釋，主要借鑒了太田善男《文學概論》中的相關解說，而太田善男又是得益於十九世紀

〔註7〕 袁進《中國小說的近代變革》，北京：中國社會科學出版社，1992 年版，75 頁。
〔註8〕 袁進《中國小說的近代變革》，76 頁。
〔註9〕 陳廣宏《黃人的文學觀念與十九世紀英國文學批評資源》，《文學評論》2008 年第 6 期。

英國文學理論。此篇論文給筆者以很大的啓發。

（二）小說林社成員研究

在小說林社成員研究方面，以黃人、曾樸研究爲重鎮。

關於黃人研究：

年譜與資料彙編：1995 年，時萌著《黃摩西行年與著作略考》〔註10〕，是筆者所見最早的黃人年譜及著作考略。2005 年，黃人後代黃鈞達編著《黃人生平與研究》（未正式出版），該書是一本研究黃人的資料彙編，其中最有價值的是《黃人年譜》，係黃鈞達根據家藏黃人遺物、遺稿、家譜、黃人家屬的回憶等等編輯而成，在黃人研究方面，是一份非常珍貴的資料；黃鈞達《中國近代文學家黃人研究綜述》，原載南京師範大學《文教資料》1997 年第 5 期，亦收入此書。

當代對黃人的作品整理：1986 年，錢仲聯在其主編的《明清詩文研究資料集》第一輯和第二輯〔註11〕，收錄了黃人《石陶梨煙室詩存》。1998 年，湯哲生、涂小馬編著《黃人》〔註12〕，包括評傳和作品選兩部分，在作品選中，對黃人的作品又有補充。2001 年，曹培根、江慶柏整理了《黃人集》，由上海文化出版社出版。其中收入黃人詩詞、書信、單篇文章，以及《小說小話》、《中國文學史》（節錄）等，未收入黃人的翻譯作品。這是目前搜羅最全的黃人作品集。

研究著作與論文：綜合研究方面有蘇州大學王永健的《蘇州奇人——黃摩西評傳》，此書包括黃人生平研究，思想研究，詩學和小說、戲曲理論批評研究，《中國文學史》研究四部分內容。其中，戲曲理論批評研究發前人所未發。書後還將黃人的有關作品和著述加以搜集整理，分文錄、詩錄、詞錄、曲錄等類編排，並選錄了《中國文學史》的部分章節。專題研究方面，龔敏《黃人及其〈小說小話〉之研究》是臺灣中正大學 2004 年碩士論文，2006 年由齊魯書社出版，書中對黃人《小說小話》中提到的現存、今佚、疑佚小說的考述，是最有價值的部分。在對黃人《中國文學史》的研究上，有何振球

〔註10〕時萌《黃摩西行年與著作略考》，時萌《常熟近代文學五家》，1995 年，收入「名城文化叢書」，未正式出版。
〔註11〕錢仲聯主編《明清詩文研究資料集》第一、二輯，上海：上海古籍出版社，1986 年版。
〔註12〕湯哲生、涂小馬編著《黃人》，北京：中國文史出版社，1998 年版。

《論黃人的文學史觀》〔註 13〕、王永健的《中國文學史的開山之作——黃摩西所著中國首部〈中國文學史〉》〔註 14〕、戴燕《文學史的力量——讀黃人〈中國文學史〉》〔註 15〕等等；在對黃人 1911 年編著的《普通百科新大辭典》的研究方面，陳平原《晚清辭書視野中的「文學」——以黃人的編纂活動為中心》與米列娜《一部近代中國的百科全書：未完成的中西文化之橋》〔註 16〕視野寬廣，值得借鑒。

關於曾樸研究：

年譜與資料彙編：曾樸於 1935 年 6 月 23 日去世，其長子曾虛白於同年 10 月 1 日至 11 月 1 日，在《宇宙風》半月刊第 2～4 期上發表了《曾孟樸先生年譜》（未定稿）。該年譜成為後世研究者必讀的第一手資料。但其中有若干人名、時間及事件上的錯誤。1982 年，魏紹昌編《孽海花資料》（增訂本）〔註 17〕，將此年譜整理校訂後，收入書中。同年，時萌出版《曾樸研究》，其中的《曾樸生平繫年》〔註 18〕，也是對曾虛白《曾孟樸先生年譜》（未定稿）的匡正增補之作。曾虛白於 1988～1990 年，在臺北聯經出版事業公司發表了《曾虛白自傳》，該書對於瞭解曾樸的生平和文學思想很有幫助。

作品整理：曾樸生前，其詩文散見於《小說林》雜誌及《真美善》雜誌。曾樸去世後，由《宇宙風》雜誌刊行的《曾公孟樸紀念特輯》以及為追悼會而刊行的《曾公孟樸訃告》中，除收錄了曾樸親友的若干紀念文字外，也輯錄了曾樸的一些詩文。1982 年，時萌《曾樸研究》的附錄中，亦收了《曾樸詩文選錄》。但是，此後再無人系統整理曾樸的詩文作品。以曾樸在文學史上的地位來說，這是非常不正常的現象。曾樸名作《孽海花》版本眾多，茲不贅述。

研究著作與論文：1977 年·美國芝加哥大學李培德的博士論文《曾孟樸

〔註 13〕 何振球《論黃人的文學史觀》，《蘇州大學學報》1983 年第 4 期。

〔註 14〕 王永健《中國文學史的開山之作——黃摩西所著中國首部〈中國文學史〉》，原載臺灣《中國書目季刊》1995 年 6 月第二十九卷第一期，亦被黃鈞達編著《黃人生平與研究》一書收錄。

〔註 15〕 戴燕《文學史的力量——讀黃人〈中國文學史〉》，《書品》2001 年第 1 期。

〔註 16〕 二文均載於《北京大學學報》（哲學社會科學版）2007 年第 2 期。

〔註 17〕 魏紹昌編《孽海花資料》（增訂本），上海：上海古籍出版社，1982 年版。

〔註 18〕 時萌《曾樸生平繫年》，載時萌著《曾樸研究》，上海：上海古籍出版社，1982 年版。

的文學旅程》由陳孟堅翻譯，臺灣傳記文學出版社出版。此書將曾樸放在整個時代風氣中，對其人生經歷與出版、創作、翻譯實踐進行了綜合考察，眼界比較寬廣。1982 年，時萌《曾樸研究》出版，除收入《曾樸生平繫年》外，還收錄了《曾樸著譯考》、《曾樸法國文學探討》、《曾樸詩歌的思想與藝術》、《曾樸與法國文學》以及對《孽海花》的系列考證等；其中，對曾樸與法國文學關係的探討，是此一研究中比較早出現的論文。2008 年，北京大學馬曉冬的博士論文《文化轉型期的翻譯實踐——作爲譯者的曾樸》，系統討論了曾樸的翻譯思想和翻譯實踐，並將其翻譯和創作聯繫起來。

　　在曾樸研究方面，對其歷史小說《孽海花》的研究是重心。1905 年，《孽海花》一、二編在小說林社出版後，時人多有贊許。如 1906 年，林紓就在《〈紅礁畫槳錄〉譯餘剩語》中，讚賞其「非小說也，鼓蕩國民英氣之書也」〔註 19〕。而到了五四時期，以胡適爲代表的新文學家對《孽海花》已頗有微詞：胡適在《文學改良芻議》〔註 20〕中，稱讚李伯元、吳趼人、劉鶚三人的白話小說，未提曾樸的《孽海花》；錢玄同爲此寫信寄《新青年》，認爲《孽海花》也應加上〔註 21〕；胡適回信認爲《孽海花》布局牽強，不算好的小說〔註 22〕。錢玄同回信贊同〔註 23〕。1923 年，魯迅在《中國小說史略》一書中，將《孽海花》與《二十年目睹之怪現狀》、《官場現形記》、《老殘遊記》並列爲「清末之譴責小說」，批評其「張大其詞」，有譴責小說通病；但稱讚其「結構精巧，文采斐然」〔註 24〕。1937 年，阿英的《晚清小說史》特別強調書中的革命思想；並讚揚該小說以主人公爲線索，對社會生活的廣闊展現；亦認爲該作最大成功，在於描寫名士狂態。1990 年，哈佛大學葉凱蒂（Yeh Catherine Vance）的博士論文 *Zeng Pu's Niehai Hua as a political novel——a world genre in a Chinese form*，把《孽海花》作爲政治小說來討論，也是一家之言。當代學者楊聯芬著《晚清至五四：中國文學現代性的發生》〔註 25〕中，

〔註 19〕林紓《〈紅礁畫槳錄〉譯餘剩語》，轉引自陳平原、夏曉虹編《二十世紀中國小說史理論資料》第一卷（1897～1916），北京：北京大學出版社，1997 年版，頁 183～184。

〔註 20〕《新青年》第二卷第五號，1917 年 1 月。

〔註 21〕《新青年》第三卷第一號「通信」欄，1917 年 3 月。

〔註 22〕《新青年》第三卷第四號「通信」欄，1917 年 6 月。

〔註 23〕《新青年》第三卷第六號「通信」欄，1917 年 8 月。

〔註 24〕魯迅《中國小說史略》，北京：人民文學出版社，1973 年版，262 頁。

〔註 25〕楊聯芬《晚清至五四：中國文學現代性的發生》，北京：北京大學出版社，2003

討論了曾樸《孽海花》歷史敘事的現代性，觀點比較新穎。

關於徐念慈研究：

傳記與年譜：徐念慈於 1908 年去世後，同年 10 月，丁祖蔭作《徐念慈先生行述》，縷述徐念慈的生平及出版、教育事業，刊於《小說林》第十二期。1911 年 2 月，蔣維喬作《徐念慈傳》，載《教育雜誌》第三年第一期。1986年，時萌編《徐念慈年譜》〔註26〕，是到目前為止唯一的徐氏年譜。

作品整理：徐念慈的詩文發表於《小說林》雜誌「文苑」欄，小說散見於《小說林》、《女子世界》、《理學雜誌》，其單行本小說在海虞圖書館、小說林社、中國圖書公司出版。徐念慈詩文至今未有人系統整理，其科幻小說《新法螺先生譚》由于潤琦點校，收入其主編的《清末民初小說書系・科學卷》，由中國文聯出版社 1997 年出版。

研究著作與論文：1946 年，楊世驥在《文苑談往》〔註27〕中，專門有《徐念慈》一節，討論其翻譯成就及小說理論。1981 年 8 月 7 日，葉永烈在《光明日報》發表《清朝末年的科學幻想小說》，這是筆者所見的當代第一篇對《新法螺先生譚》進行討論的文章。1986 年，錢瑋翻譯武田雅哉《從東海覺我徐念慈的〈新法螺先生譚〉說起》，刊於《明清小說研究》1986 年 2 期；同年，王國安翻譯的武田雅哉《東海覺我徐念慈〈新法螺先生譚〉小考——中國科學幻想小說史雜記》，載《復旦學報》（社會科學版）1986 年 6 期，實為一文二譯。該文對《新法螺先生譚》有較深入探討，並參考楊世驥《文苑談往》，補充了徐念慈晚年的一些情況。2006 年，本人的《近代科學小說與靈魂——由〈新法螺先生譚〉說開去》〔註28〕一文，從西方心靈學對近代科學小說的影響這一特定角度，對《新法螺先生譚》中的精神、靈魂與新民等問題進行了細緻探討。

對以上三位作家的研究，也有合輯：2001 年，時萌編著《曾樸及虞山作家群》，由上海文化出版社出版。該書包括《曾樸卷》、《張鴻卷》（曾樸好友，《續孽海花》的作者）、《黃人卷》、《徐念慈卷》四編，分別介紹了這四位常

年版。

〔註26〕時萌《徐念慈年譜》，載氏著《中國近代文學論稿》，上海：上海古籍出版社，1986 年版。

〔註27〕楊世驥《文苑談往》，上海：中華書局，1946 年版。

〔註28〕樂偉平《近代科學小說與靈魂——由〈新法螺先生譚〉說開去》，《中國現代文學研究叢刊》2006 年第 3 期。

熟籍近代作家的生平事跡與文學思想，並輯錄了現代知名文化人對這四位作家人品和文品的評論。其中收入若干傳記、紀念文章和研究論文。《曾樸卷》還收錄了《曾樸所敍全目》、《病夫日記》（選錄）、《致胡適書》、《編者一個忠實的答覆》、《修改後要說的幾句話》等。

關於丁祖蔭研究：

張一麐有《常熟丁芝蓀先生墓誌銘》，收入氏著《心太平室集》卷三〔註29〕。曹家俊《〈重修常昭合志〉總纂丁祖蔭傳略》〔註30〕全面介紹了丁祖蔭的生平。曹培根《丁祖蔭及其〈重修常昭合志·藝文志〉》〔註31〕介紹了丁祖蔭的生平及其對常熟文化的貢獻，並重點討論丁祖蔭主編《重修常昭合志》中的《藝文志》部分。曹培根的《常熟民國著述家》〔註32〕一文中，收入丁祖蔭著作及編輯的作品目錄，但未收譯本目錄。如筆者在中國現代文學館所見之《近世歐美豪傑之細君》（海虞圖書館1903年版）就沒有收入。

小說林譯員研究：郭延禮《一位被遺忘的近代女翻譯家陳鴻璧》〔註33〕，第一次介紹了小說林譯員陳鴻璧生平的一些資料，並簡單論述了陳鴻璧的翻譯成就。本人的《蔣維喬日記中的小說林社史料》一文，第一次提出：小說林社除陳鴻璧外，還有英文譯員吳步雲。〔註34〕

（三）小說林社出版研究

1971年，包天笑在香港大華出版社出版《釧影樓回憶錄》，書中有《在小說林》一節，因包氏曾在小說林編譯所工作，他的回憶是非常珍貴的第一手資料。

1948年，李辰冬發表《小說林小說的片貌》〔註35〕一文，記述了作者所

〔註29〕張一麐《心太平室集》，《近代中國史料叢刊》第8冊，臺北：文海出版社，1966年版。

〔註30〕曹家俊《〈重修常昭合志〉總纂丁祖蔭傳略》，《常熟文史》第三十五輯，常熟市政協學習和文史委員會編，2006年版（內部發行）。

〔註31〕曹培根《丁祖蔭及其〈重修常昭合志·藝文志〉》，《常熟高專學報》2000年第5期。

〔註32〕曹培根《常熟民國著述家》，載氏著《書鄉漫錄》，石家莊：河北教育出版社，2004年版。

〔註33〕郭延禮《一位被遺忘的近代女翻譯家陳鴻璧》，載氏著《中西文化碰撞與近代文學》，濟南：山東教育出版社，1999年版。

〔註34〕樂偉平《蔣維喬日記中的小說林社史料》，《清末小說》（日本清末小說研究會）第29號，2006年12月。

〔註35〕《華北日報·俗文學周刊》44～50期，1948年4月30日～6月11日。

藏的小說林社 118 種圖書。他將每一種書按照書名、著者、譯者、出版年月、冊數、情節大意順次逐一著錄,個別書兼及部分序跋。以筆者閱讀所見,此文首次呈現了小說林社單行本小說的概貌,在資料整理上非常有意義。

此外,郭浩帆的《〈小說林〉創辦歷史回溯——從小說林說起》〔註36〕一文,對小說林社從創辦到結束的歷史作了簡單追溯。

綜上,學界對小說林社的研究,基本集中於《小說林》理論研究和小說林社成員研究,對於小說林社的單行本小說出版和其他出版事業、以及小說林社簡史卻少有提及。即使在《小說林》理論研究方面,也有不夠深入之處。

三、本書的研究思路

本書以小說林社爲研究對象,在研究視角和方法上將特別注意以下幾個問題:

一、如前所述,學界對小說林社的出版事業瞭解很少,所以本書將在掌握大量第一手資料的基礎上,勾勒小說林社從創立到結束的歷史、它的各項事業簡況與經營狀況。這是本書一至三章的中心內容。本書所採用的一手資料主要有:1904～1909 年《時報》廣告,蔣維喬日記,徐兆瑋日記,丁祖蔭日記,以及《小說林》雜誌廣告,小說林社單行本附錄的若干廣告等。筆者還力圖在當年小說出版界的生態環境中,討論小說林社與商務印書館的競爭,以及由此造成的自身衰落。

二、前文提到,學界雖然充分肯定了《小說林》的理論成就,但很少有學者探討過黃人、徐念慈爲什麼有如此超卓的見解,筆者因此在第四章《〈小說林〉雜誌小說理論研究》中,著力探討了黃人、徐念慈小說理論的東學與西學來源。另外,本章還試圖還原《小說林》從創刊到結束期間的上海小說期刊界原生態,討論《小說林》雜誌論說與《月月小說》及吳趼人小說觀的爭鳴與呼應。在本章的最後,本書還試圖解答《小說林》的理論與出版實踐之間產生鴻溝的原因。

三、1928 年,曾樸在給胡適的信中,回顧自己和幾個朋友創辦小說林社時,「在初意願想順應潮流,先就小說做成個有統系的譯述,逐漸推廣範圍,所以店名定了兩個。誰知後來爲了各人的意見,推銷的關係,自己又捲入社

〔註36〕郭浩帆《〈小說林〉創辦歷史回溯——從小說林說起》,《貴州大學學報》(社會科學版) 2005 年第 2 期。

會活動的漩渦，無暇動筆，竟未達到目的，事業就失敗了。」〔註37〕在上面
這段話中，曾樸稱自己辦小說林社的初衷與結果之間有著巨大的落差。這就
引發出本書希望解決的第三個問題：曾樸辦小說林社的初衷到底是什麼，所
謂「有統系的譯述」，是只從文學藝術方面考慮，還是別有內涵？初衷與結
果之間為什麼會有很大差距？由於小說林社是一個以出版翻譯小說為主的
書局，本書第五章便著重分析了其所出翻譯小說，試圖對上面的問題作出解
答。

　　四、科學小說是小說林社所有出版物中最具特色的小說類型，本書第六
章為小說林社科學小說的專門研究。筆者試圖通過對其研究，來討論晚清新
小說究竟在多大程度上能夠承擔起新民功能。

　　總括而言，筆者試圖通過大量的原始資料，盡量還原小說林社的原貌，
對其進行綜合性研究：該社的發展簡史、出版事業、理論成就、著譯情況等
等，是本書關注的中心。筆者也力圖採用一種平心靜氣的態度，對前賢的事
業進行理性評價。

〔註37〕參見東亞病夫《復胡適的信》，載《真美善》第 1 卷第 12 號，1928 年 4 月 16 日。

上編　小説林社研究

第一章　小說林社的創辦、發展與結束

　　說起曾樸的《孽海花》，很多人知道這是著名的近代四大譴責小說之一。說起《小說林》雜誌，大家或許知道這是近代四大小說雜誌之一。但說起出版《孽海花》和《小說林》雜誌的小說林社，知道的人就少了。

　　小說林社是我國近代第一家以經營新小說為主的出版社，主要活動時間在 1904 年到 1908 年，據創始人之一的曾樸回憶，小說林社當年相當有影響，「小說林書店開辦時，翻譯外國的小說，還不滿十種」，它應運而生，「激起了一般翻譯和瀏覽外國小說的興味，促進了商務書館小說叢書的刊行。」〔註 1〕曾虛白在《曾孟樸先生年譜》中也說：小說林社「經營了一年之後，果然提高了社會上欣賞小說的興趣」，「舊型的章回小說那時候雖沒有打破，可是翻譯東西洋小說的風氣卻由先生開之。小說林的小說既風靡了一時，其他書局自然也望風而起，商務印書館的刊行林譯小說，實亦受了它的刺激。」〔註 2〕

　　父子兩人一致強調小說林社的重要性：該社翻譯外國小說，開風氣之先，極大地提高了當時社會上欣賞外國小說的興趣，甚至促進了商務印書館小說叢書的刊行。

　　曾氏父子的話即使稍有誇張，想必也離事實不遠。既然小說林社的地位如此重要，那麼，對小說林社的資料進行整理，對它發生發展和結束的軌跡進行勾勒，這將有助於我們對於二十世紀初第一個十年的小說加深瞭解。

〔註 1〕病夫《復胡適的信》，載於《眞美善》第 1 卷第 12 號，1928 年 4 月 16 日。該文登載於《眞美善》的「讀者論壇」欄，文前沒有署題目，在該期雜誌目錄上題爲《復胡適的信》。

〔註 2〕虛白《曾孟樸先生年譜》，《宇宙風》第三期，1935 年 10 月 16 日。

第一節　曾樸與小說林社的創辦

曾樸（1872～1935），江蘇常熟人，家譜載名爲樸華，初字太樸，改字孟樸，又字小木、籀齋，號銘珊，筆名東亞病夫，近代文學家、出版家、翻譯家。其著作除著名的《孽海花》外，有自傳體小說《魯男子》，戲曲《雪曇夢》院本，《補舊漢書藝文志》，《補舊漢書藝文志攷》等。譯作有《影之花》、《九十三年》等。

一、家世與早年經歷

曾樸出身於常熟的一個世代書香的人家，祖父曾熙文，字酉生，號退盦，道光壬辰（1832）舉人，官內閣中書舍人，著有《明瑟山莊詩集》六卷。父親曾之撰，字君表，一字聖輿，號詮仲，光緒元年（1875）舉人，刑部郎中。〔註3〕曾之撰是時文名家，著有《登瀛社稿》，早年和張謇、文廷式、王懿榮並稱「四大公車」。曾之撰交遊廣闊，和許多高官都有來往，如翁同龢、李鴻章、吳大澂、張之洞、汪鳴鑾等。尤與李慈銘交厚，李慈銘去世後，曾之撰爲其編成《越縵堂駢體文》四卷《越縵堂散體文》一卷，並出資刊刻〔註4〕。因父親的關係，曾樸從小就有名師指點，李慈銘、吳大澂、翁同龢的侄子翁士章都是曾樸的受業師。曾家所處的地理位置也充滿了文化氣息。曾之撰中年在常熟九萬圩築園虛廓居，又稱「曾園」。曾園西與趙園相鄰，趙園主人是藏書家趙烈文，有藏書樓名「天放樓」。從曾園出來，穿過書院街，街對面就是晚清政治家、兩朝帝師翁同龢的宅第。翁同龢藏書甚富，且多是善本。曾園和翁宅極近，步行不需要五分鐘。著名的藏書樓脈望館在曾園附近，步行數分鐘可至。

沉浸在如此濃厚的文化氛圍裏，曾樸迅速成長。他於光緒十七年（1891）中舉，時年二十歲。因喪妻之痛，無意功名，曾樸在來年（1892）的進士考試中故意弄污試卷，從此斷了參加科舉考試的念頭。父親爲安慰曾樸，爲他捐了內閣中書，曾樸從是年到光緒二十一年（1895），大多時間留京供職，時與京城名流相往還。

〔註3〕據曾樸手稿照片《先考君表府君事述（丁酉）》，參見 http://eltonzeng.blog.hexun. com/72083469_d.html。另據《重修常昭合志》卷十九「藝文志」。《重修常昭合志》，丁祖蔭、徐兆瑋、龐樹森等纂，民國三十八年（1949）鉛印本。

〔註4〕該書有清光緒二十三年（1897）刻本存世，版心下方題「虛廓居叢書」，因曾之撰號虛廓居主人，且該書由曾樸任校對，故知此書爲曾之撰出資刊刻。

　　曾樸早年著力研究古典文獻學，著有《補舊漢書藝文志》一卷《補舊漢書藝文志攷》十卷。曾之撰於光緒二十一年（1895）出資印刷活字本，版心下方印有「常熟曾氏叢書」字樣，也許準備日後續印他書，但未見他種存世。1896 年，曾樸送書給翁同龢，得到翁氏誇讚：「此子年才廿五，而著書博贍，異才也。」〔註5〕

　　綜上，由於書香門第的家世，也因交遊圈子與早年經歷，在 1895 年之前，曾樸基本上沉浸在古典學術的氛圍裏。

二、同文館學習法文

　　1895 年秋，曾樸入同文館學習法文，是他人生中的一個轉折點，為日後研究法國文學打下了語言基礎。曾樸在致胡適的信函中回憶：「那時張樵野在總理衙門，主張在同文館裏設一特班，專選各部院的院司，有國學根柢的，學習外國語，分了英法德日四班，我恰分在法文班裏」，「目的只在養成幾個高等翻譯官」〔註6〕。特班只支撐了八個月，曾樸正是在這八個月裏，勤奮學習，打下了法文的基礎。

　　曾樸學習法文，原是為了能進總理衙門任職。1896 年總理衙門考試時，曾樸未被內閣保送，希望落空。但他仍然堅持自學法文：「拼音是熟了，文法是略懂些了，於是離了師傅，硬讀文法，強記字典，這種枯燥無味的工作，足足做了三年……一到第三年上……在舊書店裏，買得了一部阿那都爾·法郎士的《笑史》*Histoire Comique*，拼命的逐字去譯讀，等到讀完，再看別的書，就覺得容易得多了」。〔註7〕

三、陳季同與「文學狂」

　　1898 年，江標〔註8〕在上海為譚嗣同踐行，請曾樸作陪，當時座客中有精通法國文學的陳季同〔註9〕。陳季同激起了曾樸的「文學狂」，從此勤奮研

〔註5〕《翁同龢日記》第 5 冊「光緒二十二年三月廿八日」，北京：中華書局，1997
　　　　年版，2898 頁。
〔註6〕病夫《復胡適的信》，《真美善》第 1 卷第 12 號，1928 年 4 月 16 日。
〔註7〕病夫《復胡適的信》，《真美善》第 1 卷第 12 號。
〔註8〕江標（1860～1899），字建霞，號萱圃，一號師許，江蘇元和（今蘇州）人。
　　　　光緒十五年（1889）進士，官翰林院編修。博學工詩文，嘗刻《靈鶼閣叢書》，
　　　　世稱精本。
〔註9〕陳季同（1852～1907），字敬如，號三槎乘客，福建侯官（今福州）人。早年

習法國文學。對此，曾樸在致胡適的信函中有生動的描述：

> 我自從認識了他，天天不斷的去請教，他也娓娓不倦的指示
> 我；他指示我文藝復興的關係，古典和浪曼的區別，自然派，象徵
> 派，和近代各派自由進展的趨勢；古典派中，他教我讀拉勃來的《巨
> 人傳》，龍沙爾的詩，拉星和莫理哀的悲喜劇，白羅瓦的《詩法》，
> 巴斯卡的《思想》，孟丹尼的小論；浪曼派中，他教我讀服爾德的歷
> 史，盧梭的論文，囂俄的小說，威尼的詩，大仲馬的戲劇，米顯雷
> 的歷史；自然派裏。他教我讀弗勞貝，左拉，莫泊三的小說，李爾
> 的詩，小仲馬的戲劇，泰恩的批評；一直到近代的白倫內旬的《文
> 學史》，和杜丹，蒲爾善，佛朗士，陸悌的作品；又指點我法譯本的
> 意西英德各國的作家名著；我因此溝通了巴黎幾家書店，在三四年
> 裏，讀了不少法國的文哲學書。我因此發了文學狂……〔註10〕

從曾樸自述可以看出，陳季同的指導，包含了法國文學中最重要的流派
和最重要的作家作品：如古典派的拉伯雷（即引文中的拉勃來）、龍沙爾、
拉辛（即引文中的拉星）和莫里哀（即引文中的莫理哀）；浪漫派的盧梭、
雨果（即引文中的囂俄）、維尼（即引文中的威尼）、大仲馬；自然派的福樓
拜（即引文中的弗勞貝），左拉、莫泊桑（即引文中的莫泊三），小仲馬；以
及比較晚近的作家都德（即引文中的杜丹）、布爾熱（即引文中的蒲爾善）、
法郎士（即引文中的佛郎士）等人。〔註11〕

在十九世紀末、二十世紀初的時候，大多數人對於外國文學不甚瞭解，
甚至有所誤解。曾樸在陳季同指點下系統閱讀法國文學，開闊了眼界，有助
於他擺脫傳統文學中歧視小說的傳統觀念。曾樸自小酷愛小說，據曾樸的兒
子曾虛白說：「他從小表面上雖受著聖經賢傳的教育，實在早已暗地裏沉浸在
紅樓夢，西廂記，太平廣記，雜事秘辛等類浪漫式的幻夢裏面」。〔註12〕因為

就學於福州船政學堂，後在歐洲學習和工作了十八年，曾任清朝駐法國使館
參贊。他是我國近代第一位用法文寫作的中國人。自 1884 年起，以陳季同的
名字出版的法文著作多種，被翻譯成英、德、意、西、丹麥等多種文字，獲
得了西方公眾的廣泛關注。這些作品將一個理想化的「文化中國」形象傳達
給西方公眾，在一定程度上改變了當時西方人對中國的偏見。

〔註10〕病夫《復胡適的信》，《眞美善》第 1 卷第 12 號。文中標點爲原作者所加。其
中，「浪漫」曾樸寫成「浪曼」，筆者也在引文中保持原樣。

〔註11〕此段中的法國作家舊譯名與今譯名對照，均參考自李華川《晚清一個外交官
的文化歷程》；北京：北京大學出版社，2004 年版，第 119～120 頁。

〔註12〕虛白《我的父親》，《良友》29 期，1928 年 8 月。文中標點爲原作者所加。

貪看小說，曾樸被一向和藹可親的父親怒罵過。在傳統中國，家長把小說當作洪水猛獸，禁止子弟接近。成年後，曾樸對於法國文學的閱讀經驗，想必能讓他明白，小說不是洪水猛獸，而是文學園地裏最美麗的花朵。曾樸所熱愛的法國作家中，很多都是以小說創作而出名的：比如曾樸一生熱愛的雨果，以及福樓拜、莫泊桑、左拉、大仲馬、都德等人。正因爲曾樸充分認識到了小說的重要性，所以後來當林紓稱讚「《孽海花》非小說也，鼓蕩國民英氣之書也」〔註13〕時，他認爲林紓「不曾曉得小說在世界文學裏的價值和地位……其實我這書的成功，稱它做小說，還有些自慚形穢呢！」〔註14〕

另外，對法國文學的研讀，以及陳季同的指導，同時也使得他具有了世界文學的眼光，並用這種眼光來反觀中國文學的不足。陳季同曾經向他這樣說：

> 我們在這個時代，不但科學，非奮力前進，不能競存，就是文學，也不可妄自尊大，自命爲獨一無二的文學之邦；殊不知人家的進步，和別的學問一樣的一日千里，論到文學的統系來，就沒有拿我們算在數内，比日本都不如哩。……我想弄成這種現狀，實出於兩種原因：一是我們太不注意宣傳，文學的作品，譯出去的很少，譯的又未必是好的，好的或譯的不好，因此生出重重隔膜；二是我們文學注重的範圍，和他們不同，我們只守定詩古文詞幾種體格，做抒發思想情緒的正鵠，領域很狹，而他們重視的如小說戲曲，我們又鄙夷不屑，所以彼此易生誤會。我們現在要勉力的，第一不要局於一國的文學，囂然自足，該推擴而參加世界的文學，既要參加世界的文學，入手方法，先要去隔膜，免誤會，要去隔膜，非提倡大規模的翻譯不可。不但他們的名作要多譯進來，我們的重要作品，也須全譯出去，要免誤會，非把我們文學上相傳的習慣改革不可，不但成見要破除，連方式都要變換，以求一致。〔註15〕

曾樸後來開設小說林社，致力於將外國小說介紹到中國來，與陳季同的上述

〔註13〕林紓《〈紅樵畫槳錄〉譯餘剩語》，轉引自陳平原、夏曉虹編《二十世紀中國小說史理論資料》第一卷（1897～1916），北京：北京大學出版社，1997 年版，頁 183～184。

〔註14〕東亞病夫《修改後要說的幾句話》，《孽海花》，眞美善書店民國三十年（1941）版。

〔註15〕病夫《復胡適的信》，《眞美善》第 1 卷第 12 號。

觀點有密不可分的關係。

1904 年 11～12 月，小說林社發佈了如下廣告：

> 泰西論文學，推小說家居首，誠以改良社會，小說之勢力最大。
> 我國社會黑暗甚矣，而舊小說之勢力，實左右之，邇年始稍稍有改
> 革小說界之思想，然龐雜蕪穢，又居半數。本社爰發宏願，鈴鐸同
> 胞，先廣購東西洋小說數百種，延請名人翻譯，復不揣檮昧，自造
> 新著，或改良舊作，務使我國小說界，範圍日擴，思想日進，由翻
> 譯時代而進於著作時代，以與東西諸大文豪，相角逐於世界，而於
> 舊社會亦稍稍有影響焉，是本社創辦之宗旨也。今擬月出書五六種，
> 首尾完具，版片如一，彙集巨軼，即成叢書，海內外同志，當有拭
> 目而歡迎者。〔註16〕

這個廣告表明，小說林社創辦的目的，就是翻譯外國文學，給我國文學
提供借鑒，以便由翻譯時代進入著作時代，再進一步加入世界文學的洪流中
去。可以看出，小說林社的創立，的確受了陳季同世界文學觀點的深刻影響。

曾樸超前的文學觀造成了他深深的孤獨，他周圍的人大多看不起西方文
學，甚至還用他研究小說的事情作為攻擊他的罪案。幸虧，幾年之後，梁啟
超倡導的小說界革命興起，給了他強大的精神支持。曾樸回憶道：

> 不久，《新民叢報》出來了，刊行了一種《新小說》雜誌，又
> 發表了一篇「小說有關群治」的論文，似乎小說的地位，全仗了梁
> 先生的大力，增高了一點。翻譯的小說，如《茶花女遺事》等，漸
> 漸的出現了。那時社會上一般的心理，輕蔑小說的態度確是減了，
> 對著外國文學整個的統系，依然一片模糊。我就糾合了幾個朋友，
> 合資創辦了「小說林」和「宏文館」書店；在初意原想順應潮流，
> 先就小說上做成個有統系的譯述，逐漸推廣範圍，所以店名定了兩
> 個。〔註17〕

1902 年 11 月，《新小說》雜誌創刊。梁啟超在《新小說》上發表《論小
說與群治之關係》一文，賦予小說「新民」的社會功能，一時間，小說在社
會上的地位提高了不少。1903 年 5 月 27 日，《繡像小說》創刊，由商務印書

〔註16〕《美人妝》書後廣告，《美人妝》，昭文東海覺我講演，小說林社甲辰十月（1904
　　　　年 11～12 月）版。
〔註17〕是處曾樸記憶錯誤。據小說林廣告，宏文館是 1906 年 9 月設立的，並非一開
　　　　始就定了兩個店名。

館出版。不僅有了專門的小說雜誌，一些綜合性雜誌和報紙也刊載小說，單行本的翻譯小說漸漸出現。社會上閱讀小說的風氣初開，這又是曾樸開設小說林社的一個契機。

四、上海經營絲業

　　1903 年到 1904 年，曾樸在上海經營絲業，由於沒有商業經驗，虧損甚巨。在 1904 年夏秋之季，因祖母病故，曾樸結束賬目，重返常熟故里。而在同年八月，小說林社正式對外發行。正如曾虛白所說，「這一次經營絲業，雖嘗試失敗，卻使先生與上海市場有了直接接觸的經驗，因此就想利用這一點已得的經驗來開始他的文學活動。」「抱病時期中三個年頭研討法國文學的結果，先生眞切認識了小說在文學上的特殊地位，因此想要打破當時一般學者輕視小說的心理，糾集同志，創立一家書店，專以發行小說爲目的，就命名叫小說林。邑中同志如丁芝孫、徐念慈、朱遠生等皆踴躍投資，於是再度赴滬，正式開張。」〔註 18〕

五、曾樸的戀愛與婚姻（1910 年前）

　　曾樸是個感情豐富的人，曾虛白說：「我父親是個感情濃鬱，完全神經質的人。」〔註 19〕曾樸的事業，受到他感情與婚姻的影響。

　　曾樸在少年時期，與 T 女士初戀，直到晚年仍懷念不已。1890 年娶汪鳴鑾之女汪珊圓，夫妻和睦。次年汪珊圓去世，曾樸悲痛不已，致灰心科擧。1893 年，娶繼室沈香生，因沈香生與曾樸之母不合，想過獨立生活，曾樸於 1903 年移居上海，經營絲業，絲業失敗後，又於 1904 年創立小說林出版社。且看曾樸的自述：

　　　　我一生的學問事業，都受女性絕大的影響：

　　　　我的種種學問和文章，都在十四到十七歲，這三年半裏面，築好的基礎，差不日夜兼程的前進，睡覺吃飯全不在心，爲什麼這麼用功呢？就爲了 T。然因戀愛的關係，衝動了肉欲，造成放浪的生活，畢生不能自改，也爲了 T。因不遂所願，憤恨憂幽，種種戕伐身體，終身體魄不強，也爲了 T。

〔註 18〕虛白《曾孟樸先生年譜》，《宇宙風》第 3 期。
〔註 19〕虛白《我的父親》，《良友》29 期。

我熱心科名，辛卯鄉試，在病中拼命去幹，終究中了一個舉人，
為了誰呢？為了安慰汪珊圓，我賢淑的妻。然後來灰心名場，污卷
一次，半途折回一次，到底沒有進過會試場，也是為了汪珊圓的死，
心灰意懶的緣故。

忽然投身商界，冒險營絲業，致移居上海，絲業失敗，又繼續
營書業，這是為誰呢？為的是繼妻沈香生不甘居姑威之下，欲謀獨
立生活故。因此接近社會，開始作群眾運動，滬杭甬鐵路風潮的鼓
動，抗張曾敭的勇氣，文學事業的發端，未始非沈香生不甘家居一
念引導成成功。

⋯⋯把我一生的經歷來看，從良心上說，不論好的壞的，幾乎
沒一事不受女性的影響。〔註20〕

綜上，促使曾樸決定開設小說林社的原因是多方面的：早年對小說的熱
愛；在陳季同指導下學習法國文學的經驗；小說界革命的刺激；經營絲業獲
得的一些市場經驗，以及繼妻沈香生不甘家居。

此外，常熟〔註21〕同鄉的踴躍投資也是小說林社得以開辦的重要原因。
到1904年小說林社開辦為止，單行本的翻譯小說出版較少，也沒有一個專門
出版小說的書局。辦一個出版社，專門出版外國小說，在當時還是比較新鮮
的，帶有一定的冒險性。那麼，曾樸的常熟同鄉們為什麼願意投資呢？我們
將在下一節討論。

第二節　小說林社核心人員的聚集

曾樸創辦小說林社，得到了常熟同鄉丁祖蔭、徐念慈、朱積熙等人的踴
躍支持。這三個人，正是小說林社的核心人物。

丁祖蔭（1871～1930），字芝孫，號初我，光緒十五年（1889）庠生，
曾就讀南菁書院。歷任常昭勸學所總董、海虞市自治公所總董、江蘇省諮議
局議員、常熟民政長、常熟知事、吳江縣知事等職。1917 年參與重修《常
昭合志》，出任總編纂，但未竟而歿。他是清末民初常熟著名的藏書家，藏

〔註20〕摘自曾樸《回想錄》1928 年 5 月 26 日。《回想錄》為曾樸日記手稿，普林斯
　　　　頓大學東亞圖書館善本及手稿部藏。
〔註21〕清雍正四年（1726），析常熟縣東境置昭文縣，兩縣治同城。辛亥革命時兩縣
　　　　合併，仍為常熟縣。為行文統一，以下一律稱常熟縣。

書樓名「緗素樓」，曾收藏著名的《古今雜劇》。他是《女子世界》、《理學雜誌》的主辦者和發行人。據丁祖蔭孫子丁士皓先生說，丁祖蔭和曾樸有親戚關係，丁祖蔭的姑奶奶（丁祖蔭爺爺的妹妹）即曾樸的祖母。曾樸《先考君表府君事述（丁酉）》亦云「大母丁氏」〔註22〕。也就是說，丁祖蔭是曾樸的表兄，丁祖蔭入股小說林社，也許有這層親戚關係的原因。順便說一下，據筆者考證，曾樸初戀戀人（曾樸在日記中稱爲「T」，而魏紹昌和時萌直指爲「丁氏二表姐」〔註23〕），是丁祖蔭的堂姐妹。

曾樸日記《回想錄》有這樣一段：

> 昨日下船，走過興隆橋，我忽然感觸了我心上不可癒合的傷痕。
>
> 記得我十七歲時，春天，傍晚。我在虛廓出來，來到一個地方，打興隆橋走過，正要下橋時。忽遇 PinKin 在對面走來。臉色很不好的向我問道：
>
> ——你往那裡去？
>
> 我臉紅了，一時答不出來。
>
> ——我……
>
> ——我告訴你，請你回家去吧！求你以後少到我們那裡來，只怕要得罪你！
>
> 這幾句話，簡直是法堂上死刑的宣告！當時不知道我怎樣捱過去的。
>
> 這一段事，是沒人知道的。所以後來的結果，我是老早知道沒有望的了。〔註24〕

這是寫曾樸年輕時與「T」相戀，結果受到「T」的家長「PinKin」的反對。丁士皓先生曾給筆者一份丁家家譜的複印件，丁祖蔭屬丁家長房，他有位叔叔名「丁炳卿」，屬丁家二房。筆者發現「炳卿」正與「pinkin」音同。也就是說，曾樸初戀的「丁氏二表姐」，是丁祖蔭的堂姐妹，丁祖蔭叔叔丁炳卿的女兒。

〔註22〕曾樸手稿照片《先考君表府君事述（丁酉）》，參見 http://eltonzeng.blog.hexun.com/72083469_d.html。

〔註23〕魏紹昌《孽海花資料》（增補版），上海古籍出版社，1982 年。時萌《曾樸研究》，上海古籍出版社，1982 年。

〔註24〕曾樸手稿《回想錄》，1928 年 7 月 5 日。《宇宙風》第 1 期的《病夫日記》，也刊出此條日記，但將日期定爲民國二十三年（1934）7 月 5 日，誤，據手稿改。

徐念慈（1875～1908），原名悐义，以字行，別號覺我、東海覺我，廩生。他是小說林社總編輯，《小說林》雜誌主編。他所創作的《新法螺先生譚》是中國最早的科學幻想小說之一。此外，他還爲小說林社譯有科學小說《黑行星》、冒險小說《海外天》、言情小說《美人妝》、軍事小說《新舞臺》等多種作品。

朱積熙，常熟人，字遠生，小說林社的創辦者之一，常昭教育會會員，常熟競化女學校經費捐助人之一，海虞圖書館投資人之一。

曾樸、徐念慈、丁祖蔭、朱積熙等常熟新知識分子，是怎樣聚集在一起，來創辦小說林社的呢？以黃人爲代表的常熟文人，爲什麼會聚集在小說林社周圍，來翻譯小說？這是以下幾個因素綜合作用的結果。

一、晚清時西學在常熟的傳播情況

常熟地處富饒的長江三角洲中心地帶，東依上海、南接蘇州、西鄰無錫，北枕長江與南通隔岸相望。〔註25〕由於其有利的地理位置，從常熟到上海、蘇州都很方便。據民國三十八年（1949）出版的《重修常昭合志》，常熟早早開通了到兩地的航路，「光緒二十六年（1900）間，由常熟至上海之航路始有木輪行駛，自後推及於蘇州航路。滬輪由東唐市經崑山，蘇輪由元和塘過吳塔出境」。〔註26〕蘇州是江蘇的首府，上海更是晚清的西學傳播中心，歐風美雨，乃至東瀛的風，都可以搭著輪船吹到常熟來。另外，常熟於光緒二十四年（1898）設立郵政局，光緒二十七年（1901）開辦電報局，外界的新書新報和新學消息，能夠迅速傳到這裡來。

有特殊的地理位置，有便利的交通條件，常熟的西學傳播，自然得風氣之先。早在 1897 年，「邑人丁祖蔭、潘任、季亮時等集合同志，創設中西學社於城東學愛精廬，旋由昭文知縣李鵬飛撥給別峰庵爲社廬，並以捐款改建藏書樓，庋置圖籍，以供學者肄講」。〔註27〕據張鴻《籀齋先生哀辭》，創辦學社的人還有殷次伊，張鴻、曾樸、徐念慈。

〔註25〕鄧若華《現代化過程中的地方精英轉型——以 20 世紀前半期江蘇常熟爲個案的考察》，載許紀霖主編《知識分子論叢》第 6 輯《公共空間中的知識分子》，江蘇人民出版社，2007 年版。

〔註26〕張鏡寰、丁祖蔭等修《重修常昭合志》卷三「建置志」，《重修常昭合志》，民國三十八年鉛印本。

〔註27〕據《重修常昭合志》卷九「學校志」。

　　據《中西學社章程》，該社設立的目的是：「專爲講求時務，預儲國家有用之才，爲學堂根本」。因此，「所購書經世居多，而格致製造之書，亦靡不備致」。

　　1898 年，會員丁祖蔭、季亮時編成《中西學社藏書目》上下兩卷，今存石印本。上卷包括經史子集四部，下卷把不能入四部的，別錄一編，名曰「格致學」，「格致學」部分，除格致總論外，還包括算學、重學、電學、化學、聲學、光學、汽學、天學、地學、全體學、動植物學、醫學，圖學共十三類西學書籍。這實際上是比照梁啓超《西學書目表》的「西學」一類而編寫的。

　　中西學社搜集西學書的完備程度是相當讓人驚歎的。筆者對照了《中西學社藏書目》與梁啓超《西學書目表》，發現中西學社基本是按照梁啓超《西學書目表》來購置書籍的，凡是《西學書目表》上有的書籍，中西學社基本上都購置了（極少數除外）。而《西學書目表》上沒有的書籍，有的也購置了。梁啓超《西學書目表》卷上西學書在格致學類，西政之書歸在史部和子部。也就是說西學和西政之書基本完備。

　　購置了如此完備的西學書籍，經費從哪裏來呢？原來，參加中西學社的人，需要「各出股份銀十圓，爲購書之資，每年另貼費兩圓，於開社日一併繳出，未繳費前，不准借書，不觀書者聽」〔註 28〕。由會員們分股集資，購書二百餘種。另昭文縣令捐贈一百圓，常熟縣令捐贈三十圓，又增購了百餘種書。〔註 29〕會員集資加上縣令捐廉，共購置中西有用圖籍三百二十五種。此外，潘任捐家藏書二百一十種，合以社友捐置之書一百一十五種，中西學社總共藏書六百五十種。〔註 30〕

　　丁祖蔭等人辦中西學社，研習西學，不但學界人士積極參與，紛紛集股，也得到了邑中老輩和當地官員的支持。咸豐庚申年（1860）進士陸懋宗寫了《常昭分設中西學堂記》，云：「學無中西，期於有用而已」。常熟縣知縣認爲「該生等籌集股份，設立泰西學社，係爲轉移風氣，培育人才起見，深堪嘉許」，昭文縣知縣肯定他們可使「兩邑人士，蔚成有用之才」，而駐紮在常熟的蘇松常鎮太督糧道稱讚「洵爲有益時務之舉」。〔註 31〕。

〔註 28〕《中西學社章程》，載 1898 年 7 月 29 日《知新報》。
〔註 29〕《兩邑紳士稟請督糧道憲立案稟批》，載 1898 年 7 月 29 日《知新報》。
〔註 30〕潘任《常昭中西學社藏書目敍》，《常昭中西學社藏書目》卷首序言。
〔註 31〕《兩邑紳士稟請常昭兩縣尊立案稟批》，《兩邑紳士稟請督糧道憲立案稟批》，

因為「東西有用各學無不本於算，算者各學之基礎也〔註32〕」，1904年，徐念慈創辦速成算學社，進行函授教學。常熟市圖書館保存有徐念慈編寫的《第一期算學講義錄》，油印本。1906年，徐念慈的《近世算術》由商務印書館出版，延續了他早年對西學尤其是算學的興趣。

在1897年前後，常昭中西學社訂有五種報紙：《時務報》（丙申七月始），《知新報》（丁酉正月始），《商務報》〔註33〕（丁酉二月始，四月止），《農學報》（丁酉四月始），《湘學報》（丁酉三月始）。除了《時務報》由時務報館贈送外，其餘四種由潘任、丁祖蔭、季亮時、殷崇亮捐贈。〔註34〕此五種報，除《商務報》外，大多是晚清時極有影響的大報，在當時以宣傳新學著稱，中西學社均是從創刊號開始收集的。

到了小說林社成立的1904年，新學出版物在常熟學界更是廣受歡迎。光緒三十年八月十四日（1904年9月23日）《時報》「特別調查欄」登載了《常熟縣各報銷數表》，全引如下。

常熟旬日報之銷數，去夏曾登《俄事警聞》，然其中有不實處。茲由特派員抄寫最近旬日報銷數如下：

日 報 名	銷 數	閱 者
新聞	320	士商官場
中外	32	學界
申	24	官場舊黨
同文	21	士紳
大同（未復）	10	學界

旬報：

浙江	35	學界
科學世界	8	學界
新小說	10	學界

載1898年7月29日《知新報》。

〔註32〕徐念慈《通信函授速成算學社規則》，載《第一期算學講義錄》卷首。

〔註33〕據《上海通志》第9冊第41卷「報業、通訊、出版、廣播、電視」，《中國商務報》於1897年3月23日創刊，停刊日期不詳。《上海通志》，上海通志編纂委員會編，上海市：上海社會科學院出版社、上海人民出版社，2005年版，5745頁。

〔註34〕丁祖蔭、季亮時編《中西學社藏書目》子部「報章類」，1898年石印本。

遊學譯編	5	學界
新民	50	學界
女子世界	30	學界
東方雜誌	6	不一
江蘇	10	學界
繡像小說	10	學界
政法學報	10	學界
女學報	10	學界
湖北	10	學界
中國白話	8	學界
湖州白話	10	學界

按：此表皆得之售報人及海虞書館，只有學記書莊不詳□□，然計其銷數當亦不亞於海虞書館，姑缺之，無如何也。

這是某位常熟人士（極可能是丁祖蔭，因為他是海虞圖書館的主人之一，又經常給報刊投稿。）在 1904 年 9 月份，對常熟的新學報刊銷量做出的一個統計。從表中看出，常熟縣人共訂閱日報 5 種，包括了當時最著名的大報，《新聞報》達到 320 份之多；共訂閱旬報 14 種，包括了當時最著名的《東方雜誌》、《新民叢報》等，而《新民叢報》的銷量多達 50 份，訂閱人都是學界人士。從表中可以看出，《新小說》和《繡像小說》各有 10 份的銷量，也顯示了小說界革命的影響，已經到了常熟。這個調查結果其實還不夠全（學記書莊的數據不詳），實際數字要更多一些。可以看出，在小說林社成立前後（做調查的日期與小說林社成立的日期基本相近），常熟人尤其是常熟學界人士，對於新學及新學出版物是很歡迎的。晚清時，在某種程度上，小說是在西學的框架裏被接受的。因歡迎西學，所以，曾樸的同鄉投資專門出版新小說的出版社就有了心理基礎。

二、新式學校與新教育

曾樸、徐念慈、丁祖蔭、朱積熙能夠聚集到一起創辦出版社，與他們熱誠投身於常熟的新教育事業有很大關係。這些人在辦新式學校的過程中，志同道合，結下了深厚的情誼，所以，當曾樸創建小說林社時，大家出於共同的興趣，也出於對曾樸的信任，故願意投資。

　　曾樸、丁祖蔭、徐念慈等人是常熟新教育事業的創始人。他們創立了常熟最早的教育團體，還在常熟創辦了數所新式學堂，包括常熟最早的小學塔前小學，和最早的女子學堂競化女學校。徐念慈更是多所學校的教師，親身參與教學實踐。

（一）中西學社與塔前高等小學

　　常昭中西學社於 1897 年成立，本是學界人士學習並探討西學的社團，1898 年，該社增設蒙學一所，發起人自任教授者兩年餘。1900 年，中西學社改爲中西學堂，推廣校舍，規模粗具。1902 年，又改稱常昭公立高等小學校，後改名塔前高等小學。該校是常熟最早的小學，是常熟新教育的開始。〔註35〕起初，曾樸自任校長，發動邑中新派人士與守舊派人士力爭，爭得一部分水利公產款項開創塔前小學，後因爭得修塔捐抵充辦學經費，遂爲守舊派群起攻擊，曾樸恐因此影響學校前途，故把校長讓與丁祖蔭。〔註36〕

（二）敎學同盟會

　　1901 年，徐念慈組織敎學同盟會〔註37〕，每到會議日期，徐念慈「痛陳時勢之急迫，非教育不足以救亡，非群治不足以進化。聞者多爲觀感，遊學之風，於此大盛」，「吾虞教育之機關，自此嚆矢」。〔註38〕

　　敎學同盟會宗旨即在「組織學界同盟以立國民同盟之基礎」，會員分名譽會員和通常會員兩種，並由會員公舉總理、常議員、幹事員等。地點在常熟塔後小學校。〔註39〕1903 年時，有成員 47 人，包括曾樸、朱積熙、丁祖蔭、張鴻等人。據《蘇報》1903 年 3 月 23 日所刊《敎學同盟會會員題名單》：

　　　　總理：徐念慈；副總理：曾樸；常議員：丁祖蔭、殷崇亮、朱

　　積熙、張鴻；幹事員：蔣武森、季亮時、王兆麟、沈同午、宋麟；

〔註35〕《重修常昭合志》卷九「學校志」。

〔註36〕時萌《曾樸生平繫年》，載時萌《曾樸研究》，上海：上海古籍出版社，1982年版，21 頁。

〔註37〕據初我（丁祖蔭）《常熟學界調查報告》（《江蘇》第 4 期，1903 年 6 月 25 日）稱「自前年敎學同盟會發起」，故推斷敎學同盟會成立於 1901 年。另據丁祖蔭《徐念慈先生行述》，敎學同盟會成立於「辛壬之際」。

〔註38〕丁祖蔭《徐念慈先生行述》，《小說林》第 12 期，1908 年 9～10 月。

〔註39〕參見趙利棟《清末新式學務團體和教育界的形成：以江蘇省爲中心》，中國社會科學院近代史研究所政治史研究室、蘇州大學社會學院《晚清國家與社會》，社科文獻出版社，2007 年版。段中引文「組織學界同盟以立國民同盟之基礎」，載《常熟敎學同盟分會章程》，《蘇報》1903 年 4 月 6 日。

會員：丁國鈞、蔣紹伊、龐樹敩、徐宗鑒、陳元綸、郁義、毛漸、
余振元、王錡、殷湛、趙仲峻、蔡炳光、呂躍龍、楊祥麐、蕭則林、
孫同潞、錢鳴宸、錢啟承、周晃、顧鴻、張傑、胡文藻、金保熙、
曹慰宗、蔣鳳悟、曹棟、徐鴻遇、錢漢陽、周宗煒、邱秉德、王國
勳、邱觀成、陳徐鶴、陶晃、鄭俠傅、鄭庚盇。

　　常熟敩學同盟會有藏書樓和閱報處各一，並創辦有城西小學和演說會。
據《常熟敩學同盟會閱書報章程》（《蘇報》1903 年 4 月 7 日）：「敩學同盟會
會員及名譽會員均有借閱小學校藏書及報之權利」，可能是延續常昭中西學社
藏書並供會員借閱的思路，是否即中西學社的藏書，待考。

（三）中國教育會常熟支部

　　1903 年，常熟敩學同盟會解散，中國教育會常熟支部成立，徐念慈與丁
祖蔭、殷次伊任主持人。〔註 40〕中國教育會由蔡元培、蔣智由、黃宗仰等人
創辦，成立於 1902 年 4 月。丁祖蔭、徐念慈等常熟籍知識分子與中國教育會
關係密切，他們的事業也受到了中國教育會的影響。

　　中國教育會成立時，丁祖蔭與南菁師長鍾憲鬯，同學蔣維喬及黃子彥準
備去參加該會的成立大會，因風浪較大，未及與會。〔註 41〕雖未能參加成立
大會，但他們拍電報給蔡元培、蔣智由，成為了會員。作為中國教育會的早
期會員，丁祖蔭一直保持著與該會的密切關係。丁祖蔭的老師鍾憲鬯、朋友
金松岑、蔣維喬等人都是中國教育會的重要成員。1904 年 1 月，丁祖蔭創辦
《女子世界》雜誌，得到了金松岑、蔣維喬的大力支持。1906 年，丁祖蔭停
辦《女子世界》，改辦《理學雜誌》，與鍾憲鬯的影響不無關係。〔註 42〕1906
年 7 月 19 日，中國教育會會長蔡元培給丁祖蔭祝壽。〔註 43〕

　　徐念慈也與中國教育會關係不淺。他在上海任小說林社編輯部主任期
間，還兼任愛國女校（屬中國教育會）義務教員。1906 年 6 月 26 日，蔡元培

〔註40〕 時萌《徐念慈年譜》，載時萌編著《曾樸及虞山作家群》，303 頁。
〔註41〕 蔣維喬《鶼居日記》（手稿本，存上海圖書館）壬寅年二月二十六日（1902
　　　　年 4 月 4 日）：「偕鍾憲鬯先生、丁君芝孫、黃君子彥同舟渡江至滬，赴中國
　　　　教育會。舟小風大，至中流，浪高丈餘，振動殊甚。四人促膝長談，言笑自
　　　　若，亦殊壯甚。既渡江而無輪舟，已不及與會，遂返。」
〔註42〕 參見本書第二章第一節「小說林社的雜誌出版」。
〔註43〕 《蔡元培全集》第 15 卷「日記」，「一九〇六年五月二十八日」條：「壽芝蓀」。
　　　　《蔡元培全集》，蔡元培研究會編，浙江教育出版社，1998 年版。

曾拜訪過他。〔註 44〕

　　1904 年九月〔註 45〕，徐念慈、丁祖蔭、朱積熙等人創辦競化女學校，這是常熟最早的女學堂。徐念慈主持教務二年，始終任義務。管理庶務之職，則委之夫人朱氏。據《競化女學校章程》，該校「以開通女子智識、普及女子教育爲目的」，「學生額定三十名，取年七歲以上十五歲以下者。不取學費，留午膳者每月一元。學生分初等高等兩級，初等四年，高等三年」，「本校爲教育事務所中之一部，由教育會員所組織，開辦經費及常年經費，即由會員中有力者認捐。認捐姓氏：丁初我、朱積熙、蔣鳳梧、屈如幹、徐念慈。本校教員，由教育會員擔任義務，認科分授。義務教員姓氏：屈荊才、徐念慈、嚴聯如、金敏君、丁初我、金仲芳。」〔註 46〕以丁祖蔭等人與中國教育會的密切關係，競化女校很可能是倣仿中國教育會下屬的愛國女校而建立。

　　另外，中國教育會的機關報《蘇報》，刊出了不少關於常熟學界的調查文字。如 1903 年 4 月 5 日刊出《記常昭公學》，4 月 6 日刊出《常熟敎學同盟分會章程》，4 月 7 日刊出《常熟敎學同盟會閱書報章程》，6 月 18 日刊出《常熟敎學同盟會開智會特別演說以後情形》，6 月 24 日刊出《紀常昭塔後小學二則》。

（四）師範研究講習會

　　1904 年，師範研究講習會成立，發起人是丁祖蔭、徐念慈、殷次伊。該會以研究教育、實行改革爲宗旨。《女子世界》雜誌即爲該會所辦。另外，還在海虞圖書館樓上設有閱報社。〔註 47〕

（五）常昭學會與常昭教育會

　　《重修常昭合志》卷九「學校志」云：

〔註 44〕　《蔡元培全集》第 15 卷「日記」，「一九○六年五月初五日」條：「訪伯昭、竹莊、練如、念慈、秋帆、孝天」。

〔註 45〕　競化女學校建立的時間，據《重修常昭合志》卷九「學校志」。

〔註 46〕　《競化女學校章程》，《女子世界》雜誌第 9 期，1904 年 9 月。

〔註 47〕　《時報》甲辰七月十九日（1904 年 8 月 29 日）「特別調查」欄《常昭學界之實況》：

　　「師範研究講習會。此會係研究教育，實行改革爲宗旨，發起者爲丁君初我、徐君念慈、殷君同甫三人。

　　女子世界社。此社亦即講習會所集合，月出一冊，本社女員亦達十餘人以上，今發行第八期矣。

　　閱報社。此社亦即講習會諸君所建設，外人有介紹者亦得自由閱看。設在海虞圖書館樓上。」

教育會設於寺前街於公祠，始名常昭學會，光緒三十一年與吳
江崑山各縣同時成立。會設會長一員，評議幹事若干員，均由會員
投票選舉之。三十二年八月遵章改組教育會。自學會成立後五年，
歷選丁祖蔭爲會長。宣統元二年間殷崇光、俞鍾鑾繼之。會中籌辦
師範傳習所，民立兩等小學、競化兩等女學。各校均由會員提倡，
或一二人捐資設立，並按月分赴各鄉巡迴宣講，風氣由此漸開，數
年間，學校遍於四境矣。

從上面的引文可以看出，1905 年常昭學會成立，次年八月改組爲常昭教
育會，丁祖蔭爲首任會長。

該會設有師範傳習所，借常熟游文書院之至山堂爲講堂，光緒三十二年
（1906）三月開辦，十二月畢業，總計有三十九人前來就學，耗銀一千二百
六十圓，統由各紳士捐助。〔註48〕

該會還設有第一民立兩等小學，由丁祖蔭於光緒三十二年（1906 年）三
月創辦，曾樸、徐念慈贊助之，校舍借用九萬圩曾氏虛廓園，宣統元年（1900），
改名丁氏小學，移校舍於丁氏壺隱園，專辦初等，由丁祖蔭獨立出資。〔註49〕

另外，光緒三十二年（1906），胡同穎、丁祖蔭創辦了城北小學。

常昭學會（常昭教育會）是江蘇學會（江蘇教育總會）的支會。1905 年
10 月江蘇學會成立，12 月改名爲江蘇學務總會，1906 年 11 月改名江蘇教育
總會。爲行文方便，下面一律稱爲「江蘇教育總會」。曾樸、徐念慈等常熟新
知識分子積極參與江蘇教育總會。1906 年，曾樸被選爲該會的普通部幹事員，
張繼良、徐念慈被選爲調查員。〔註50〕1907 年，江蘇教育總會開會時，曾樸、
張繼良被選爲普通部幹事員，徐念慈被選爲調查部幹事員。〔註51〕

曾樸、徐念慈等人與江蘇教育總會的關係，影響到了他們的出版事業。
因中國圖書公司總編輯沈恩孚曾任江蘇學務總會會長，小說林社與該公司關
係較密切。《小說林》第 9 期，登載了中國圖書公司的若干種廣告和半價優惠
券。《小說林》雜誌極少刊出其他書局的廣告，除中國圖書公司外，還在第 9

〔註48〕《重修常昭合志》卷九「學校志」。
〔註49〕《重修常昭合志》卷九「學校志」。引文中提到，常熟競化兩等女學是常昭學
　　　　會及其後身常昭教育會籌辦，但是，常昭學會成立於 1905 年，而常熟競化女
　　　　學校成立於 1904 年，時間上有矛盾。故筆者認爲，常熟競化女學校是中國教
　　　　育會常熟支部的事業。
〔註50〕《江蘇總學會開會續紀》，載 1906 年 11 月 8 日《申報》。
〔註51〕《江蘇教育總會第二日開會紀事》，載 1907 年 10 月 28 日《申報》。

期刊載了鴻文書局的廣告，而鴻文書局是不涉足新小說出版業的。徐念慈去世後，1909 年，他翻譯的《英德戰爭未來記》由中國圖書公司出版。

綜上，以小說林社同人爲代表的常熟新知識分子，廣泛參與到創建常熟的新式教育事業中。不僅僅是創辦新學校，徐念慈還親自教課，主講塔前高等小學、競化女學等校，化育人才極多。1905 年，徐念慈來到上海任小說林社編輯部主任的同時，利用餘暇從事教育，先後任小學師範、競存公學、愛國女校、尚公小學諸校教師，他還曾擔任過尚公小學的校長。通過長期的教育實踐，積累了經驗，徐念慈著有《中國歷史講義》、《中國地理》、《近世算學》等教材。

不管是創設教育團體，創建新式學堂，還是親任教員，小說林社同人的教育實踐，一直貫穿於他們辦小說林社的前後歲月裏，對出版事業多有影響。小說林社於 1906 年增設宏文館、專門發行新學校教員學生所需的參考書和大辭典，與該社創辦人的新教育背景很有關係。正因爲他們本身是新學校的創辦人和教師，知道新式學堂缺乏適當的教材和參考書，他們真誠地希望自己的出版社能夠爲新教育事業的發展稍盡綿薄之力，故決意「編譯學堂社會需用教科、參考、各種有用書籍，以爲學界蠡勺之助」。〔註 52〕同時，作爲新教育從業者，他們瞭解這個市場有多大，很希望能從中盈利。只可惜不會經營，小說林社的最終倒閉與宏文館發行大辭典、佔用資金太多、周轉不靈有重要關係。

三、常熟籍新知識分子辦報刊、辦出版社的經歷

小說林社創辦前後，一批常熟新知識分子已在辦報刊或辦出版社，對出版事業不陌生，投資小說林社時，也有心理準備。另外，辦報刊或出版社的經歷，使得他們有了創作或翻譯的實踐，爲小說林社準備了稿源。

（一）《獨立報》

1900 年，黃人與同鄉黃炳元、龐樹松在蘇州創辦《獨立報》，這是蘇州歷史上第一張報紙，四開，日刊。龐樹松任經理，黃人任總編輯，所撰《〈獨立報〉緣起》一篇長五萬言，借明諷清，語多警闢。出版不到一年，就被蘇州知府彥秀以「言詞犯上」封禁。〔註 53〕

〔註 52〕丙午六月廿四日（1906 年 8 月 12 日）《時報》小說林廣告。
〔註 53〕參見海虞人（曹家俊）《常熟人最早辦的報紙》，載《常熟日報》1996 年 11

（二）《政學報》

1902 年 3 月，常熟徐鳳書、張鴻、太倉唐人傑等在上海組織東亞譯書會，並創辦《政學報》，總發行所設在「上海英界三茅閣橋北首東亞譯書會商務報館」，現存三期。《政學報》設有政治小說欄，在該欄目連載了「昭文黃人閔群編、元和奚仁伯壽譯」的《希政詭談》。有人把黃人和閔群當作兩個人，其實閔群是黃人的別號。譯者「奚仁伯壽」，即奚若，是黃人的學生。

《希政詭談》的主要內容是希臘神話故事。《政學報》第一期有四個小標題，分別為《希臘古代神名略》，《金時代降鐵時代》，《普魯取火啓文明》，《裘彼得陰謀毒世人》。第二期有三個小標題，分別為《裘彼得勢力困普魯》，《避洪水重開新世界》，《化白牛埃后遘難》。筆者未見《政學報》第三期。該小說是目前所知最早的希臘神話的漢譯本，文言。據筆者考證，《希政詭談》的底本是美國詹姆斯·鮑德溫（James Baldwin，1841～1925）的 *Old Greek Stories*〔註 54〕，由美國圖書公司（American book company）於 1895 年出版。該書封面上寫著「eclectic school readings」，原是寫給學生的課外閱讀讀物，適合「third reader grade」（印於該書扉頁），因此作者鮑德溫用了簡單的詞彙，寫得通俗易懂，這很可能是奚若選擇此書翻譯的原因，當時奚若還是東吳大學的學生，英文水平可能不太高。據筆者所見所聞，該小說為黃人以及奚若最早的翻譯實踐。

另外，《政學報》還刊出了徐念慈翻譯的《莫兒多群島記》，登在該刊的「同社著述」欄目，署名「日海軍大軍醫隱歧敬次郎著，清江蘇昭文徐忞父念慈譯」。該文並非小說。位於地中海中央的莫兒多群島由於特殊的地理位置，具有重要的軍事地位，文中介紹了該島的位置，人口、教育、政治、工業、物產、歷史等情況。這是筆者所見所聞的徐念慈最早的譯作。

《希政詭談》與《莫兒多群島記》，是徐念慈、黃人、奚若等人翻譯實踐的開端。早在小說林正式創立之前，他們就已經有過翻譯實踐了。

（三）海虞圖書館

1903 年，丁祖蔭、朱積熙等人集股，在常熟開設海虞圖書館。〔註 55〕該

月 9 日，轉引自黃鈞達編著《黃人生平與研究》212 頁。
〔註 54〕關於《希政詭談》底本，筆者從張治《民國時期古希臘神話的漢譯》一文受到啓發。該文刊載於《讀書》2012 年第 3 期。
〔註 55〕徐兆瑋《癸卯日記》光緒二十九年四月十一日乙未（1903 年 5 月 7 日）：「孫

館主要銷售新學書刊，兼經營小規模的出版業務。徐兆瑋日記中，有多次前往海虞圖書館購買新小說的記載。〔註56〕據作者所見所聞，海虞圖書館出版了以下四種譯作，都是在 1903 年：

《戰爭哲學一斑》，日本井上圓了著，丁祖蔭譯。

《近世歐美豪傑之細君》，日本村松樂水著，丁祖蔭譯。

《眞興味》，日本笹倉新治著，丁祖蔭譯。

小說《海外天》，英國馬斯他孟立特著，徐念慈譯。〔註57〕

筆者親見《近世歐美豪傑之細君》與《海外天》。《戰爭哲學一斑》與《眞興味》，筆者未見，但據《江蘇》第 7 期海虞圖書館廣告，《戰爭哲學一斑》「發明戰爭之原理」，定價一角五分；《眞興味》闡發「人生美妙之感情」，定價三角。因此這兩種書應都出版了。

海虞圖書館出版有晚清著名的女子教育雜誌《女子世界》。

對於丁祖蔭、朱積熙來說，這是在小說林社之前投資和經營出版業的嘗試。這爲他們後來投資小說林社做了心理準備和經驗積累。

（五）《江蘇白話報》

小說林社對外發行的同一天（1904 年 9 月 19 日），常熟琴南學社所辦的《江蘇白話報》創刊，由琴南學社編輯，海虞圖書館總發行。總代派處是上海四馬路大同書局、望平街小說林。該報的主編爲「三吳少年」，有論說、紀事、教育、實業、雜誌等欄目。挽瀾（俞天憤〔註58〕）在該刊發表《雙劍血》、《身外身》、《美人脂》三篇小說。俞天憤是小說林社的作者之一，他於 1904年，以「挽瀾詞人」的筆名，在該社出版《法國女英雄彈詞》，並在《女子世界》第八期發表《同情夢傳奇》。

四、常熟籍新知識分子與外語

在《孽海花》裏，曾樸借馮桂芬的口說道：「現在是五洲萬國交通時代，

希孟函云，寺前新開海虞圖書社，係芝孫、遠生諸人集股，叢報、譯書頗備。」

〔註56〕參見附錄五《徐兆瑋日記中的近代小說與出版史料》。

〔註57〕據《女子世界》第 1 期《海虞圖書館新書出現》廣告，1904 年 1 月。

〔註58〕俞天憤（1881～1937），江蘇常熟人，原名承萊，字採生，號懺生。1881 年生，俞鍾鑾之子。1904 年著有《法國女英雄彈詞》，由小說林社出版，後又有長篇小說《二月春風》、《中國偵探談》等書出版。俞天憤以偵探小說名聞一時。曾任《鳴報》、《常熟日日報》編輯。父死時囑其勿浪費筆墨爲小說家言，從此輟筆。晚年皈依佛教。1937 年 12 月死於避寇途中。

從前多少詞章考據的學問，是不盡可以用世的，……我看現在讀書，最好能
通外國語言文字，曉得他所以富強的緣故，一切聲光化電的學問，輪船、槍
炮的製造，一件件都要學會他，那才算得個經濟！」〔註59〕

曾樸自己懂得法文，光緒二十八年（1902），他還邀請日本人金井雄來常
熟講授日文。金井雄字飛卿，號秋蘋，時任江蘇常熟縣俟實學堂總教習，並
在曾家花園擔任東文教習。〔註60〕金井雄約在農曆十月份離開常熟，原因是
蔣維喬邀請他去常州講授日文。蔣維喬《鷦居日記》壬寅年十月初一日（1902
年11月9日）：「偕丁君芝孫赴虞山，謁金井秋蘋君。金井日本人，留德國八
年，今春來遊歷虞山。虞山諸同志就學東文法。」十月初三日「余此來本欲
爲毘陵修學社延一東文法教授，金井忽願前去，大喜過望。」十月十五日「到
蘇晤金井秋蘋君，偕之回常。」十月十七日「修學社於今日開講東文，來學
者有二十人。」也就是說，金井雄至少留在常熟有半年多的時間。據曾虛白
的《曾孟樸先生年譜》，當時跟從金井雄學習日文的有十幾人之多。因此，徐
念慈、丁祖蔭等人的日文很可能是從金井雄學來。常熟新知識分子學習外語
的經歷，爲他們從事小說翻譯作了語言準備。

五、常熟籍新知識分子不排斥小說

曾樸對小說的喜愛，自不待言。常熟人徐兆瑋給同鄉孫師鄭寫信，說「弟
自六月初歸國，外懾於炎威，內耽於小說，杜門謝客者二月有餘。」〔註61〕
理直氣壯地說自己愛看小說。徐兆瑋還受張鴻之託，從日本代購小說。徐兆
瑋《丁未日記》「光緒三十三年四月廿八日」條：「得張映南十九日函言：今
年《太陽》報乞速定一分寄下，早稻田《維多利亞傳》又名《英國之女皇》，
其下冊如有，亦望購寄。如有新出小說如《新舞臺》、《秘密電光艇》等多文
言而少俗語者，亦望購寄。」張映南即張鴻，是《續孽海花》的作者。徐兆瑋
不僅愛看小說，從日本歸來時，拿小說作禮物送給丁祖蔭。徐兆瑋《丁未日記》
「光緒三十三年十月二十四日」條：「與丁芝孫書云：……前日購得新出版小說
二種，《地下戰爭》一冊，《電力艦隊》一冊，郵呈清覽，希即驗收。」徐兆瑋、

〔註59〕愛自由者發起，東亞病夫編述《孽海花》（卷一）第三回「陸孝廉訪豔宴闈門，
　　　　金殿撰歸裝留滬瀆」，小說林社，1905年。
〔註60〕參見時萌《曾樸與日本詩人的文字緣》，時萌編著《曾樸及虞山作家群》68～
　　　　69頁。
〔註61〕徐兆瑋《丁未日記》「光緒三十三年十月初三日」條。

張鴻都是進士，丁祖蔭是南菁書院的高材生，他們都很喜愛小說，可見小說在常熟籍新知識分子中的受歡迎程度。

綜上，以徐念慈、丁祖蔭等人為代表的常熟籍新知識分子，諳熟西學知識，懂得至少一門外語，對於報刊和出版社比較熟悉，且喜愛小說，並在籌辦常熟的新教育事業中結下了寶貴情誼，這是他們能夠聚集在一起，創辦小說林社的原因。

第三節　小說林社的創辦、發展與結束

一、小說林社的創立

小說林社是我國近代第一家以經營新小說為主的出版社，創始人為常熟曾樸、丁祖蔭和朱積熙三人。小說林社登記版權時，注明負責人為孟芝熙，實係三人合名（曾樸字孟樸，丁祖蔭字芝孫）。

小說林初開時規模很小，發行所設在上海四馬路望平街口，於光緒三十年八月初十（1904 年 9 月 19 日）正式對外發行，見該日的《時報》廣告《小說林新書出版》：

> 本社專譯東西洋小說出售。茲先出書四種，以後逐月遞印。本月初十日為發行第一日，讓價二日。門市概售九折，目錄列左：《啞旅行》定價大洋四角五分，《秘密使者》五角，《新舞臺》五角，《大復仇》三角。總發行所在上海四馬路望平街口。小說林啓。

廣告中提到的四種書均出版於甲辰六月（1904 年 7～8 月）。所以，小說林社在正式發行前，還有個籌辦的階段。籌辦事務主要包括：籌集資金，徵集稿件，聘請編輯、譯員、辦事員等。

（一）籌集資金

小說林社的組成方式為股份制，曾樸、丁祖蔭、朱積熙，應是最大的三位股東，其餘常熟同鄉亦踴躍參與。

《丁祖蔭日記》「光緒三十三年常用日記補遺」部分有這樣的記載：

> 二月二十　嵇洛如　一百元（七月十五期，小說林存款）
>
> 十月初八　張雙南　三百元（明年十月期，小說林息款）

可見，小說林社既給股東息款，又能吸收存款。清末，股份公司盛行官利制，

不論企業盈虧狀況如何，每年均須以固定利率（一般是八厘）支付給股東利息。股份制企業年終結帳，須先派官利，然後結算營業利益。不足，即謂之虧損，有餘，則再分紅利。因此，上面提到的「小說林息款」，即指股東張雙南從小說林社得到的該年官利。

至於吸收存款，則是一種籌集資金的手段。晚清民國時「普通之公司商號皆自行吸收存款，以為資金之調節。其歷史悠久基礎厚實者，存款在運用資金中所占之地位亦更見重要」。〔註62〕以輪船招商局為例，晚清時期通過各種方式吸收的私人存款就始終占輪船招商局營運資本的四成以上。〔註63〕小說林社亦如此。

上面提到的嵇洛如、張雙南都是常熟人。張繼良（1871～？），字南陔，又字南城，號蘭思、雙南、敷生。1895年進士，任刑部主事，山西河津縣知事。入民國，任江蘇省公署秘書，河南督理軍務署顧問。〔註64〕張繼良1906年4月經黃人介紹，任東吳大學堂國文正教習，在此期間，和黃人、孫景賢一起編輯《雁來紅叢報》。他輯錄的《佚叢甲集》，1907年出版鉛印本，由小說林寄售。〔註65〕嵇洛如是曾樸的妹夫。嵇芩孫（1884～1944），字洛如，早年畢業於南洋公學，他是常熟第一個留美學生，曾在加州大學和斯坦福大學學習，光緒三十三年（1907）九月十六日甲辰科驗放學部考驗遊學畢業生，賞給法政科進士。他娶了曾樸三妹曾季肅，後離婚。入民國，歷任外交部主事、蘇州關監督、北京大學法律講師等職。〔註66〕

綜上可見，小說林社是股份有限公司，通過分股集資、吸收存款的方式來籌集資金。股東除曾樸、丁祖蔭、朱積熙外，還有常熟同鄉，如張繼良等人。這一性質，決定了並非曾樸一個人做主，重大決策需要開股東大會來表決。《丁祖蔭日記》「丁未年九月二十四日（1907年10月30日）」條載：「小說林在一品香開股東會。」

〔註62〕陳真編《中國近代工業史資料》第四輯《中國工業的特點、資本、結構和工業中各行業概況》，北京：生活・讀書・新知三聯書店，1961年版，52頁。
〔註63〕朱蔭貴《中國近代股份制企業的特點——以資金運行為中心的考察》。
〔註64〕參見張耘田，陳巍主編《蘇州民國藝文志》（上冊），揚州：廣陵書社，2005年版，380頁。
〔註65〕參見本書附錄四《徐兆瑋日記中的近代小說與出版史料——以小說林社為中心》。
〔註66〕嵇同耀《常熟第一位美國留學生》，《常熟文史》第22輯，常熟市政協文史資料委員會編，1994年，内部發行。

（二）徵集稿件

小說林社最早出版的四種小說的具體信息如下：

《啞旅行》上卷，日本末廣鐵腸著，昭文黃人譯述。

《秘密使者》上卷，法國迦爾威尼著，吳門天笑生譯述。

《大復仇》，元和奚若譯意，昭文黃人潤辭。

《新舞臺》一編，日本押川春浪著，昭文東海覺我譯述。

譯者中，黃人與徐念慈都是常熟人，也是小說林社的核心成員。而包天笑翻譯《秘密使者》，緣自曾樸約稿。包天笑（1876～1973），初名清柱，又名公毅，字朗孫，筆名天笑等，江蘇吳縣（今蘇州）人，著名報人，小說家。抗戰勝利後定居香港，發表《且樓隨筆》、《釧影樓回憶錄》等。1900 年，包天笑和朋友集資百元，在蘇州開設東來書莊，出售新書新報，就在那時，認識了曾樸：「我在東來書莊，認識了許多朋友，如住在常熟的曾孟樸，初見面時，便是吳訥士（湖帆的父親）陪他到東來書莊訪我的」。〔註67〕1904 年，包天笑任青州府中學堂監督，時曾樸籌建小說林社，寫信給他，徵求小說稿。應即《秘密使者》上卷。〔註 68〕小說林社剛剛開辦時，是一個同人性質的出版社，稿件多來自向同鄉、好友約稿。實際上，一直到 1905 年底，小說林社仍爲同人性質，到 1906 年時，社會來稿才大大增多。

（三）聘請編輯、譯員、辦事人員等

小說林社的總編輯是徐念慈。此外，其餘編輯可攷的還有包天笑、歸炳勳等。

1906 年初，包天笑定居上海，擔任時報館編輯，也應曾樸和徐念慈邀請，來小說林社擔任編輯。據包天笑回憶：

> 剛到上海，住在旅館裏，曾孟樸就託徐念慈來訪問我了，便是商量請我到「小說林編譯所」去。單寫小說，便不必一定要到編譯所去，當時已流行了計字數酬稿費的風氣了。但是他們還要我去幫助他們看稿子與改稿子，那就非去不可了。〔註69〕

〔註67〕 包天笑《釧影樓回憶錄》之「東來書莊」。《釧影樓回憶錄》，香港：大華出版社，1973 年版，165 頁。

〔註68〕 包天笑《釧影樓回憶錄》之《移居上海之始》：「我在青州府中學堂的時候，和上海的諸友好，頻通音問……我在青州時，孟樸也曾寫信給我，徵求小說稿」，見該書的 312 頁。

〔註69〕 包天笑《釧影樓回憶錄》之「在小說林」，見該書的 323～324 頁。

至於具體時間與報酬：「我們規定上午九點鐘至十二點鐘，星期休假（報館是星期不休假的），他們每月送我四十元」。除審稿外，包天笑仍繼續爲小說林社譯著小說，稿費另算，千字兩元。

另外，據筆者掌握的資料，小說林社還有一位編輯歸炳勳，協助徐念慈，但無法得知他何時加入小說林社，也不知他是否在創辦時加入。1934 年 8 月 11 日的《申報》刊有新聞《佛音電臺主任現由歸舜丞君代理》：「歸君系文藝界前輩，二十年前歐美譯本小說風行滬上時，歸君曾于小說林及宏文書局內，擔任編輯，與文壇耆宿東亞病夫曾君孟樸，及東海覺我徐君念慈，共事甚久，其時佛後居士（筆名鐵漢）亦爲小說林特約編撰，歸君後在南北警政、海軍、教育各界任事，離滬有年，今者遊倦歸來。」其中，明確點明，歸炳勳曾在小說林社擔任編輯。另外，徐念慈去世後，歸炳勳撰寫挽聯「累年撰席相隨，誘掖勸獎，親炙堪同私淑；三日沉疴不起，熱忱毅力，傷心從此長淪。」也可以看出，歸炳勳曾經和徐念慈共事，且把徐念慈當作老師。歸炳勳是宏文館出版的《博物大辭典》編輯之一，還在宏文館出版有譯作《地文學》，均署名「歸舜丞」。因《博物大辭典》出版於 1907 年，所以他最晚於 1907 年進入小說林社。從當時的報刊雜誌上還可以搜索到歸炳勳離開小說林社後的生活經歷：

歸炳勳，字舜丞，江蘇常熟人，1912 年任吳淞商船學校監學兼庶務員，時二十七歲，可知他生於 1886 年。〔註70〕1912 年起，任督辦京滬警察行署秘書，1914 年，上司薩鎮冰爲其請求勳章，《政府公報》第 886 號（1914 年 10 月 23 日）刊有《海軍上將統率處辦事員薩鎮冰呈前充督辦淞滬水陸警察署秘書歸舜丞才識穩練勞績卓著懇請獎給勳章以示獎勵文並批令》，提到「該員新舊學問俱有根柢……於上海任編輯及教育職務，著譯甚多」。《正志》雜誌第一卷第一期（1915 年 4 月 30 日）登出其照片。1923 年任煙臺警察廳警正，1924 年離職〔註71〕。後輾轉於警政、海軍、教育各界，并於 1934 年任上海佛

〔註70〕參見《1912 年吳淞商船學校教職員名單一覽表》，《中國高等航海教育史略》（1909～1953），大連：大連海事大學出版社，2009 年版，76 頁。
〔註71〕《政府公報》2629 號（1923 年 7 月 8 日）刊有消息：「內務總長高陵霨呈准山東省長熊炳琦諮請任命歸舜丞、虞朝宗爲煙臺警察廳警正。」《政府公報》2880 號（1924 年 3 月 28 日）刊有消息：「內務總長程克呈准山東省長熊炳奇諮：煙臺警察廳警正石如璧、朱紹雍、歸舜丞先後離職，請免去本職，照準，此令。」

音電臺主任。

小說林社最早聘請的譯員是吳步雲。1904 年 7 月，曾朴托蔣維喬代請英文譯員，蔣維喬推薦了吳步雲。據蔣維喬《鶼居日記》「甲辰年五月廿五日（1904年 7 月 8 日）」條：「曾君孟樸來函，託代請小說林英文譯員，已薦吳君步雲。」同年的 8 月 26 日，小說林社聘請吳步雲爲英文翻譯，于本日訂聘約。見蔣維喬《鶼居日記》「甲辰年七月十六日（1904 年 8 月 26 日）」條：「常熟曾君孟樸、丁君芝孫創辦小說林社，委爲代聘英文翻譯，余薦吳君步雲，於是日訂聘約。」

吳繼杲〔註 72〕（1882～？），字步雲，江蘇吳縣人，南洋公學畢業。曾是蔣維喬的英文教師，後經蔣介紹給曾樸，入小說林社擔任英文譯員。他爲小說林社翻譯了偵探小說《一封書》（上卷甲辰十一月、下卷乙巳二月）、《彼得警長》（上中卷丙午正月，下卷丙午四月），豔情小說《女魔力》（上卷乙巳五月、中卷乙巳六月、下卷丙午二月）、《萬里鴛》（上卷乙巳六月、中下卷乙巳十一月），共四種 11 冊。吳爲小說林社翻譯的最後一本小說是丙午年四月（1906 年 5～6 月）的《彼得警長》下卷，同年夏，他的職位被陳鴻璧接替。吳步雲後入商務印書館編譯所英文部，擔任過《英文雜誌》主編，因患肺結核去世。〔註 73〕他還是商務《辭源》和《英華日用字典》的編者之一。

吳步雲共翻譯了四部小說，兩部言情小說，兩部偵探小說，都是當時的熱門題材，未免有趨時之感。而且他的翻譯風格稍嫌平庸，四部書中，有三部書用的是中國傳統的白話章回體，文筆也一般。很可能是出於此原因，他的職位由陳鴻璧接替。

〔註 72〕據《立達學社社員名單》載：吳繼杲，字步雲，時在商務印書館，三十一歲。因該名單中，立達學社創立者胡敦復（1886～1978）二十七歲，因此推斷出吳繼杲生於 1882 年。《立達學社社員名單》，載《愛國辦學的範例——立達學社與大同大學附中一院史料實錄》，王仁中，王槐昌，徐志雄編，上海：上海古籍出版社，2002 年版，第 2 頁。

〔註 73〕1915 年入商務的周越然在《我與商務印書館》（《商務印書館九十五年》，商務印書館 1992 年版，171 頁）說到當時編譯所英文部中有吳步雲：「當時英文部中，除部長鄺君外，有同事徐閏全、甘永龍、吳步雲、張叔良、邱培枝等君。」唐錦泉《商務印書館附設的函授學校》（《商務印書館九十五年》657 頁）提到：「英文部尚有徐潤全、甘作霖、吳繼杲、張叔良（世鎏）、周越然等。徐潤全畢業於聖約翰大學，甘作霖、吳繼杲、張叔良三人均畢業於南洋公學（交大前身）。吳繼杲主編《英文雜誌》……吳繼杲患肺結核去世，後又聘請大同大學教授平海瀾到編譯所英文部主編《英文雜誌》（後由胡哲謀主編）」。

　　陳鴻璧（1884～1966），原名陳碧珍，女，廣東新會人，於丙午年七月（1906 年 8 月）在小說林社出版《蘇格蘭獨立記》卷一，約在此前後，始擔任小說林社專任譯員。她爲小說林社翻譯了歷史小說《蘇格蘭獨立記》，科學小說《電冠》，偵探小說《印雪簃譯叢》、《第一百一十三案》等作品。徐念慈很讚賞陳鴻璧，還請黃人寫了一副對聯表揚她的翻譯才能：「錦心巧織梵蒼文，便教跨虎淪凡，當誇昳西山寫韻；儷爪窮鎪歐墨影，雅擬騎麟晉謁，試縱譚東海揚塵。」該對聯現存黃人後代黃鈞達處，略殘。

　　有了啓動資金，有了稿件，有了編輯和譯員，還需要處理日常事務的辦事人員。

　　據曾虛白《曾孟樸先生年譜》（未定稿）稱：「（小說林社）初開時規模很小，先生自任總理，由徐念慈任編輯。」〔註74〕筆者曾據此認爲曾樸是小說林社的經理，然而，小說林社的經理，另有其人。上海市檔案館保存有檔案《清朝書業公所同業挂號原函匯存簿》（檔號 S313-1-76），收錄了 1906 年上海市部分書局與書莊在上海書業公所登記的原始材料，其中，小說林社經理登記爲鄒仲寬。〔註75〕1906 年 7 月 6 日，上海書業商會主辦的《圖書月報》出版。陸費逵主編。共出三期。第 2 期載有當年入會會員 22 家，鄒仲寬是小說林社的代表。〔註76〕因此，鄒仲寬爲小說林社經理，應無疑問。他至遲自 1906 年始任此職務，也不排除自小說林社初開時任職的可能性。筆者認爲，曾樸是小說林社的創辦者和主持者，而鄒仲寬是具體事務的負責人。鄒仲寬，籍貫、生平不詳，《丁祖蔭日記》光緒三十三年二月十四日（1907 年 3 月 27 日）條目下，有與其通信的記錄。

　　小說林社還有一名成員王夢良。徐兆瑋《丁未日記》「丁未年九月三十日

〔註74〕《宇宙風》第三期，1935 年 10 月 16 日。
〔註75〕參見潘建國《檔案所見 1906 年上海地區的書局與書莊》，《檔案與史學》2001 年 06 期。
〔註76〕22 家書局及其代表如下：文明書局（俞仲還）、開明書店（夏頌菜）、點石齋書局（席子佩）、商務印書館（夏瑞芳）、廣智書局（何澄一）、昌明公司（陸費逵）、中國教育器材館（包文信）、啓文社（費子和）、新智社（吳秋坪）、會文學社（沈玉林）、通社（應季審）、新民支店（馮鏡如）、群學會（沈繼先）、東亞公司新書店（張金城）、彪蒙書室（施錫軒）、時中書局（顧子安）、有正書局（狄楚青）、小說林（鄒仲寬）、樂群書局（汪繼甫）、普及書局（陶甲三）、鴻文書局（凌仲華）、新世界小說社（凌培卿）。資料來源：http://www.shtong.gov.cn/node2/node2245/node4521/node29047/userobject1ai544 49.html。

（1907 年 11 月 5 日）」條載：「與王夢良一書，言前日還款七十五元，寄存小說林發行所事」。「丁未年十一月初八日（1907 年 12 月 12 日）」條載：「王夢良十月廿九日函云：小說林前月開周年會，統核虧耗四五千，頗有來日大難之勢。」《戊申日記》「四月初八日（1908 年 5 月 7 日）」條載：「下午晤王夢良於小說林編輯所，曾孟樸亦在。又攜夢良至圖書公司編輯所」。可見，王夢良是小說林社成員，或許負責一些具體業務，他是常熟人，生平不詳。

二、小說林社的發展與三所分立

小說林社自 1904 年創辦始，經營了一年後，發展勢頭良好，1905 年該社有數件大事：

首先是獲得了官方的版權保護。

光緒三十一年三月十一日（1905 年 4 月 15 日），小說林社得到了官方的版權保護。據該社的《車中美人》（1905 年 11～12 月出版）書後廣告：

欽命二品頂戴江南分巡蘇松太兵備道監督江海關袁　爲

給示諭禁：事據職商孟芝熙秉稱：竊職等以輸灌文明、開通風氣，推小說爲最，爰糾合同志，集有成欵，擇歐美小說中之新奇而宗旨正大者，繙譯成書，增進國民知識，以輔教育之不及，租定上海棋盤街房屋，定名小說林，陸續付印，平價出售。誠恐書賈射利翻印，或增損字句、改換名目，希圖朦混，嗣後凡本社印行，不准他人翻刻，除另稟商務局憲外，稟求准予立案，出示嚴禁翻印、並請札飭縣廨，一體示禁，並照會租界領袖總領事立案以重板權，並具切結，聲明所著《雙艷記》、《美人妝》、《福爾摩斯再生一案》、《福爾摩斯再生二三案》等書，委系自行編輯，並無翻印情弊，如有朦混願甘罰辦等情各到道，據此除批示分行縣廨一體立案外，合行給示諭禁，爲此仰書賈人等一體知悉，毋得將小說林陸續所印各書翻刻漁利，如敢故違，一經查出，定行究罰不貸，其各凜遵，切切特示。

光緒三十一年三月十一日。

有了版權保護，利益有了保障，更利於小說林社進行大量小說的生產。該社 1905 年出版單行本小說 26 種，包括著名的《孽海花》一編、二編。

其次是三所分立。

　　經過了一年的經營，小說社頗有盈利，急需擴大規模。於是，乙巳年十月初三日（1905 年 10 月 28 日），小說林社盤下了曾樸妹夫吳斯千的東亞印書館（位於上海新馬路福海里），作爲印刷所；並另於對門賃屋，設立編輯部〔註77〕；發行所仍在棋盤街中市。從此小說林社三所（編譯所、發行所、印刷所）分立，具有了現代出版機構的規模，事業更加蒸蒸日上。

（一）印刷所：小說林活版部

　　小說林社最初成立時，沒有自家的印刷所，其小說交由別家印刷，如日本東京翔鸞社、日本東京東陽堂、上海澄衷學堂、大同書局、東亞改良圖書館、作新社印刷局等。自 1905 年 10 月，有了印刷所之後，該社所出書籍均由印刷所（又稱「小說林活版部」）印刷。據乙巳十月初六日（1905 年 11 月 2 日）《時報》廣告：

小說林社添設印刷、編輯部廣告

　　本社于初三日將東亞印書館盤歸本社，前東亞改良印書館與各處往來交涉，統歸原主人聲明登報清理，與本社無涉。本社添設印刷所後，一切整頓，置備銅模大號印機，精製鉛字鉛條，承印中西書籍，單張零件，各色花樣俱全，代辦各種紙張，五色石印，銅版插畫，格外從廉，以廣招徠，定期出貨，決不有誤。貴客賜顧，請移玉本帳房面議。

　　可見，印刷所具有極其先進的設備「銅模大號印機，精製鉛字鉛條」，能夠進行「五色石印，銅版插畫」，小說林社的出版物大多印刷精美，封面色彩鮮麗，與其精良的設備是分不開的。印刷所規模甚大，除印刷本社書籍外，還對外承攬業務。《月月小說》的最初四期便是由小說林社代印的。〔註78〕

〔註77〕《東亞印書館告白》：「本館主人因有別就，盤歸小說林社經理。所有一切帳目准於十月初三日來局清結，幸勿自誤。此布。」見光緒三十一年十月初二日（1905 年 10 月 27 日）《時報》第一張第二頁。另據曾虛白《曾孟樸先生年譜》（未定稿）：（小說林社）「經營了一年之後，果然提高了社會上欣賞小說的興趣，於是重行集股，擴大組織，在棋盤街設發行所，收買派克路福海里吳斯千所創辦的東亞印書館爲印刷所，並另於對門賃屋，辟爲編輯部，廣羅人才，做大量小說的生產。」關於吳斯千和曾孟樸的親戚關係，《曾孟樸先生年譜》（未定稿）云：「先生跟他的妹丈吳斯千」。

〔註78〕郭浩帆《中國四大小說雜誌研究》，北京：當代中國出版社，2003 年版，第230 頁。

（二）小說林總發行所

小說林社創辦初期，發行所設在上海四馬路（今福州路）東華里內，1905年3月，遷至棋盤街中市〔註79〕，地址是棋盤街河南路513、514號。〔註80〕棋盤街是著名的文化街，報館書局林立，比起東華里，更有利於擴展業務。發行所除了發行本社書籍外，還對外代辦發行，并銷售文具儀器等。

1907年10月，小說林社添設蘇州和常熟兩個分發行所。

（三）總編譯所

三所分立對小說林社的發展意義重大，尤其是總編譯所的設立。從此，小說林社規模擴大了，事業也走上了更加正規的軌道。

總編譯所是小說林社的最主要部門。其成員除了總編輯徐念慈外，還有包天笑、吳步雲、陳鴻璧、歸舜丞等人。

最初，小說林社沒有獨立的編譯所，各處來函稿件統歸發行所，以致時有延誤。增設編輯部後，避免了稿件的丟失衍期，并廣泛徵稿，社會來稿大大增多。

小說林社剛剛開創之時，稿件多由同鄉、朋友、同學舉薦而來，未向社會徵稿。乙巳五月（1905年6～7月），小說林社第一次面向社會徵稿，見《新舞臺》二編書後廣告：

廣告著譯小說諸君

　　本社見聞鄙陋，闕恨良多，如有海內通人譯著小說願印行世，請將原稿寄來（譯稿附原本），由本社總撰述選定付印，版權歸於本社。未入選者，即按原信住址姓氏於一月後奉還，入選小說譯著諸君，欲享何種權利，亦請詳細開明，由本社承認函訂，特此廣告。

而添設編輯部後，小說林社開始廣泛向社會徵稿。

本社添設編輯部廣告

　　本社未設印刷部以前，各處來稿函件統歸發行所，以致時有貽誤，良所不便。茲特推擴添設編輯部，海內通人譯著小說，願印

〔註79〕乙巳二月初四日（1905年3月9日）《時報》第一張第一頁廣告：
　　　小說林總發行所遷移廣告
　　　　本社向在四馬路東華里內，今因交通不便，特於二月初四日遷移至棋盤街中市交易。諸君交易及遠道信札請徑送至該處。恐未周知，特此聲明。上海棋盤街中市小說林社謹啟。
〔註80〕參見潘建國《檔案所見1906年上海地區的書局與書莊》。

行世，請將原稿寄來（譯稿附原本），到後即擊收條，由總撰述選
定付印，版權歸於本社。未入選者，即按原址，於一月內寄還。入
選小說譯著諸君，欲享何種權利，亦請詳細開明，由本社承認函訂。
〔註81〕

據包天笑回憶，「《小說林》登報徵求來的稿子，非常之多，長篇短篇，譯本
創作，文言白話，種種不一，都要從頭至尾，一一看過，然後決定收受，那
是很費工夫的事。還有一種送來的小說，它的情節、意旨、結構、描寫都很
好，而文筆不佳，詞不達意，那也就有刪改潤色的必要了。」〔註82〕可見，
登報豐富了小說林社的稿源。稿源豐富了，選稿餘地擴大，更有利於小說種
類的多樣化及品質的提高。

　　三所分立後，小說林社爲使自己的出版事業呈現全新的面貌，確立了自
己的小說分類觀。念在「譯著紛出，非定題問，則陳陳相因，將來小說界必
有黯淡無光之一日」，故「將已印未印之書，重加釐定，都爲十二類，其無所
取意者，絕版不出」。這十二類小說包括：

　　歷史小說（誌以往之事迹，作未來之模型；見智見仁，是在讀者。）

　　地理小說（北亞荒寒，南非沙漠。《廣輿》所略，爲廣見聞。）

　　科學小說（啓智秘鑰，闡理玄燈。）

　　軍事小說（尚武精神，愛國汗血，觀陸海戰史，奕然有生氣。）

　　偵探小說（變形易相，偵察鉤稽，爲小說界新輸入者。）

　　言情小說（疾風勁草，滄海巫山，世態寫眞，人心活劇。）

　　國民小說（三色之旗，獨立之門，洛鐘其應，是在銅山之崩。）

　　家庭小說（家庭教育，首重幼稚。盧曳栢氏，咸以小說著名教育界。）

　　社會小說（由種種現象，成色色世界。具大魔力，超無上乘。）

　　冒險小說（偉大國民，冒險精神。魯濱遜歟，侶樸頓歟？雁行鼎足。）

　　神怪小說（希臘神話，埃及聖跡，歐西古俗，以資博覽。）

　　滑稽小說（曼倩、淳于，著名昔史；詼諧談笑，繼武後塵。）〔註83〕

　　小說分類觀的確立，表明小說林社基本確定了自己的小說出版思想。這

〔註81〕《車中美人》書後廣告，《車中美人》，小說林社員譯述，小說林社，乙巳十
　　　　一月（1905 年 12 月至 1906 年 1 月）初版。
〔註82〕包天笑《釧影樓回憶錄》之「在小說林」，見該書的 324 頁。
〔註83〕《謹告小說林最近之趣意》，小說林社《車中美人》書後廣告。

既是對該社以往小說出版的總結，也是對該社未來小說出版計劃的規定與引導，以後的投稿和約稿就被納入了這十二種類型中。所以，小說分類觀的確立，對小說林社的發展至關重要，引領了小說林社進一步走上興旺發達的道路。1906 年，小說林社繼續蓬勃發展。該年有三件大事，今按時間順序，列舉如下：

其一，小說林社加入了同業組織上海書業商會。〔註84〕

其二，開始發行小本小說叢書。

1906 年 7～8 月，小說林社的小本小說叢書出版第一集第一種《孤兒記》，作者平云，實爲周作人筆名。一直到小說林社結束爲止，小本小說叢書共出 3 集 21 冊。小本小說的發行，一方面是爲了安置過多的來稿，也是小說林社在國民啓蒙的同時，注重娛樂性與市場化的表現。具體參見本書第三章第二節《小說林社小本叢書簡況》。

其三，1906 年 8 月增設宏文館。這是小說林社由盛轉衰的關鍵，將在下個大標題《宏文館成立與小說林社的衰落》中詳細展開，茲不贅言。

1907 年 2～3 月，小說林社創辦《小說林》雜誌。該刊由小說林總編譯所編輯，小說林宏文館有限合資會社發行。《小說林》雜誌是該社的理論陣地，該刊發表了黃人的《〈小說林〉發刊詞》、《小說小話》與徐念慈的《〈小說林〉緣起》、《余之小說觀》、《丁未年小說界發行書目調查表》等文章，在當時一片「小說新民」的聲浪中，小說林同人正確估量了小說的社會作用，提倡文學的審美價值，代表了近代小說理論的新成就。《小說林》雜誌也因此在該社的出版生涯中熠熠生輝。

綜上，1905 到 1907 年初，是小說林社的迅速發展期。但在興旺中，也埋下了衰落的種子，即宏文館的成立。

三、宏文館成立與小說林社的衰落

1905 年和 1906 年是小說林社最爲興旺發達的時候。據徐兆瑋《燕台日記》載：小說林社在 1905 年的盈利率是百分之一百四十，1906 年的盈利率是百分之一百三十。徐兆瑋《燕台日記》「丙午年九月二十八日（1906 年 11 月 14 日）」條：「晤芝孫後至小說林印刷所……孟朴因小說林結帳事，談簿計學甚詳，以

〔註84〕 參見 http://www.shtong.gov.cn/node2/node2245/node4521/node29047/userobject1ai
54449.html。

詞章專家而役役於簿書，可謂勇於改轍矣。小說林頗獲利，去年每千贏四百多，今年每千贏三百多云。」

　　其時，由於商務印書館出版教材盈利，徐念慈遂起了競爭之心，認為彼既可以教科書為號召，我何不以參考書為貢獻，於是在股東會提議擴大編輯部增出參考書（徐念慈與商務印書館關係較密切，他在商務印書館所屬的尚公小學任教，還是尚公小學的校長。他在商務印書館出過《中國地理》、《近世算術》等數種教科參考書籍，商務印書館因為出版教材而多有盈利，也許給過他刺激）。當時，曾樸顧慮到此舉冒險性太大，然而股東會一致贊成徐念慈的提議。〔註85〕於是，在 1906 年 8 月份，添招股本，成立宏文館〔註86〕，與原先的小說林合稱「小說林宏文館有限合資會社」。

　　除出版《理學雜誌》外，宏文館還有一個宏大的出版計劃，即出版二十四種參考叢書和十大辭典。

　　二十四種參考叢書本來包括：

　　　　教師學生諸君于各種科學必資參考始能進步，本社有鑑於此，特延各科名家譯著專書，以中等程度為率，搜輯詳備，考證精確，計分植物、礦物、動物、化學、物理、東西洋史及年表、地文學、中外國地理、算術、代數、幾何、三角、微分、論理、心理、倫理、教育學、教授法、生理衛生等都二十四種，用洋裝袖珍美本大小一律，以便取攜，按月分出兩種，一年畢事。想為學界所歡迎焉。〔註87〕

　　結果後來正式出版的至少有下列十二種書：

　　《植物學》，日本農學士今村猛雄著，昭文徐念慈譯，二冊，丙午年十一月初版，同年同月發行，定價四角。

　　《中國歷史講義》，昭文徐念慈著，常熟丁祖蔭、曾樸審定，光緒三十三

年十月印刷，光緒三十四年正月發行，定價八角。〔註88〕

《礦物學》，常熟範玉麟譯，一冊，定價三角。〔註89〕

《西洋史年表》，昭文徐宗鑑譯，洋裝二冊，定價四角。

《地文學》，常熟歸炳勳譯，二冊，定價四角。〔註90〕

《各科教授法精義》，東京高等師範學校教授森岡常藏原著，蘇府留學諸君合譯，定價一元五角。

《自然分類普通植物檢索表》，常熟張寶樹譯，定價四角。

《中等化學》，理學士杉穀厚著，吳江薛鳳昌譯，定價六角。

《立體幾何學教科書》，日本高橋豐夫著，由留學東京昭文胡文藻譯出，定價四角。

《中學對數表》，飯島氏著，武進余貞敏譯，定價三角。〔註91〕

《簡要微分積分學》，日本澤田吾一著，陽湖莊模譯補，定價七角。

《無機化學粹》，日本藥學士山田董原著，武進余貞敏譯，定價一元五角。〔註92〕

另外，宏文館很可能也出版了《生理學》和《東洋史》二書：己酉閏二月廿八日（1909 年 4 月 18 日）《時報》上的小說林廣告中，有「《生理學》二角，《東洋史》二角」的內容，但由於該廣告是在小說林社結束後才刊出，而且廣告中也沒有作者名和譯者名等資訊，不一定可靠，姑且存疑。

從上面可以看出，第一，除《中國歷史講義》是徐念慈編著外，其他諸書基本是翻譯，而且大多是從日文翻譯而來。第二，諸書程度中等，適合「中學校及師範學校教員學生教科參考之用」〔註93〕。第三，譯者以江蘇（尤其

〔註88〕《植物學》、《中國歷史講義》，此兩種書，爲筆者眼見。

〔註89〕《礦物學》的出版資訊，據丙午十一月廿二日（1907 年 1 月 6 日）《時報》廣告。

〔註90〕《西洋史年表》、《地文學》的出版資訊，據丁未二月廿六日（1907 年 4 月 8 日）《時報》廣告《宏文館出版參考叢書》：「第三種《西洋史年表》，昭文徐宗鑑譯，洋裝二冊，定價四角。第四種《地文學》，常熟歸炳勳譯，洋裝二冊，定價四角。」

〔註91〕《各科教授法精義》、《自然分類普通植物檢索表》、《中等化學》、《立體幾何學教科書》、《中學對數表》的出版資訊，據戊申正月初七日（1908 年 2 月 8 日）《時報》廣告。

〔註92〕《簡要微分積分學》、《無機化學粹》的出版資訊，據徐念慈《中國歷史講義》書後廣告。

〔註93〕徐念慈《中國歷史講義例言》，見徐念慈：《中國歷史講義》，上海：宏文館光緒三十四年（1908）版。

是常熟）籍爲多。

其實，二十四種參考叢書費不了多少資本（每種書定價幾角錢，成本亦應甚微），最耗費資本的是大辭典。

1907 年初，在《小說林》第一期上刊有廣告《帝國最新十大辭典出版》，其中所列的十大辭典分別是：

《博物大辭典》、《物理大辭典》、《法律大辭典》、《教育大辭典》、《數學大辭典》、《小學教材大辭典》、《理科大辭典》、《化學大辭典》、《植物學大辭典》、《世界歷史大辭典》。

除《博物大辭典》〔註 94〕、《物理學大辭典》〔註 95〕正式出版外，其餘八種均沒有來得及出版。

1907 年 5～6 月，《博物大辭典》發行，定價皮制二元八角，特製二元五角，上制二元二角。編輯兼校閱者：常熟曾朴，昭文徐念慈。分任編輯爲常州許毅，蘇州包公毅，常熟歸炳勳、張寶樹，昭文徐宗鑑。審訂者：常熟丁祖蔭。

丁未年四月二十六日（1907 年 6 月 6 日）《時報》封面廣告：

《博物大辭典》出版附送贈品券

發行之初附送贈品券，凡門市購一部者送一卷，所購品值大洋四角。以最先五百部爲限。滿額即止。理學家、教育家、實業家速來購取。定價皮脊金字二元八角，布脊金字二元五角，洋裝上制二元二角。總發行所：棋盤街宏文館小說林合資會社啓。

從廣告中可以看出，《博物大辭典》至少印了五百部。《物理大辭典》的印量不清楚，就算也印了五百部的話，加在一起就是一千部。這麼多大部頭書，肯定要耗費大量資本。如果能夠很快收回投資的話，對經營影響不大。但辭典卷軼浩繁，印製的成本肯定高於教材，自然售價也遠遠超出了普通民眾的承受能力。據丁未年四月初一日（1907 年 5 月 12 日）《時報》第四版商

〔註 94〕　《博物大辭典》，光緒三十二年十月發印，光緒三十三年四月發行。定價：
　　　　　皮制二元八角，特製二元五角，上制二元二角。編輯兼校閱者：常熟曾朴、
　　　　　昭文徐念慈。分任編輯：常州許毅、蘇州包公毅、常熟歸炳勳、張寶樹，
　　　　　昭文徐宗鑑。審訂者：常熟丁祖蔭。發行者：上海棋盤街中市宏文館發行
　　　　　所。印刷者：上海新馬路福海里宏文館活版部。總發行所：上海棋盤街宏
　　　　　文館。
〔註 95〕　《物理學大辭典》，楊芝亭、汪怡芝編譯，上海：宏文館，光緒三十三年（1907）
　　　　　版。

務欄所載，當時最便宜的白米「常高次白米」每石七元五角，最便宜的小麥
「常高次小麥」每石三元七角。據此價錢計算，《博物大辭典》最低價二元二
角，可以買 35.2 斤大米，可以買 70 斤小麥。所以實際上，《博物大辭典》的
售價是一個成年人一個月（如果他以大米爲主食的話）或者兩個月（如以小
麥爲主食）的口糧。這的確是一般人承受不起的價錢。也就是說，儘管《博
物大辭典》針對的讀者群主要是學界中的教員學生，但實際上，出身普通人
家的大多數學生很難從極爲有限的生活費中，擠出錢來購置這些工具書；同
樣，依靠微薄薪水生活的學堂教員也很少捨得用一兩個月的伙食費來購置詞
典，只有學校或士紳才有財力購買。銷售面如此狹窄，銷量自然不佳。耗費
了大量資本，又不能及時收回來，資金周轉不開，而小說林社又是小本經營，
不如商務印書館那樣資本大，自然會走向衰落。丁未年（1907）小說林社週
年盤點的時候，就查出本年虧損四五千元。〔註96〕

四、小說林社的結束

對於 1907 年出現的鉅額虧損，小說林社確實是做了反省并做了挽回頹勢
的努力的。

首先是增設分發行所。

到 1907 年末爲止，小說林社出的書已經超過百種，但卻只在棋盤街設有
一個發行所，出版的書夠多，但銷行之力未必跟得上，這是虧損的原因之一。
約在丁未九月份（1907 年 10 月），小說林社增設了兩個分發行所：蘇州珠明
寺前宏林書局和常熟海虞圖書館〔註97〕，以圖增加銷量。將一個分發行所設
在蘇州，源於蘇州是江蘇省首府，而常熟海虞圖書館，則屬於小說林社的創
辦人丁祖蔭、朱積熙的私人事業。

不僅反思發行的問題，總編輯徐念慈還對小說的形式、語言、售價等等
都提出了改良。

《小說林》第九期是新年專號，在這期雜誌上，徐念慈發表《余之小說

〔註96〕 徐兆瑋《丁未日記》：「丁未十一月初八日，王夢良十月廿九日函雲：小說林
前月開週年會，統核虧耗四五千，頗有來日大難之勢。」

〔註97〕 丁未九月初版的《小紅兒》和《香粉獄》，及從丁未九月始到小說林社歇業爲
止的該社所有出版物，均標明「發行者：上海棋盤街中市小說林總發行所，分
發行所：蘇州宏林書局常熟海虞圖書館」。而于丁未八月初版的《鳳厄春》，只
標出了小說林總發行所，據此推斷，小說林社于丁未九月添設兩個分發行所。

觀》（至第十期結束）與《丁未年小說界發行書目調查表》，這兩篇文章都放
在論說欄，可見重視。在《調查表》中，徐念慈歎息道：「負販之途，日形其
隘，嚮則三月而易版者，今則遲以五月，初刊以三千者，今則減損及半。」
蕭條的原因是什麼呢？徐氏反思，「是果物力不足之影響與？或文化進步有滯
留與？抑習久生厭，觀者僅有此數，而供與求之比例已超過絕大與？」

　　針對此種狀況，小說林社總編輯徐念慈做出了一些改良的努力。在《余
之小說觀》中，他專條討論「小說今後之改良」，提出「其道有五，一形式、
二體裁、三文字、四旨意、五價值」，并以學生社會（特指高等小學以下的讀
者）、軍人社會、實業社會、女子社會等四種社會人群來討論。以面向學生社
會的小說為例，「其形式則華而近樸，冠以木刻套印之花面，面積較尋常者稍
小。其體裁則若筆記，或短篇小說，或記一事，或兼數事。其文字則用淺近
之官話，倘有難字，則加音釋，偶有艱語，則加意釋。全體不逾萬字，輔之
以木刻之圖畫。其旨趣則取積極的，毋取消極的，以足鼓舞兒童之興趣，啟
發兒童之智識，培養兒童之德性為主。其價值則極廉，數不逾角。」徐念慈
認為新小說的讀者面比較狹窄：「余約計今之購小說者，其百分之九十出於舊
學界而輸入新學說者，其百分之九出於普通之人物，其真受學校教育，而有
思想有才力，歡迎新小說者，未知滿百分之一否？」他從啟發民眾的角度，
當然也是從行銷的角度，希望擴大新小說讀者面，使得學生社會、軍人社會、
實業社會、女子社會都能夠看得懂，也買得起新小說，并能從中得到教益。

　　增加發行、擴大讀者面，這些都是很好的措施，只可惜無法挽回小說林
社停業的命運。光緒三十四年六月十六日（1908 年 7 月 14 日），徐念慈胃病
發作，因誤服猛藥而去世。〔註 98〕而此時，曾樸又入了兩江總督端方的幕府
〔註 99〕，小說林社中事務無人主持，《小說林》雜誌屢屢脫期。單行本也不
再出版。〔註 100〕據徐兆瑋《戊申日記》，徐介紹唐人傑（字海平）〔註 101〕

〔註98〕丁祖蔭《徐念慈先生行述》，《小說林》第 12 期，1908 年 10 月。

〔註99〕徐兆瑋《戊申日記》戊申六月十七日（1908 年 7 月 15 日）：「與張映南書云：……
　　　　孟樸已為陶齋入幕之賓，不似前此之抑塞矣。」端方（1861～1911），清末大
　　　　臣，金石學家。托忒克氏，字午橋，號陶齋，正白旗人。光緒八年（1882 年）
　　　　中舉人，歷督湖廣、兩江、閩浙，宣統元年調直隸總督，後被彈劾罷官。宣
　　　　統三年起為川漢、粵漢鐵路督辦，入川鎮壓保路運動，為起義新軍所殺。諡
　　　　忠敏。著有《陶齋吉金錄》、《端忠敏公奏稿》等。

〔註100〕戊申四月十八日（1908 年 5 月 17 日）《時報》登載了小說林最後的新書廣告：
　　　　其中有下列六本書，《冷眼觀》、《劍膽琴心錄》、《金箬葉》、《將家子》、《覓金

的兩篇稿子給小說林社，丁芝孫回信云：「念公遽卒，孟公北行，社中收稿無人主持。如可待至一月外者，則暫存敝處，否則即行寄還。」〔註102〕但稿子在小說林社擱了四個月，也未見回音。徐兆瑋只好去信索回稿子。〔註103〕由此可見，從1908年7月起，小說林社的出版事業就陷入停頓。戊申十月初一日（1908年10月25日）《時報》刊出廣告「《小說林》十二期出版」，這應該是小說林社最後的出版物，此後小說林社再未有任何新書新刊的發佈消息。作為一個出版社，它實際上在1908年下半年已經停止活動，但發行所繼續工作，以出售剩餘圖書，一直到1909年初才正式歇業。戊申十二月廿六日（1909年1月17日）《時報》有《小說林發行所遷移廣告》：

> 本發行所現已遷至望平街有正書局內，所有批發各主顧、函件等，請至此處交易為盼。

包天笑在《釧影樓回憶錄》中說，小說林社結束後，所有的書以三千元抵押給狄葆賢（楚青）的有正書局〔註104〕，所以上面的廣告應該就是這一情況的委婉說法。

綜上，小說林社經過1904年的初創期，1905至1906年的繁榮期和1907年的衰落期後，於1908年下半年出版業務基本停止，1909年初正式歇業。

小說林社為什麼走向衰落？投資宏文館失敗，佔用了太多資本，導致資金不能流轉，應是非常重要的原因。

其二，是其他書局（尤其是商務印書館）的競爭。

1904年，小說林社創辦時，已出版的單行本翻譯小說很少，讀者有新鮮感。但據徐念慈《丁未年小說界出版書目調查表》，1907年，出版小說的書局已多達十五家，其中包括新世界小說社、申江小說社等專門出版小說的書局。

夢》、《黑革囊》，這些書均標注為戊申三月出版。

〔註101〕唐海平，曾在小說林社出版過譯作《小公子》，該書出版時署「小說林社員」，據徐兆瑋《劍心簃乙巳日記》光緒三十一年正月二十七日庚子（1905年3月2日）條：「唐海平二十四日來，囑寄其所譯之《小公子》一回與丁芝孫，詢小說林中要購否？」及同年二月初四日丁未（3月9日）條：「丁芝生復函云：《小公子》一書，可售于小說林，譯費每千字計洋一元五角。」可以證明唐海平是《小公子》譯者。

〔註102〕徐兆瑋《戊申日記》「六月二十八日（1908年7月26日）」條。

〔註103〕徐兆瑋《戊申日記》「十月二十日（1908年11月13日）」條：「與丁芝孫書云：『前寄短篇小說二種，小說林想不收稿，望便中交翰叔或肅叔轉寄唐海平，庶無遺失。』」

〔註104〕包天笑《釧影樓回憶錄》之「回憶狄楚青」，見該書的324頁。

尤其是商務印書館的競爭，對於小說林社影響很大。商務印書館到 1908 年為止，「說部叢書」共出版一百種，計一百八十八冊。〔註 105〕而除了「說部叢書」外，商務印書館還有「歐美名家小說」和「袖珍小說」及「林譯小說」等叢書，數量加在一起極為可觀。小說林社的成功是由於開了風氣之先，但風氣開了之後，財力雄厚的商務印書館也來分小說出版的一杯羹，自然會影響小說林社的小說銷路。徐念慈在《余之小說觀》中稱，丁未年的小說銷量已經不如丙午年，「丁未定價與丙午定價相比大約若五與四之比，而其銷行速率乃若二與三之比。」〔註 106〕可見，商務印書館的競爭，以及其他書局加入小說出版業，與小說林社的由盛轉衰有很大的關係。

其三，管理不得法。

包天笑回憶道：「在從前以一個文人，辦點商業性質的事，終究是失敗的多數。小說林也是如此，雖然所出的書，倒也不少，銷路也不差，還是虧本。譬如說：放出的賬，收不回來；管理處不得其法等等；而且出版物是有時間性，尤其是小說。他們是自辦印刷所、排字房的，後來搜出了半房間的鉛字，都是拆了版子，不歸原位，傾棄在那裏，只好作為廢鉛賣了。諸如此類，都是吃了人家的虧。時報後來的失敗也是如此，他們兩位，狄楚青與曾孟樸，都是公子哥兒呀！」〔註 107〕

其四，小說林社存續期間，曾樸精力被社會活動牽扯。

小說林社存續期間，拒借英款并召集民股修建滬杭甬鐵路事件、驅逐殺害秋瑾的張曾敭〔註 108〕，這兩件大事，曾樸都積極參與，并是其中的領導人物，勞心勞力，自不待言，自然無法兼顧小說林社的經營管理。

其五，小說林社停業最直接的原因是徐念慈去世，曾樸入端方幕。

小說林停業後，除將所有書籍盤給狄葆賢外，還將印刷所設備廉價出售。

〔註 105〕戊申七月廿九日（1908 年 8 月 25 日）《時報》廣告：
說部叢書全部出售
　　　本館自癸卯年創行說部叢書，至今五六年間，成書十集。其中有文言、有白話；或譯西文，或采東籍；凡偵探、言情、滑稽、冒險，以及倫理、義俠、神怪、科學，無體不備、無奇不搜。歐美大家所作，近時名流所譯，亦雜見其中。誠說部之大觀也。為書一百種，計一百八十八冊，外加總目提要一冊，裝一木箱，定價二十八元。棋盤街商務印書館謹啓。
〔註 106〕徐念慈《余之小說觀》，《小說林》第十期，1908 年 4 月。
〔註 107〕包天笑《釧影樓回憶錄》，328 頁。
〔註 108〕參見時萌《曾樸生平繫年》，載氏著《曾樸研究》，上海：上海古籍出版社，1982 年版，30 頁。

見 1909 年 11 月 9 日《申報》廣告：

小說林社機器鉛字廉價出售

本社辦理印刷有年，承印各種書籍，精良美好，久爲學界歡迎。

茲因主人另營他業，願將全付機器、鉛字廉價出售。機器大小共三具，

鉛字三號兩付，四號四付，五號四付，花邊、圈點，各種科學應用符

號，另有希臘字四、五號各一付，德國字四、五號各一付，英國字三、

四、五號各一付，約共三萬磅。打樣機器、紙板架，凡印刷需用物件

一切齊全，躉售零賣均可。諸君如有願購者，請至望平街申報館接洽，

或至帶鉤橋南塊壽康里，與高介眉君面議亦可。特此廣告。

小說林社是晚清第一個專門出版小說的出版社，自 1904～1908 年，共出版 123 種單行本小說，這些小說在當時風靡一時，甚至在小說林社結束後的數年，還引起了商務印書館經理張元濟的興趣。1916 年，商務印書館擬購小說林社小說版權，張元濟爲此屢次與曾朴函商。《張元濟日記》中有這樣的記載：

1916 年 7 月 10 日：【編譯】函詢曾孟朴小說林各書、張鐵民《華生包探案》版權有無讓售之意。

1916 年 9 月 26 日：【編譯】致曾孟樸信，欲購小說林著作權事，托公勃轉交。

1916 年 9 月 29 日：【編譯】裘公勃回信，曾孟樸約十日後來滬。據曾云，其中情節甚多，須先商狄楚青，一切面談。

1916 年 10 月 16 日：【編譯】致曾孟樸信，聲明將出遊。如來滬，請與拔、劍兩公接洽。

1916 年 11 月 14 日：【編譯】夢翁交來小說林小說估價單兩紙。

1916 年 11 月 18 日：【天頭】復曾孟樸信，由編譯所具稿。稿及來信均存編譯所。

1916 年 12 月 25 日：【應酬】曾孟樸住寓蔓盤路三德里內京北里六四三號。〔註 109〕

可惜因曾樸早已將版權讓與狄葆賢，張元濟收購小說林版權的事情也就

〔註 109〕《張元濟日記》，石家莊：河北教育出版社，2001 年版。引文分別在該書的頁 115，173，175，179，182，184，194。

沒有了下文。但從此事上，可以看出小說林社出版物的影響之大以及品質之高。

　　1927 年，曾樸和曾虛白父子創辦眞美善書店，1931 年結束。書店設在上海山東中路福州路北的望平街，出版《眞美善》月刊，以及《孽海花》修訂本、《魯男子》等單行本小說，目的是對西方文學（主要是法國文學）做一個有統系的譯述。曾樸做過世界文學的夢，這個夢在小說林社時期破滅了，卻在眞美善書店期間得到了部分實現。

第二章 小說林社的出版事業簡況

第一節 小說林社的雜誌出版

　　小說林社出版有三種雜誌：《女子世界》、《理學雜誌》和《小說林》。前兩種雜誌主要是丁祖蔭的事業，小說林社代發行，只有《小說林》才真正是屬於小說林社的事業。

一、《女子世界》

　　《女子世界》雜誌，常熟女子世界社編。1904 年 1 月 17 日出版於上海。一至八期由大同印書局發行。1904 年 9 月，小說林社在上海成立，所以《女子世界》雜誌自第九期始，改由小說林社發行。1906 年底由於改辦《理學雜誌》而停刊。該雜誌由丁祖蔭主持日常編務，南菁書院校友金松岑、蔣維喬等人是重要輔助者。

　　金松岑（1874～1947），原名懋基，又名天翮、天羽，號壯遊、鶴望，筆名金一、愛自由者，自署天放樓主人，江蘇省吳江市同里鎮人。1898 年入江陰南菁書院，擔任學長。1903 年，應蔡元培之邀，赴滬參加中國教育會和愛國學社，後回同里創辦中國教育會同里支部。《蘇報》案發，他延請律師為章太炎、鄒容辯護，並資助《革命軍》出版。他先後在同里創辦同川學堂、同川自治學社、明華女學、理化音樂傳習所等，傳授新文化，開吳江新式教育之先河。由於金松岑於 1903 年出版了《女界鐘》，提倡女子解放，他在女界有很高的聲望，又與丁祖蔭同是南菁書院的校友，所以丁祖蔭邀請他撰寫《〈女子世界〉發刊詞》。此外，金松岑還以「金一」的筆名，發表過兩篇論

說——《論寫情小說於新社會之關係》、《論中國婦女會之前途》和三組詩歌。
金松岑除了自己撰寫文章外，還起了吸引作者的作用：柳亞子〔註1〕便是由於
與金松岑的師生關係而成爲《女子世界》的重要撰稿人。

　　蔣維喬（1873～1958），字竹莊，別號因是子，江蘇常州武進縣人。20 歲
中秀才，繼入江陰南菁書院，是丁祖蔭的同學兼好友。1903 年應蔡元培之聘，
赴滬任「愛國學社」、「愛國女學」教員。後進商務印書館編譯所，從事小學
教材的編寫，並主持小學師範講習所。《女子世界》創辦初期，原擬由蔣維喬
每月擔任論說一篇〔註2〕。該刊三、五、八期載有他撰寫的「社說」，但第八
期後，蔣維喬就很少在《女子世界》發表文章，僅在第十二期刊登過譯稿《育
兒法》。不過，雜誌初期，他確實有較高的參與熱情。1904 年日記中可見其極
其頻繁地與丁祖蔭、金松岑二人通信的記載，他更是積極爲《女子世界》雜
誌的改良提出意見。蔣氏《鷦居日記》〔註3〕癸卯年十二月十五日（1904 年 2
月 10 日）記云：「余先至大同印書局，將論說稿交女子世界社。又捐《女子
世界》一分入愛國女學校。即攜至儀器館，託轉交鍾先生。發丁芝孫函，囑
伊將《女子世界》改良，又得金君松岑信，即覆之。……〔晚間〕再作函與
芝孫，述《女子世界》改良應添『教育』、『雜錄』兩門。」丁祖蔭接受了蔣
維喬的一部分意見，《女子世界》第五期增添了「教育」欄，還自出心裁，另
添了「科學」、「實業」、「衛生」三個欄目。「科學」欄發表「自然科學之有裨
女子智識學業者」，「衛生」欄目「注重家庭及育兒保產之方法」，「實業」欄
目傳授「刺繡裁縫手工諸項之裨益生計者」，總之都是較爲實用的知識與技
能，目的是「爲女子獨立自營之紹介」。〔註4〕

〔註1〕柳亞子（1887～1958），原名慰高，號安如，改字人權，號亞盧，再改名棄疾，
　　　　字稼軒，號亞子，江蘇吳江人。早歲在鄉從陳去病、金松岑遊，1904 年入同
　　　　川學社，1905 年加入國學保存會。後至上海加入光復會、同盟會。創辦並主
　　　　持南社。民國時曾任孫中山總統府秘書、中國國民黨中央監察委員、上海通
　　　　志館館長。四一二政變後，被通緝，逃往日本。1928 年回國，進行反蔣活動。
　　　　抗日戰爭時期，與宋慶齡、何香凝等從事抗日民主活動。建國後，任中央人
　　　　民政府委員、全國人大常委會委員。以詩聞名，亦工詞。著有《磨劍室詩詞
　　　　集》和《磨劍室文錄》，另有《柳亞子詩詞選》行世。
〔註2〕蔣維喬《鷦居日記》癸卯年十二月十一日（1904 年 1 月 27 日）：「午後遣人至
　　　　大同印書〔局〕，取《女子世界》第一期。一捐入閱報所，一捐入圖書館。《女
　　　　子世界》，爲常熟丁君芝孫等所創。余每月擔任論說一篇。晚飯後擬《女子世
　　　　界》論說，題爲《中國女學不興之害》。」
〔註3〕蔣維喬《鷦居日記》，上海圖書館藏手稿本。
〔註4〕《女子世界》第四期廣告，1904 年 4 月 16 日。

在《女子世界》的核心人物中，丁祖蔭作爲發行人和主持編務者，起到的作用最大。他對《女子世界》做過兩次大的調整，除了第五期增添「教育」、「科學」、「實業」、「衛生」四個欄目外，更在第二年第一期增添「社會」、「家庭」欄，「逐次改革，趨重實際」〔註5〕，體現了他穩健求實的辦刊風格，以及對於女子教育注重實用性的認識。在《女子世界》之前，陳擷芬所辦《女學報》並沒有上述欄目，《女子世界》的欄目改革，在女學雜誌中實爲首創。

另外，丁祖蔭對於理想女性的構想直接影響了某些欄目的具體面貌。丁祖蔭提倡「軍人之體格，實救療脆弱病之方針；游俠之意氣，實施治恇怯病之良藥；文學美術之發育，實開通暗昧病不二之治法。合此三者，去舊質，鑄新魂，而後二萬萬女子乃得出入於軍人世界、游俠世界、學術世界」，他希望「吾最親熱最密切之二萬萬女同胞，其共養成女軍人、女俠客、女文學士，以一息爭存於二十紀中」〔註6〕。「女軍人、女俠客、女文學士」的理想女性構想，明顯影響了《女子世界》的「傳記」欄（第二年第一期改稱「史傳」）。該欄目共刊載了下列文章：《女軍人傳》、《花木蘭傳》、《中國女劍俠紅線聶隱娘傳》、《軍陣看護婦南的掰爾傳》、《英國大慈善家美利加阿賓他傳》、《記日本娼婦安藤夭史事》、《梁紅玉傳》、《女雄談屑》、《記俄女恰勒吞事》、《爲民族流血無名之女傑傳》、《婦人界之雙璧》、《女文豪海麗愛德斐曲士傳》、《女刺客沙魯土格兒垈傳》、《革命婦人》、《女禍傳》、《女魂》。可以看出，該欄目明顯以「女軍人、女俠客」爲重點歌頌對象，「女文學士」雖然不是重點，但也有一篇《女文豪海麗愛德斐曲士傳》，且是由丁祖蔭親自撰寫。丁祖蔭對於女子應成爲「女軍人、女俠客、女文學士」的構想，還影響了其他欄目。在小說欄中，周作人所譯的《俠女奴》〔註7〕、改撰的《女獵人》〔註8〕便是例子。《俠女奴》女主人公曼綺那協助主人殲滅四十大盜，「其英勇之氣，頗與中國紅線女俠類」〔註9〕。而《女獵人》的撰寫，是「因吾國女子日趨文弱，

〔註5〕《時報》1905年6月28日廣告《〈女子世界〉第二年大改良首期出版》：「本報逐次改革，趨重實際，冀於我國女學界占一位置。今發行第二年第一期，更大加改良，增擴門類。」

〔註6〕初我《〈女子世界〉頌詞》，《女子世界》第一期，1904年1月17日。

〔註7〕萍雲女士《俠女奴》，《女子世界》八、九、十一、十二期，1904年8月至1905年5月。

〔註8〕萍雲女士《女獵人》，《女子世界》第二年第一期，1905年6月。

〔註9〕萍雲女士《俠女奴》，《女子世界》第八期，1904年8月11日。

故組以理想而造此篇」〔註10〕。此外，小說《情天債》〔註11〕、戲曲《松陵新女兒傳奇》、《女中華傳奇》、《同情夢傳奇》中的女主人公，也帶有不同於傳統女子的剛健清新之氣。〔註12〕《女子世界》最後一期的「文藝」欄，刊登了《中國之女文學者》，介紹了呂碧城姐妹，並重點發表了呂碧城姐姐呂惠如的作品。丁祖蔭在按語中，稱「此固吾國香閨之鴻寶，而當代文學之女豪」，評價頗高。〔註13〕

除了三位核心人員及柳亞子外，《女子世界》的主要撰稿人還有徐念慈、高燮〔註14〕、高旭〔註15〕、陳志群〔註16〕等人，就連日後鼎鼎大名的周作人和魯迅也向《女子世界》投過稿，周作人且是《女子世界》的重要作者。〔註17〕

此外，《女子世界》雜誌的作者中有不少是女學校的教師與學生。雜誌上專闢《女學文叢》，在此欄發表文章的多為女學堂學生，如廣東女學堂學生張肩任、務本女學校學生何亞希、明華女學校學生張駕美等，第七期的「女學文叢」更是專門刊登香山女學校的作品。第六期的《寄稿家芳名錄》共26人，其中有兩位女教習：廣東女學堂教習杜清持，石門文明女塾教習呂筠青；此外還有張肩任等 8 位女學生。這個作者名錄因刊出較早，後來投稿者如務本女學生張昭漢、城東女校三級生顧志堅、朱傑超等便都沒有收入。

《女子世界》雜誌的設定讀者以女學校師生為主。「圖畫」欄刊有很多女學校的攝影，包括務本女學校、廣東女學堂、石門女學講習所、日本實踐

〔註10〕 萍雲女士《女獵人》，《女子世界》第二年第一期。

〔註11〕 覺我《情天債》，《女子世界》第一至四期，1904 年 1～4 月。

〔註12〕 安如《松陵新女兒傳奇》、大雄《女中華傳奇》、挽瀾《同情夢傳奇》，《女子世界》第二、五、八期，1904 年 2 月 16 日、5 月 15 日、8 月 11 日。

〔註13〕 初我《中國之女文學者》，《女子世界》第二年第四、五期，1906 年 7 月。

〔註14〕 高燮（1878～1958），名燮，字吹萬，以字行，別署老攘、黃天、慈石、時若、寒隱、葩翁。江蘇金山（今屬上海市）人。與高旭為叔侄，但比侄子小一歲。清光緒二十九年（1903 年）冬起，與高旭在金山張堰鎮出版《覺民》月刊，宣傳民族主義思想。光緒三十二年（1906 年）又與柳亞子、田桐等創辦《復報》月刊。曾主持國學商兌會和寒隱社，刊行《國學叢選》。

〔註15〕 高旭（1877～1925），字天梅，號劍公，別字慧雲、鈍劍，江蘇金山人，中國近代詩人。南社創始人之一。

〔註16〕 陳志群（1889～1962），名以益，江蘇無錫人，參與創辦新《女子世界》、《神州女報》和《女報》。

〔註17〕 關於《女子世界》作者聚合情況，參見夏曉虹《晚清女性與近代中國》，71～75 頁，北京：北京大學出版社，2004 年。這裡不再一一贅述。

女學校中國留學生、天津淑範女學堂、常熟競化女學校、蘇州同里明華女學
校、無錫競志女學校等八所學校的照片。「專件」欄載有各處女學的章程，
包括《明華女學章程》、《愛國女學校第三次改良章程》、《女子手工傳習所章
程》、《香山女學校試辦簡章》、《香山女學校學約》、《培萼初級女學校簡章》、
《石門公立文明女塾簡章》、《普通女學社改訂章程》、《競化女學校章程》、
《九江民立女學校章程》、《城東女學社簡章》、《勸導不纏足會附設第一幼女
學堂章程》、《自立女工傳習所改良章程》、《實踐女學校附屬清國女子師範工
藝速成科規則》、《實踐女學校支那女學生學科規則》、《鎮江承志學堂附屬女
學校簡章》、《天津淑範女學堂章程》等 15 所學校的章程，為各處新設女學
提供了借鑒。如《競化女學校章程》其實就是模仿《愛國女學校第三次改良
章程》而擬定。「記事」欄的「內國」部分多刊登各處興辦女學的消息，女
學生畢業情況，以及某些地區的女學調查等等。「文苑」還多次刊登女學生
唱歌，如《花木蘭歌》、《女學生入學歌》、《復權歌》、《求學歌》等，也是為
了配合女學校教學之用。

　　《女子世界》是晚清一份極為重要的婦女刊物，該雜誌宗旨是「振興女
學，提倡女權」〔註 18〕。但既然宗旨有二，這裡就有了女學優先還是女權優
先的問題。而雜誌的主持者丁祖蔭、金松岑、蔣維喬都不約而同地主張女學
優先。〔註 19〕為什麼會如此？這其實涉及《女子世界》雜誌的教育背景及各
人的教育實踐問題。《女子世界》原本就是常昭師範研究講習會所辦，該會的
發起人是丁祖蔭、徐念慈、殷同甫，以研究教育、實行改革為宗旨。該會下
設女子世界社，月出雜誌一冊，還招收了十多位女社員。〔註 20〕也就是說，《女
子世界》雜誌本就是由一個教育社團所主辦，自然關注重點更多地在女子教
育方面。何況雜誌的主辦者丁祖蔭當時在辦競化女學，金松岑在辦明華女校，
而蔣維喬當時是包括愛國女學校在內的多所女校的教師。在晚清，女學本來
就是新事物，稍有不慎，很容易引起物議。所以，身為學校管理者和教師的
丁、金、蔣三人，自然不大鼓勵對女權的放縱。反而在教育實踐中，通過自

〔註 18〕金一《〈女子世界〉發刊詞》，《女子世界》第一期。
〔註 19〕相關爭論參見夏曉虹《晚清女性與近代中國》，83～92 頁。
〔註 20〕1904 年 8 月 29 日《時報》「特別調查」欄《常昭學界之實況》云：「師範研究
　　　　講習會：此會係研究教育，實行改革為宗旨，發起者為丁君初我、徐君念慈、
　　　　殷君同甫三人。/女子世界社：此社亦即講習會所集合，月出一冊，本社女員
　　　　亦達十餘人以上，今發行第八期矣。/閱報社：此社亦即講習會諸君所建設，
　　　　外人有介紹者亦得自由閱看，設在海虞圖書館樓上。」

己的努力，看到了女學生在智識方面的不斷進步，讓他們更加堅信女學應該放在第一位。

《女子世界》共出十七期。1907 年 7 月曾續出一期，卷期續前，稱第二年第六期，但係另起爐竈，與前雜誌無關。續出的《女子世界》有一《本誌緊要告白》，聲明：「本誌係新女子世界社續出，一切與前此女子世界社無涉。」既然無涉，爲什麼要同名？可能是由於新《女子世界》的實際編輯者陳志群，早在此前就已經廣泛參與原《女子世界》的編務，與原雜誌關係非淺；而原《女子世界》的主要撰稿人之一柳亞子，在新女子世界社佔有較多股份，所以《本誌緊要告白》第二條稱：「本誌續辦，係記者諸君所發起，故仍原名。」〔註21〕

續出《女子世界》與秋瑾關係密切，此期扉頁登有秋瑾手書的「女子世界」四字。續刊只出了一期就匆匆結束，原因是秋瑾的被殺。這從《時報》所載《〈女子世界〉廣告》可以清楚看出：

> 本誌自另行組織以來，甫出一期而鑒湖女俠靈耗至。女俠辦有《中國女報》，停止殊覺可惜，本社擬廣續之，以承女俠之志，爲女俠之繼。惟同人能力綿薄，勢難兼顧。爰與本誌合刊一種，改名《神州女報》，第一卷第一號不日付梓。從此本誌不復另行組織。〔註22〕

由此可知，秋瑾去世後，新女子世界社同人爲了繼承秋瑾遺志，將新《女子世界》與秋瑾主編的《中國女報》合辦，改名《神州女報》。

可能是續出《女子世界》及其後身《神州女報》革命色彩太重，引起了原《女子世界》發行人丁祖蔭的不安，前一廣告刊出五天後，丁祖蔭即以原刊主持者的身份在《時報》發表聲明，稱新、舊《女子世界》毫無關係：

> 本誌出至第二年第五期爲止，業於上年停刊，改辦《理學雜誌》。定閱全年者，即將《理學雜誌》□送。近見八月初六日《時報》告白，有人另行組織《女子世界》，此事本社並未與聞，全與原辦之《女子世界》無涉，閱者幸勿誤會。理學雜誌社啓。〔註23〕

既然新《女子世界》與原《女子世界》毫無關係，因此前文關於《女子

〔註21〕 參見夏曉虹《晚清女性與近代中國》，102～104 頁。
〔註22〕 新女子世界社《〈女子世界〉廣告》，《時報》1907 年 9 月 13 日内頁廣告。
〔註23〕 理學雜誌社《閱續出〈女子世界〉者鑒》，《時報》1907 年 9 月 18 日封面廣告。其中，□表示原文辨認不清處。

世界》的所有討論都不包括續出者。

《女子世界》的十七期雜誌中，第一期至第九期，每期都標明了出版時間，從 1904 年 1 月到 1904 年 9 月，每月一期。但從第十期起就不再記刊期。而根據《時報》廣告，可以知道《女子世界》十期至十七期的大致出版日期：

第十期，1905 年 2 月。《時報》乙巳正月初八日（1905 年 2 月 11 日）第一張第一頁《小說林廣告》中列有「《女子世界》第十期」。

第十一期，1905 年 4 月。《時報》乙巳二月廿九日（1905 年 4 月 3 日）第一張第一頁廣告「《女子世界》第十一號出現」。

第十二期，1905 年 5 月。《時報》乙巳四月十五日（1905 年 5 月 18）第一張第一頁廣告「《女子世界》十二期出現」。

第十三期（第二年第一期），1905 年 6 月。《時報》乙巳五月廿六日（1905 年 6 月 28 日）第一張第一頁廣告「《女子世界》第二年大改良首期出版」。

第十四期（第二年第二期），1905 年 9 月。《時報》乙巳八月初七日（1905 年 9 月 5 日）第一張第一頁廣告「《女子世界》第二年第二期出版」。

第十五期（第二年第三期），1906 年 1 月。《時報》乙巳十二月廿二日（1906 年 1 月 16 日）第一張第一頁廣告「《女子世界》第二年第三期出版」。

第十六、十七期合本（第二年第四、五期），1906 年 7 月。《時報》丙午五月十九日（1906 年 7 月 10 日）第一張第一頁廣告「《女子世界》第四、五期出版」。

從上面的刊期可以看出，《女子世界》雖然名為月刊，其實並非每月按時出版。第十三期和第十四期中間隔了三個月，第十四期和第十五期中間隔了四個月，而第十五期和第十六、十七期合本之間隔了半年。

綜上，《女子世界》雜誌不論是主辦者、作者群、面對的讀者群等，都和當時的女子新式教育有很大關係。

二、《理學雜誌》

《理學雜誌》創刊於丙午十一月十五日（1906 年 12 月 30 日），係月刊，每月十五日發行，但因資金問題，並未兌現。該刊共出六期，於丁未八月十五日（1907 年 9 月 22 日）發行最後一期。定價每冊四角，全年十二冊四元二角，由小說林宏文館有限合資會社發行，發行人是丁初我，編輯者是薛蟄龍，即薛鳳昌。

薛鳳昌（1876～1944），原名蟄龍，字硯耕，號公俠，一號病俠，江蘇吳江同里鎮人。和金松岑關係密切，因懂日文，曾協助金翻譯《三十三年落花夢》〔註24〕。譯有日本澀江保原著的《波蘭衰亡史》，1904年6月由鏡今書局出版，在《女子世界》上做過廣告。〔註25〕另著有以波蘭衰亡爲背景的言情小說《離恨天》，1905年由小說林社出版。他是同里明華女校的國文教師〔註26〕，也任教於同川自治學社及理化音樂傳習所。因爲是主編的關係，薛鳳昌在《理學雜誌》上發表文章最多，包括《序例》、《振子公式之理解》（以上第一期）、《論動物之本能及其習慣》（第二期）、《植物與日光之關係》、《二百六十年前理學大家方以智傳》（以上第二、三期）、《我國中世代之植物》（第三期）、《拔克臺里亞廣論》（第四、五期）、《說酸》（第四、六期）、《釋潮》（第四期）、《昆蟲採集之預備》（第五、六期）、《十九世紀德國植物學家略傳》、《植物研究會緣起》（以上第五期）、《太陽輻射儲蓄力之學說》（第六期）等，一般每期至少兩篇。

自第五期起，《理學雜誌》延請盛國城輔助薛鳳昌擔任編輯〔註27〕，從此，盛國城開始在雜誌上發表文章，計有《植物品種之改良》、《電子說》（以上第五期）、《礦泉說》（第六期）三篇，署名「國城」。

除薛鳳昌、盛國城外，《理學雜誌》的主要撰稿人有金松岑、徐念慈、陳志群等，與《女子世界》有一定程度的重合。作者中也有同川學堂的老師，如顧永暹（署名「永暹」）〔註28〕；還有金松岑的吳縣同鄉李思慎（署名「箋騷」，發表《理化傳習所遊藝會記》，《理學雜誌》第二期，1907年4月27日）〔註29〕。可以看出，《理學雜誌》的作者大多以金松岑爲中心。

〔註24〕日本宮崎寅藏著、Y・P譯《三十三年落花夢》，上海出版合作社，1934年八版。該書《重印贅言》稱：「譯者疏於和文，助其不逮者，薛君蟄龍之力爲多。」

〔註25〕《女子世界》第八期廣告，1904年8月11日。

〔註26〕《記事》，《女子世界》第二年第三期，1906年1月。

〔註27〕《理學雜誌》第五期（1907年7月）《編者啓事》：「鄙人教務繁多，編輯本誌不無疏略，甚且稽延時日，以負閱本誌諸君之渴望。雖事非得已，而負疚良多，用特請盛國城君襄助此役，俾得力求完善，按期出版，以彌前憾。」

〔註28〕趙承祖《同川學堂與中國教育會》稱：顧永暹是同川學堂的教師（《吳江文史資料》第16輯，113頁，江蘇吳江市自印，未標出版年月）。

〔註29〕筆者認爲「箋騷」是李思慎的原因有三：一、「箋騷」在《理化傳習所遊藝會記》中，自稱「李子」。二、陳大康稱：「箋騷」即李敏齋（見《中國近代小說編年》，194頁，上海：華東師範大學出版社，2002年）。三、金松岑在《蘇州五奇人傳》中述：「李思慎，字敏齋，吳縣人也。」（《天放樓詩文集（中冊）》，886頁，上海：上海古籍出版社，2007年）由上述三條推斷，「箋騷」即金松

　　至於辦刊宗旨，在毅士《祝詞一》中有比較清晰的說明：「其宗旨則在學術之普及，其希望則在我國之富強。」〔註30〕

　　該雜誌由《女子世界》改辦，對於原來訂閱《女子世界》的讀者，以《理學雜誌》續寄。該雜誌實行股份制，每年十月份結帳一次。對於原來入股女子世界社的股友，與新入股的股友享受同樣權利。〔註31〕

　　丁祖蔭對科學的興趣早在《女子世界》時期就已露端倪。《女子世界》從第五期始，闢有科學欄，專登「自然科學之有裨女子智識學業者」。此專欄載有《演熱》、《演電》、《植物園》、《遊戲數學》、《植物園構設法》、《神經系統之衛生說》、《說龍》、《說觸覺器》、《無線電說》等九篇文章。而丁祖蔭對科學的興趣，與他在南菁書院讀書時的理化教習鍾憲鬯不無關係，《理學雜誌》的欄目設計也處處模仿鍾憲鬯參辦的《科學世界》。

　　鍾觀光（1869～1940），字憲鬯，浙江鎮海縣柴橋縣人。他是中國第一個用科學方法廣泛研究植物分類學的學者，是近代中國最早採集植物標本的學者，也是近代植物學的開拓者。他認為科學是強國的根基，曾東渡日本，悉心考察，歸來後和張伯岸、虞和欽、林滌庵等人，創辦科學儀器館於上海，館內經營理化器械，並於館內附設傳習所，培養理化人才，開全國風氣之先。〔註32〕1903 年 3 月 29 日，上海科學儀器館創辦了《科學世界》，一年後停刊。後該雜誌於 1921 年 7 月復刊，期數另起，到 1922 年 7 月止，出了五期，再次停刊，這已是後話。

　　《科學世界》是中國最早的科學雜誌之一，《理學雜誌》對其多有模仿。比較兩個雜誌的欄目已可知。《科學世界》第一期中的《簡章》設定欄目如下：一圖畫，二論說，三原理，四實習，五拔萃，六傳記，七教科，八學事彙報，九小說。《理學雜誌》的《序例》規劃的專欄有十二個：一圖畫，二論說，三學術，四理論，五實習，六教材，七歷史，八新報，九工藝，十演壇，十一小說，十二叢錄。兩個雜誌的欄目設置極為相似：二者都有「圖畫」、「論說」、「實習」及「小說」欄，《理學雜誌》的「學術」欄和「理論」欄

　　　　芩的同鄉李思慎。
〔註30〕毅士《祝詞一》，《理學雜誌》第一期，1906 年 12 月 30 日。
〔註31〕《時報》1907 年 1 月 12 日《女子世界社廣告》：「本社業已歸併理學雜誌社另行組織，凡訂閱全年諸君，准將《理學雜誌》接寄五期，郵費不收。改辦後，本社股友仍與理學雜誌社股友同享權利，每年十月底結帳一次，屆時另算報告。」
〔註32〕蔣維喬《鍾憲鬯先生傳》，卞孝萱、唐文權編《民國人物碑傳集》，557～561頁，北京：團結出版社，1995 年。

合起來相當於《科學世界》的「原理」欄,「教材」欄即「教科」欄,「歷史」欄相當於《科學世界》的「傳記」欄,「新報」欄即《科學世界》的「學事彙報」欄。「叢錄」欄下的「理學一夕話」小欄目又相當於《科學世界》的「拔萃」欄。可以說,《科學世界》裏有的欄目,都被後出的《理學雜誌》移用了。不同的地方是,《理學雜誌》多了「工藝」欄和「演壇」欄,比《科學世界》更加注意通俗和實用。

除了在欄目設計上亦步亦趨之外,《理學雜誌》還處處把《科學世界》當作對話者。在《發刊詞》中,金一提道:「往者鍾君憲鬯等,嘗組織《科學世界》於海上,一年之後,賡續無人。今日丁君初我,復組織《理學雜誌》於內地,薛君公俠為之編纂。夫鍾君之為祝辭也,求免為猶太之遺民而已;余則非徒望有實業界之王出現於吾理科之窟宅,而將使須彌芥子,舉一切殖民探險、航海作戰之計劃,因此而得所藉手焉。」〔註33〕在這裡,金一既指出了《理學雜誌》與《科學世界》的繼承關係,也提出了比《科學世界》更高的期望:理學昌盛之後,我們不僅希望免遭其他民族欺凌,甚至我們要稱雄於世界民族之林;那些理學發達的民族能做的「殖民探險、航海作戰」的事業,我們也要做。再如連載於《理學雜誌》第四、第五期的《拔克臺里亞廣論》,就是薛鳳昌不滿意於《科學世界》的相關文章而作:「曩者見《科學世界》中,有釋拔克臺里亞篇,語之不詳,余猶慊焉,因廣其義而作此。」〔註34〕

從 1906 年 7 月《女子世界》最後一期出版,到 1906 年 12 月《理學雜誌》創刊,這期間丁祖蔭和鍾憲鬯通信三次,很可能是在討論辦《理學雜誌》的事情。〔註35〕此外需要指出的是,《理學雜誌》的追慕範本《科學世界》屬於中國教育會的事業。中國教育會活動於 1902 年到 1908 年之間,蔡元培擔任事務長,即總理。該會奉行廣義教育,通過興學辦報、出書演說,廣泛傳播近代社會與自然科學知識,一時影響很大。在科學宣傳方面,該會附設科學儀器館,開辦《科學世界》雜誌,還於 1905 年開辦了通學所,早晚上

〔註33〕金一《發刊詞》,《理學雜誌》第一期。
〔註34〕公俠《拔克臺里亞廣論》,《理學雜誌》第四期,1907 年 5 月 26 日。
〔註35〕《丁祖蔭日記》(上海圖書館藏手稿本):「丙午年六月初七日(按:1906 年 7 月 27 日)通信來往:鍾憲鬯。」「丙午年十月廿八日(按:1906 年 12 月 13 日)通信來:鍾憲鬯、朱遠生。」「丙午年十一月十九日(按:1907 年 1 月 3 日)通信往:趙穆士、鍾憲鬯、薛公俠、楊育材(稿)、陳志群(稿)、徐念慈。」

課，教授拉丁文、德文、法文、英文、日文、初級理化、高級理化、博物、代數、幾何、名學等。鍾憲鬯教高級理化，蔣維喬教初級理化。〔註36〕《理學雜誌》的發行人丁初我，主要撰稿人金松岑、徐念慈等都是中國教育會成員，自然會受到其科學教育思想的影響。

在《理學雜誌》的創辦背景中，另外一個因素即江陰南菁書院也不可小覷。該書院於光緒八年（1882）由江蘇學政黃體芳首創，後改為江蘇高等學堂，是江蘇最高學府。據曾就讀於此的蔣維喬（也是中國教育會成員）回憶，該書院曾開有理化、測繪、英文、日文、體操等五門課程〔註37〕，是比較側重科學教育的。而鍾憲鬯正是該校的理化教習。他的講解透徹，實驗精確，學者翕然從之。金一即肄業於南菁書院，《理學雜誌》的發行人丁祖蔭也曾在此就讀，且與鍾憲鬯關係密切，自然會受到鍾的影響。

《理學雜誌》的創辦背景與新式教育有著千絲萬縷的聯繫，而它的內容也與當時的新教育制度密切相關。1902 年，清廷通過了《欽定學堂章程》（壬寅學制），1904 年又通過了《奏定學堂章程》（癸卯學制），系統規定了從初等教育（包括初等小學、高等小學）、中等教育（包括中學和初級師範）到大學教育共 21 年的學制章程，是為新教育制度的開始。這兩個章程對各類學校的科學教育及其程度都有明確規定。從中學的情況看，1902 年的《欽定中學堂章程》規定中學堂課程標準必須學算學、博物、物理、化學〔註38〕；1904 年的《奏定中學堂章程》進一步要求算學課要先學算術，再學代數、幾何、三角，博物課要學植物、動物、生理衛生、礦物；物理課要講物理總綱、力學、音學、熱學、光學、電磁氣；化學課要講無機化學、有機化學等。〔註39〕《理學雜誌》的內容可以說是完全緊扣兩個章程的中學科學課程的要求。

〔註36〕蔣維喬《中國教育會之回憶》，陳平原、杜玲玲編《追憶章太炎（增訂本）》，161 頁，北京：三聯書店，2009 年。

〔註37〕蔣維喬《鶴居日記》壬寅年年終總結：「今歲南菁改設學堂。既到堂後，於諸教習及同學志士相處，乃大悟新學界之大開生面。……堂中設理化、測繪、東文、西文、體操五科，余鼓其餘勇兼習之。雖未能久，而余之思想發達實始於此。蓋中國現勢在過渡時代，而余之學新舊交換亦在過渡時代也。……南菁理化教習鍾憲鬯先生學最高，同學常熟丁君芝孫為最。」

〔註38〕《欽定中學堂章程》，朱有瓛主編《中國近代學制史料》第二輯上冊，375 頁，上海：華東師範大學出版社，1987 年。

〔註39〕《奏定中學堂章程》，朱有瓛主編《中國近代學制史料》第二輯上冊，386～387 頁。

在置於第一期篇首的《序例》中，薛公俠稱雜誌的學術欄順序是「首博物、次理化而終以數理」，這正好是兩個章程對中學科學教育所要求的四門課程。具體到博物課來說，植物學、動物學、生理衛生、礦物學的內容在雜誌中一應俱全。植物學方面的文章有：《我國中時代之生物》、《植物品種之改良》、《野外植物》、《植物與日光之關係》、《植物園構設法》、《十九世紀德國植物學家略傳》、《植物學語彙》、《植物研究會緣起》。動物學方面的文章有：《蠶性說》、《蠶體解剖學》、《養蠶談》、《論動物之本能及其習慣》、《動物之彩色觀》、《生物之道德觀》。生理衛生方面的文章有：《說蚊》、《拔克臺里亞廣論》。礦學方面的文章有：《礦物對於物理之研究》、《礦泉說》、《礦物擷要》。該雜誌還根據《奏定中學堂章程》「凡教博物者，在據實物標本得真確之知識，使適用於日用生計及各項實業之用」的要求〔註40〕，並借鑒《科學世界》的欄目設計，在刊物中開闢了「實習」欄，發表《野外植物》、《植物園構設法》、《昆蟲採集之預備》等文章，使學生明白怎樣多識草木，怎樣採集昆蟲標本，為課堂教學提供了生動的實物演示。

針對我國「國民之乏理學思想也久矣」，驟然廣泛開設相關課程，不但學生不知如何學習，老師更不知如何教授。《理學雜誌》為此特闢「教授資料」欄，發表凡鳥的《敬告理學教授》〔註41〕一文，專門講授教授自然科學課程的方法。此外，針對新教育制度確立初期，科學教材缺乏的現象，《理學雜誌》開闢了「教科」一欄，「以為教授學生研究之資料」，在其中連載《礦物擷要》和《化學》二文〔註42〕。

興辦《理學雜誌》時期，金一在家鄉同里創辦了理化音樂傳習所，隸屬於江震教育會，卒業諸生有盛承恩、周積理等14人。開設的課程有「動植生礦數理化，體操還唱歌」，教員由薛鳳昌、顧柏蓀等人擔任。〔註43〕《理學雜誌》的編務由薛鳳昌在授課之餘完成，許多文章是他為教學需要而寫。例如連載於雜誌五、六期的《昆蟲採集之預備》，是作者因要指導學生進行昆蟲採集，「慮生徒之昧夫學理也，乃以己一年來研究所得之學理及種種之實驗，筆之以示生徒，俾為採集之預備，並以實諸雜誌」。他還把在教學過程中學生感

〔註40〕 《奏定中學堂章程》，朱有瓛主編《中國近代學制史料》第二輯上冊，386頁。
〔註41〕 凡鳥《敬告理學教授》，《理學雜誌》第一至二期，1906年12月至1907年1月。
〔註42〕 覺後《礦物擷要》，《理學雜誌》第二、四期，1907年1～5月；以益《化學》，《理學雜誌》第三、五期，1907年4～7月。
〔註43〕 篋騒《理化傳習所遊藝會記》，《理學雜誌》第三期，1907年4月27日。

到困惑的問題，在刊物上仔細進行辯證。《振子公式之解剖》前言中說：

今歲秋，由江震學會設一理化傳習所於吾里，初時以教授無
人，俠權承其乏。講至振子之振動，同學諸君，爭以書中公式，向
俠索解。俠以曲線運動理論幽深，乃本東籍譯此，以塞同學之責，
並藉以實吾雜誌。〔註44〕

可以明顯看出，薛翻譯此文的目的是為了給自己的學生答疑解惑。除了金松
岑、薛鳳昌外，雜誌的主要撰稿人大多是新學堂的師生，「撰述諸君無不以授
課暇時從事於斯」〔註45〕。甚至在小說《星期日》中，作者徐念慈也自述身
份為一教授博物的小學教員，為求得新知識，利用星期日研究自然界的現象。

不但刊物的作者多為新學堂師生，擬定的讀者對象也是新學堂的老師和
同學。第三期的《本誌廣告》即明確聲明：

邇來理學漸次發達，本誌隨世界潮流，力求進化，今歲務以優
美的文字闡實在的理科，材料較前豐富，篇幅亦漸加增，以為教授
學生參考之資。〔註46〕

雜誌更利用新式學堂代辦發行。第三期上有一《江陰理科學校廣告》，稱：「本
校今代發行《理科雜誌》，以助理學思想之普及，而補學校教育之不足。校外
同志如欲訂閱，即本校賬房購取是荷。」〔註47〕

《理學雜誌》的編輯和主要作者是中國教育會的成員，更直接創辦了新
學校「理化音樂傳習所」。刊物的編輯為從事新教育工作的教師，作者及讀者
主要都是新學堂師生，刊物更利用新學堂代辦發行。《理學雜誌》就是這樣通
過新型學會與學堂，與新教育制度有著千絲萬縷的聯繫。

三、《小說林》

光緒三十三年正月（1907 年 2～3 月），小說林社開始發行社報《小說林》
雜誌。該刊由小說林總編譯所編輯，小說林宏文館有限合資會社發行，月刊。
於光緒三十四年九月（1908 年 9～10 月）停刊，共發行了 12 期。每期正文二
百頁左右，售價 4 角（第 9 期因附有新年大增刊售價 5 角）。刊物印刷精良，

〔註44〕公俠《振子公式之解剖》，《理學雜誌》第一期。
〔註45〕《理學雜誌》第四期廣告，1907 年 5 月。
〔註46〕《理學雜誌》第三期，1907 年 4 月 27 日。
〔註47〕同上。

三十二開，封面藍色，圖案爲兩枝花朵，成弧形橫亙於頁面的左下角和右上角，清雅悅目。

（一）《小說林》雜誌的創刊背景

《小說林》雜誌創刊時，正是滬上文學期刊較爲寥落之際。此時，《新小說》已於 1906 年 11 月左右停刊，而《繡像小說》、《新世界小說社報》也於 1907 年 1 月消歇，《新新小說》此時已成強弩之末，時刊時停：這份由陳景韓主編、創辦於 1904 年 9 月的小說雜誌，自從 1906 年 6 月發行第 9 號後，就一直沉寂；直到 1907 年 5 月發行了最後一期——第 10 號後，便正式停辦。也就是說，1907 年初，《小說林》創刊前，正是一個有影響的小說期刊紛紛或停刊或沉寂的時候，碩果僅存的是於 1906 年 11 月創刊的《月月小說》雜誌。《小說林》的創刊與《月月小說》有關，它與《月月小說》有對話關係。

（二）《小說林》雜誌的主編

《小說林》雜誌的主編是徐念慈。1958 年，阿英在《晚清文學期刊述略》中認爲，《小說林》由黃人主編〔註48〕；1980 年上海書店影印《小說林》時，仍沿襲阿英之說。但還有另一種說法：1915 年，新廎稱《小說林》由「東海覺我編輯」。〔註49〕1922 年陶報癖撰文稱，《小說林》「發起者曾孟樸，編輯徐彥士，徐病故後，由陳鴻璧女士繼續」。〔註50〕東海覺我、徐彥士都指徐念慈，因徐念慈字彥士，號東海覺我。新廎發表文章的時候，離小說林社結束不到十年，他的話應比較可信；陶報癖是《小說林》的作者，曾在第六期發表短篇小說《警察之結果》，他的話也很可信賴。另外，《小說林》十二期《徐念慈先生遺影》的附言云：「先生常謂小說足以啟牖民智，故不殫竭力

〔註48〕阿英《晚清文學期刊述略》，載氏著《晚清文藝報刊述略》，28 頁，上海：古典文學出版社，1958 年。黃人（1866～1913），原名振元，字慕庵（一作慕韓），中年改名黃人，字摩西。江蘇昭文縣（今常熟）人。他是中國近代文學史上重要的文學家、學者，南社早期社員、東吳大學（現蘇州大學）首任國文總教習，以及小說林社的核心成員。黃人的著作甚多，其詩詞集存留於世的有《石陶梨煙室詩存》、《非想非非想天中人語》、《摩西詞》等。其文在生前並未結集。關於黃人作品，目前收集最爲完備的是江慶柏、曹培根整理的《黃人集》（上海文化出版社，2001 年）。

〔註49〕新廎《月刊小說平議》，《小說新報》第一卷第五期，1915 年。轉引自陳平原、夏曉虹主編《二十世紀中國小說理論資料》第一卷，528 頁，北京大學出版社，1997 年。

〔註50〕陶報癖《前清的小說雜誌》，《遊戲世界》十八期，1922 年 11 月。

提倡之。斯報爲先生手創，月出一冊，選稿維嚴。詎料第十一冊甫發行，而先生竟長辭人世。」此語也證明徐念慈才是《小說林》雜誌的主編。

此外，還有一個證據，也爲徐念慈是主編的說法提供了支持：小說林社專任譯員陳鴻璧的譯作《第一百十三案》曾在《小說林》連載，因雜誌結束而中斷；日後陳鴻璧將此書譯完，改題《一百十三案》，1909 年在廣智書局出版單行本。蟄競在爲此書所撰《弁言》中稱：

> 《一百一十三案》，偵探小說也。譯者陳女士鴻璧，嘗任《小說林》月報社譯員。是書之前半，昔嘗載入月報中。彼時主任編輯月報者，惟徐君覺我，不才忝襄助之。……日報刊行至十一期，而徐君遽辭人世，不才續刊一期，以足一年之數。從此而後，遂成廣陵絕響矣。

可見，徐念慈是《小說林》雜誌一至十一期的主編，而由於徐的去世，最後一期才改由蟄競續編。陳鴻璧的《第一百十三案》在《小說林》雜誌前十一期刊載時，都有「覺我贅語」，到第十二期改成了「蟄競贅語」。另外，第十二期《小說林》中，蟄競還爲張瑛的《黑蛇奇談》潤詞，以前這都是徐念慈的工作。因此，徐念慈去世後，蟄競續編《小說林》的說法應爲事實。前引陶報癖之說稱：徐念慈病故後，由陳鴻璧編輯《小說林》雜誌第十二期。而「蟄競」又說徐念慈去世後，由他續編一期《小說林》雜誌。綜上，陳鴻璧很可能就是「蟄競」。她化名「蟄競」續編《小說林》，又以同一化名爲自己的書做序。可能由於黃人寫了《〈小說林〉發刊詞》，並在雜誌上連載影響很大的《小說小話》的緣故，阿英和後來的學者才誤認他爲《小說林》雜誌主編。

（三）《小說林》雜誌的欄目

《小說林》主要設有圖畫、論說、社會小說、科學小說、偵探小說、寫情小說、歷史小說、軍事小說、家庭小說、外交小說、文苑、短篇小說、評林、叢錄、新書紹介等欄目。

圖畫共 48 幅。包括風景和人物兩大類。風景類既有國內風景，也有國外風景。人物類圖畫中，有外國作家像 5 幅：第一期是法國小說家囂俄（Victor Hugo，今譯雨果）及其夫人的照片，第三期是英國小說家施葛德（Sir Walter Scott，今譯司各特）與克勞福（Francis Marion Crawford，今譯弗朗西斯·瑪瑞·科羅弗德，十九世紀末、二十世紀初英語世界的著名暢銷小說家）的照

片，第四期是法國科學小說家范納（Jules Verne，今譯凡爾納）和英國作家狄根（Charles Dickens，今譯狄更斯）的照片。除雨果外，其餘四位作家都有小傳，如凡爾納的小傳是：

> 范納者，法國科學小說名家也。生於一千八百二十八年，卒於一千九百零五年。綽號「小童之友」，以其書多為小童所喜也。范非科學中人，顧其所言科學之理，雖僅從理想，然皆鑿鑿可證，每出一書，不脛而行。列國重譯之。余所見已譯者，有《八十日環球旅行記》一種。

小說林社所譯凡爾納的作品共四部：《秘密海島》（今譯《神秘島》，原書標注為：法國焦士威奴著，元和奚若譯述、武進蔣維喬潤詞），《非洲內地飛行記》（今譯《氣球上的五星期》，原書標注為：英蕭爾斯勃內原著，常州謝炘譯），《秘密使者》（原書標注為：法國迦爾威尼著，吳門天笑生譯），《無名之英雄》（原書標注為：法國迦爾威尼著，吳門天笑生譯）。小說林社出版了凡爾納的四部小說，卻因為譯者不規範的標注而毫不知情。

《小說林》的長篇翻譯小說有9種：科學小說《電冠》（英國佳漢著，陳鴻璧譯），偵探小說《第一百十三案》（法國加寶耳奧著，陳鴻璧譯，未完），偵探小說《黑蛇奇談》（美國威登著，張瑛譯），歷史小說《蘇格蘭獨立記》（陳鴻璧譯，未完），言情小說《魔海》（任墨緣譯，未完），軍事小說《新舞臺》三（日本押川春浪著，覺我譯），奇情小說《地獄村》（日本雨洒舍主人原譯，黃翠凝、陳信芳重譯，未完），歷史小說《馬哥王后佚史》（法大仲馬著，東亞病夫譯，未完），外交小說《外交秘鑰》（羅人驥譯，僅刊出《偽電案》一篇）。以上作品若以藝術價值論，當數曾樸翻譯的大仲馬《馬哥王后佚史》為最高，其餘平平。若從譯筆考量，則曾樸、陳鴻璧、徐念慈這三位小說林社同人最好。從稿源來看，9部長篇中，有5部為小說林社同人翻譯，也即是說，同人譯作佔了較大比重。

《小說林》雜誌主要以發表翻譯小說為主，刊出的創作長篇並不多，共4種：歷史小說《孽海花》（愛自由者發起、東亞病夫編述，第二十一至二十五回，未完），社會小說《碧血幕》（吳門天笑生編述，第一至四回，未完），《親鸞》（南支那老驥氏編、上海冷眼人評點，共十回），《臨鏡妝》（鐵漢杜撰、可庵加評，第一至八回，未完）。其中以《孽海花》藝術成就最為人稱道。

雖然《小說林》雜誌以發表長篇翻譯小說為主，但也相當重視創作小說。凡此類長篇之作，一律會放在小說欄的最前列（僅在圖畫和論說之後），如

一、二、四期的《孽海花》，五期的《親鑒》，六、七、八、九期的《碧血幕》，
十期的《臨鏡妝》。例外情況只有三次：第三期沒有長篇創作小説，所以翻
譯小説《電冠》居首；第十一、十二期儘管創作小説《親鑒》仍在連載，還
是把曾樸的譯作《馬哥王后佚史》排在前面。原因一是因為「東亞病夫」的
《孽海花》重版五次，在社會上影響很大，以他的譯作列首，有利於吸引讀
者。另外，《親鑒》本是家庭小説，寫著寫著就成了雜湊話柄的譴責作品，
藝術價值不高。由上可見，小説林社的欄目安排，是以著譯者名氣和著作優
先的順序來排列的。

　　短篇小説共 23 種。包括創作短篇 17 種：卓呆《入場券》、《買路錢》、《樂
隊》、《溫泉浴》，飲椒《地方自治》、《平望驛》，紫崖《吃大茶》、《白綾巾》、
《戕弟案》，天笑《三勇士》，陶報癖《警察之結果》，邵粹夫《停車場》，不
因人《青羊褂》，醉茗《觚剩》，涵秋《窮丐》，陳鋏侯《西裝之少年》，ＨＳＹ
《俄羅斯之報冤奇事》；短篇翻譯小説 6 種：王蘊章譯《綠林俠談》，吳釗譯
《滑稽談》，英國伊柴君著、吳江大愛譯《假女王案》，李涵秋譯《奇童案》，
黼臣譯意、鐵漢演義《好男兒》，石如麟譯《劈棺》。短篇小説方面，創作要
比翻譯多很多，而且成就比較高。以卓呆和飲椒的作品為最好，大多表現一
個橫斷面，帶有向西方小説學習的痕跡。

　　文苑欄計有：戲曲 6 種，包括《暖香樓傳奇》、《蓬萊驛》、《星秋夢》、《軒
亭秋》、《碧血碑》、《軒亭血》；評論兩種：《奢摩他室曲話》、《聞雞軒詩話》；
還有詩、詞、文若干篇。這個欄目有個突出特點，就是悼念秋瑾的文字很多。
1907 年 7 月 15 日，秋瑾就義於浙江紹興軒亭口。1907 年 8～9 月，《小説林》
雜誌第五期文苑欄發表了《秋女士瑾遺稿》。此後，《小説林》雜誌上陸續刊
出多篇紀念秋瑾的戲劇、小説和文章。分別是吳梅的《軒亭秋雜劇》（第六期），
龍禪居士（龐樹柏）的《碧血碑雜劇》（第十一期），嘯盧撰、小萬柳堂（吳
芝瑛）評點的《軒亭血傳奇》（第十二期）；包天笑的《碧血幕》（第七至九期）；
徐寄塵的《秋女士歷史》（第六期）、《秋瑾軼事》（第七期）。文苑欄中還發表
了多篇小説林社同人的詩詞，如黃人的《蠻語摭殘》，以及徐念慈、曾樸的多
篇詩詞。

　　論説欄和評林欄是《小説林》最為後人欣賞的欄目。阿英在《清末小説
雜誌略》中說：「《小説林》除《孽海花》外，如其說是以小説勝，不如說以

其他雜著勝。」〔註51〕這裡所謂「其他雜著」，主要指該雜誌刊載的小說理論文章。論說欄共發表《〈小說林〉發刊詞》（黃人）、《〈小說林〉緣起》（徐念慈）、《丁未年小說界發行書目調查表》（徐念慈）、《余之小說觀》（徐念慈）四文。評林欄先後連載黃人《小說小話》、觚庵《觚庵漫筆》、鐵《鐵甕燼餘》三種小說評論，分別接續發表在《小說林》雜誌的一至十二期。《小說林》的小說理論極為出色：雜誌同人提出的「小說者，文學之傾於美的方面之一種也」〔註52〕，確定了小說的審美本質與獨立性；並客觀評價了小說與社會的關係，對糾正小說過分政治化的時論有一定反撥作用。黃人是《小說林》的理論靈魂，徐念慈次之。徐念慈和黃人之所以能高出同儕，乃是因為吸收了日本和西洋的文學及美學理論。

叢錄欄刊有陳鴻璧《印雪簃麗屑》，紫崖《西笑林》、《紫崖隨筆》，郭節《丹隱居譚塵》，螢竸《海外逸聞》等數種，總的目的是告訴讀者一些西方的新鮮事，和圖畫欄目一樣，起到廣見聞的作用。

《小說林》雜誌自第三期起，在雜誌的最後闢有「新書紹介」欄，主要介紹本社和其他出版機構新出版的小說。增開這一新欄目的動機是：

> 本報以「小說林」名，則海內著譯諸書，月有增刊，其入小說界之範圍者，宜盡紹介之責。管窺所及，時附數語，非敢雌黃月旦焉。野人獻曝，則智者笑之矣，願讀者略其迹而原其心而已。〔註53〕

其實，此舉很大的程度上是為本館出版的小說作廣告。作為難得的近代小說史料，這組文章已被阿英選入《晚清文學叢鈔·小說戲曲研究卷》，並將之命名為《小說管窺錄》。後來的研究者在引用時也沿襲了這一題名，但實際上，其中各篇在《小說林》雜誌刊載時本沒有統一的名稱。關於《新書紹介》的作者，阿英疑為覺我，即徐念慈。筆者也持相同看法。《新書紹介》的作者曾稱：「久欲輯一譯小說檢查表，將原書名、原著者、今定名、出版年月、譯者姓氏、全書大意，一一詳載，惜事冗，因循未果，如成必有裨於譯者。」〔註54〕徐念慈在《小說林》第九期發表《丁未年小說界發行書目調查表》，應該就是這一想法的部分實現。

〔註51〕阿英《清末小說雜誌略》，阿英《小說閑談》，60 頁，上海良友圖書印刷公司，1936 年。

〔註52〕摩西《〈小說林〉發刊詞》，《小說林》第一期，1907 年 2 月。

〔註53〕《新書紹介》，《小說林》第三期，1907 年 4～5 月。

〔註54〕同上。

《小説林》雜誌上的廣告並不多，基本上是本社的出版廣告，即小說林社的小說書目、宏文館出版的「十大辭典」及教科書的廣告。第六期有爲本雜誌所做廣告：

　　　新增月刊社報《小説林》　全年十二冊　每冊四角

　　鼓吹社會，左右風俗。現一一身，說一一法。無老無幼，無智無愚，咸樂屏聲靜氣，時手一編，以寓憂愁歡樂於小說界。同人鑒之，爰增社報，長篇短幅，有美必收，無奇不錄，以快先睹，癖痂者應歡迎焉。內容分圖畫，論說，社會小說，歷史小說，科學小說，偵探小說，軍事小說，言情小說，文苑，評林，札記，雜錄，約十二門。

除本社廣告外，在第九期還登載了中國圖書公司的若干種廣告和半價優惠券，同期還有鴻文書局廣告。第十期有「世界社出版新書」廣告。與《月月小說》雜誌相比，《小說林》登載的廣告很少，並且都是出版廣告，這也能見出該雜誌的文化定位。

（四）《小説林》雜誌的出版延期情況

《小説林》雖說是月刊，但經常延期。郭浩帆曾在他的《中國近代四大小說雜誌研究》中質疑過《小説林》雜誌上題署的出版日期是否與實際相符：「如第二期版權頁上題署的日期是『丁未年二月』，但該期叢錄中發表的《印雪簃叢屑》中前有編譯者陳鴻璧的一段『識語』，署『丁未三月崗州陳鴻璧識』，一份刊物上發表的文章竟然寫成於刊物出版以後，豈非咄咄怪事？看來，就是《小說林》自己的題署有時候恐怕也不能完全相信。」〔註55〕那麼，《小説林》雜誌的題署到底是否與它的實際出版日期相符呢？讓我們對照一下它的出版廣告。

小說林社自成立後，就在《時報》頭版登載大量廣告，每逢新書出版或者新一期雜誌發行，必在《時報》登報宣傳。而雜誌出版的時效性，也使廣告更爲及時，所以《時報》上刊載《小說林》廣告的時間，應與刊物實際出版日期相差無幾。下列表格即將《小説林》雜誌各期的題署日期與《時報》廣告的刊出日期作一對比：

〔註55〕郭浩帆《中國近代四大小說雜誌研究》，164頁，山東大學2000年博士學位論文。

表1　《小說林》雜誌版權頁題署日期與《時報》廣告日期對照表

《小說林》期　數	《小說林》題署的出版日期	《時報》廣告刊登日期	《時報》廣告詞摘錄	兩個日期的差別
第一期	光緒三十三年正月	丁未年二月廿五日（1907年4月7日）	小說林月刊社報《小說林》……第一冊目次……	一個半月
第二期	丁未年二月	丁未年四月初三日（1907年5月14日）	《小說林》第二期出版	兩個月
第三期	丁未年三月	丁未年五月十一日（1907年6月21日）	《小說林》報第三期出現	兩個月
第四期	丁未年四月	丁未年六月廿九日（1907年8月7日）	《小說林》四期出版	近三個月
第五期	丁未年六月	丁未年八月十五日（1907年9月22日）	《小說林》第五期出版	兩個月
第六期	丁未年十月	丁未年十一月十一日（1907年12月15日）	《小說林》第六期出版	一個月
第七期	丁未年十一月	丁未年十二月初七日（1908年1月10日）	《小說林》第七期出版	一個月
第八期	丁未年十二月	丁未年十二月廿四日（1908年1月27日）	小說林第八期發行	同月
第九期	戊申正月	丁未年二月十一日（1908年3月13日）	《小說林》月報第九期附大增刊八十頁出版	一個月
第十期	戊申三月	戊申三月廿七日（1908年4月27日）	《小說林》第十期出版	同月
第十一期	戊申五月	戊申六月初八日（1908年7月6日）	《小說林》第十一期出版	一個月
第十二期	戊申九月	戊申十月初一日（1908年10月25日）	《小說林》十二期出版	基本同月

　　從以上列表可以看出，除八、十、十二期外，《小說林》雜誌所登錄的出版時間均與實際出刊日期有差別，從一個月到三個月不等。甚至從第一期起，雜誌上登載的出版日期就與實際不相符。一個原因是：小說林社本想將社報辦成月刊，在丁未年（1907年）出齊十二期，也就是「全年十二期」，所以將第一期標爲「丁未年正月」。但計劃沒有變化快，在實際操作中，總遇到種種問題，導致出版日期延後。第一期就與實際日期相差近兩月，因此，一至五期，這兩個日期就一直保持著兩個月的差距。前五期基本上還是每月出版一

期（三、四期之間相差一個半月），而從第六期開始延誤。第五期的實際出版日期大致爲丁未年八月十五日（1907 年 9 月 22 日），第六期則是丁未年十一月十一日（1907 年 12 月 15 日），相差近三個月。爲什麼會如此？聯繫到小說林的經營狀況可知，小說林社在 1907 年出現鉅額虧損〔註56〕，每年的農曆十月是小說林社的例行查賬時間，《小說林》主編徐念慈同時也是小說林社的編輯部主任，他很可能正爲虧損的事情焦頭爛額，無暇顧及雜誌編務，故導致第六期延期三月之久。盤賬結束後，又想把欠的雜誌數補上，故第六、七、八三期在一個月零十二天內出版。不到一個半月內能印行三期刊物，看來不是稿源問題，而是經濟問題。

丁未年十一月十一日（1907 年 12 月 15 日），《時報》封面上刊出了廣告《〈小說林〉第六期出版》，稱：

> 本社《小說林》社報第六期，因奔走他事，致衍時日，良爲歉然。……本社定於年內出足八冊，第九冊明年正月增刊，多至四十頁，募集海內外作家新意著述，登錄後分贈圖書彩物，格外從豐。……七期付印過半，月內出版。惠函投稿者，請寫明新馬路福海里小說林編輯所。

該廣告已承認，因「奔走他事」，致使第六期雜誌衍期。所謂的「他事」，應該就是小說林社的年終盤點。也說明了「定於年內出足八期」，這就是第六、七、八三期刊物擠在一個月內出版的原因。而第六期正式出刊時，第七期已付印過半，可見其間的忙亂與倉促。六、七、八期趕在年前出版，是爲了新年正月出版第九期大增刊。第九期名爲戊申正月刊行，其實是二月才出來。第十期和第九期只差一月，尚算正常。第十一期與第十期相差三個月，脫期原因有二：主編徐念慈正生病；小說林社的經營狀況也每下愈況，資金捉襟見肘。第十二期與第十一期相差三個半月，因爲徐念慈去世，曾樸到端方幕中，小說林社中事務無人主持。實際上，小說林社最後一本單行本小說《黑革囊》出版於戊申三月，而出版於 1908 年 10 月的《小說林》雜誌已是小說林社最後的出版物。在徐念慈去世後，社中無人主事的情況下，爲實現出足十二期的承諾，由蟄競主編了這本終刊號。當然，《小說林》第十二期能夠出版，也是爲了紀念徐念慈，第十二期是徐念慈紀念專號。

〔註56〕徐兆瑋《丁未日記》「丁未十一月初八日」條：「王夢良十月廿九日函云：小說林前月開週年會，統核虧耗四、五千，頗有來日大難之勢。」

（五）《小說林》雜誌的發行數量與發行區域

　　《小說林》雜誌每期的發行數量沒有確切數字，保守估計在二千冊左右。《小說林》第七期《戊申正月第九期小說林報招登新年廣告》稱：「本社發行《小說林》月報，每月銷數已達二千餘份之多。」雜誌第一期還於丁未六月（1907 年 7～8 月）重版。包天笑《釧影樓回憶錄》說：「以前上海辦雜誌，以能銷三千份爲一個本位，倘然第一版能銷三千份，就可以不蝕本了，他們的支出與收入，也作三千份計算，假使銷數超出了三千份，那就要算賺錢了。以後越銷得多，便是越賺錢，因爲他們既打好了紙版，倘使添印，所有稿費、排工，都不必計算在內了。」〔註57〕所以，《小說林》雜誌很可能是虧本的。

　　關於《小說林》雜誌的發行區域，在該刊沒有列出具體的分發行所。但是，第九期和第十期的兩次畫謎徵答，爲我們間接提供了雜誌的銷行區域。《小說林》第十期刊載了《第九期畫謎敬教》，稱此次「投函者，前後共一百三十五封，射中者共一百○五封，中二百五十九條」。謎面共五條，獎勵是給全中者和中四條者《小說林》第十期雜誌各一冊，其餘中三條、二條、一條不等的，各獎信箋若干。《小說林》第十期繼續刊載畫謎，這次可能難了一些，共收到投函六十七封，中獎名單刊登在第十一期雜誌上。對於《小說林》雜誌來說，這是一個經營行爲，有利於擴大刊物的影響。但對於筆者來說，卻可藉以考察《小說林》雜誌的發行區域。筆者將這兩次投函的人列名如下：江蘇 18 人（上海本埠姚笠生、徐鐵生，松江陳虎臣、徐珊，嘉定虱寄、李粹夫，吳淞鄒敬衍，青浦青浦子，常熟俞尙聲，昭文錢志漪，常州錢寄，揚州王承祖，蘇州吳芝楞，長州衛生，吳縣吳昭，元和沈信夫、沈鳳，無錫周文民），浙江 4 人（湖州蛻廬，歸安周鳴鳳，杭州陳定祥，江陰趙蓉堂），江西 1 人（九江沈子良），安徽 2 人（廣德周新民，六安劉志和），廣州 1 人（廣州區偉），山東 2 人（滕縣趙文明，臨清椿記莊），其中，松江徐珊、湖州蛻廬兩次應徵。從上可以推知，《小說林》雜誌的銷行地區以江蘇爲主，兼及浙江、山東、安徽、江西、廣東等地。夏曉虹教授曾推斷《女子世界》的發行區域主要在江浙地區，而輻射到長江沿岸的安徽、江西、湖北、四川，並及湖南和廣東，北方則只有山東與北京兩處。〔註58〕這雖然是《女

〔註57〕 包天笑《釧影樓回憶錄》「編輯小說雜誌」，香港：大華出版社，1971 年版，377 頁。

〔註58〕 參見夏曉虹《晚清女報的性別觀照》，載氏著《晚清女性與近代中國》，北京

子世界》的發行網絡，但《小說林》雜誌應該也與之相差不多。

四、結　語

《女子世界》、《理學雜誌》與《小說林》這三種承接有序的刊物，雖然辦刊主題和讀者群體有所區別，但共同性也相當明顯，即主筆群體有一定的重合性，且均有相關的新教育背景，主要撰稿人大多是中國教育會會員；此外，因經濟窘迫而屢屢脫期，也是這三種雜誌共同經歷過的困境。

同時，還應注意到的是：《女子世界》與《理學雜誌》更多屬於小說林社大股東之一丁祖蔭的個人事業。丁祖蔭是這兩個雜誌的發行人，負責維持其運轉，主要稿源也靠自己的人際關係獲得。比起《女子世界》與《理學雜誌》，《小說林》才是小說林社名副其實的事業。但因為丁祖蔭在小說林社的重要地位，《女子世界》和《理學雜誌》也應納入該社的雜誌出版範圍內考察。

《女子世界》提倡女子教育，《理學雜誌》提倡科學教育，而《小說林》在當時一片「小說新民」的聲浪中，正確估量了小說的社會作用，提倡文學的審美價值，是非常可貴的理論嘗試。這三種刊物歷時不長，卻對近代中國期刊事業作出了有益貢獻。

三種雜誌未能持久的原因，固然與經濟實力和社會環境有關，也受制於當時中國出版界的期刊編輯發行工作尚處於探索階段。即便如此，小說林社辦刊物的歷史對當代出版也並非毫無啟迪意義。

第二節　小說林社的單行本小說出版概況

小說林社是以出版單行本小說尤其是單行本翻譯小說起家的。單行本小說出版一直是小說林社最重要的事業。在 1904～1908 年的五年間，小說林社共出版了 123 種小說。

小說林社共發行過兩種開本的小說。一般開本的小說尺寸是 13×19cm，還於 1906～1908 年出過尺寸為 11×15cm 的小本小說。

在小說林社的全部 123 種小說中，如果把一般開本的小說和小本小說的小說類型放在一起統計的話，那麼，從種類上看，偵探小說共 63 種，言情小說共 22 種，兩者加在一起有 84 種，占全部 123 種的 68.3%。可見，小說林社

大學出版社，2004 年版，70 頁。

的單行本出版還是以銷量最好的言情小說與偵探小說為主。不僅如此，偵探小說能夠看出明顯的組稿情況，幾套偵探小說都是由兩個以上的譯者共同譯完的：《聶格卡脫偵探案》共 16 冊，1～4 冊由華子才翻譯，5～6 冊由滄海漁郎、延陵伯子翻譯，再由華子才譯完 7～16 冊。《奇獄》一由林蓋天譯述，而《奇獄》二由華子才譯述。《福爾摩斯再生》第一案由周桂笙譯述，第二、三、四、五案由奚若譯述，蔣維喬潤詞。第六至十案仍舊由周桂笙譯述。從中能夠清楚地看出編者組稿的痕跡，否則不同的譯者不可能翻譯得小說恰好連續。從以上的分析，我們可以看出，小說林社的單行本圖書出版重心明顯地向娛樂性強的偵探和言情小說傾斜。

這些單行本小說在當時產生了巨大影響。據曾樸回憶：「它的結果，僅僅激起了一般翻譯和瀏覽外國小說的興味，促進了商務印書館小說叢書的刊行罷了。（小說林書店開辦時，翻譯外國的小說，還不滿十種，可惜當時全為推銷起見，倒注重了柯南道爾的偵探案。）」〔註 59〕曾虛白在《曾孟樸先生年譜》中說：「經營了一年之後，果然提高了社會上欣賞小說的興趣」，「舊型的章回小說那時候雖沒有打破，可是翻譯東西洋小說的風氣卻由先生開之。小說林的小說既風靡了一時，其他書局自然也望風而起，商務印書館的刊行林譯小說，實亦受了它的刺激。」〔註 60〕

曾氏父子的回憶雖然稍稍有不夠精確的地方，但也基本上接近於事實。在小說林書店開辦之前，雖然有《巴黎茶花女遺事》之類的翻譯小說出版，且影響不小，但當時翻譯外國小說大多在雜誌上出現，很少出單行本。各出版社以出版教材和西學書籍為主，小說尤其是外國小說，只占其業務的極小一部分，並不是出版重點。小說林社是近代第一個專門以出版小說為主的出版社。它以一個月出五六本書（以小說林社繁榮期的丙午年二月為例，此月共出《彼得警長》上中卷、《大除夕》、《鴻巢記》、《女魔力》下卷、《日本劍》下卷等六本書）的速度，集中刊行大量小說，再加上《時報》頭版上幾乎天天有小說林社的廣告，極其容易引起讀者的注意，自然會風靡一時。例如中過進士、做過京官，又對新學頗感興趣（較典型的「由舊學界而入新學者」）的徐兆瑋，每逢小說林社新書一出，必買來品讀；讀過後，必在日記中加以品鑒。他甚至在讀過《秘密使者》後，對每一章節都加以題詠，共做絕句二

〔註 59〕病夫《復胡適的信》，《真美善》第 1 卷第 12 號。

〔註 60〕《宇宙風》第三期，1935 年 10 月 16 日。

十三首。而舊文人寅半生在其主辦的《遊戲世界》中，開有「小說閒評」專欄，將小說林社的 18 種小說撮述梗概，並加評騭。總之，正如曾氏父子所說，小說林社的小說引起了當時社會上翻譯和瀏覽外國小說的興味。

至於曾樸談到小說林社的小說出版促進了商務印書館的小說叢書的刊行，這句話語義有模糊之處。要說商務印書館的小說叢書在小說林社之後刊行，是不對的。筆者根據商務印書館《涵芬樓藏書目錄》〔註61〕統計，1902年，商務印書館就已經出版了《佳人奇遇》、《經國美談》、《廣長舌》等 3 種單行本小說；但商務印書館並未把小說作爲出版重心，自 1906 年起，商務印書館才開始大量刊行翻譯小說，很可能是由於小說林社出版的小說在當時影響很大，商務印書館憑藉敏銳的市場嗅覺而見獵心喜，故其翻譯小說從零星出版走向大量生產。所以，如果說小說林社的小說出版刺激了商務印書館的小說叢書乃至林譯小說的大規模刊行，這還是比較可信的。

此外，商務印書館的袖珍小說很可能從小說林社小本小說叢書受到啓發。小本小說叢書於 1906 年初次刊行，印完第一集共 8 種後，商務印書館才於 1907 年初出版袖珍小說第一種《狡兔窟》。尺寸與小本小說叢書相同，也是 11×15cm，而且宗旨類似。小說林社的小本小說宗旨是便於「舟車攜帶」、「以供諸君酒後茶餘、公暇課罷作一消遣法」〔註62〕，而商務印書館「袖珍小說」叢書，也強調便攜和消閒：「專選各國短篇小說輯譯成書，卷軼短小，最便舟車消閒之用。」〔註63〕商務印書館出版的「袖珍小說叢書」，時間稍晚於小說林社的，很可能受到了小說林社的影響。商務印書館的資深編輯奚若和蔣維喬都在小說林社出版有譯述小說，蔣維喬更是小說林社的創辦者之一丁祖蔭的同窗好友，兩社的編輯們互相有交流也是很正常的。

不僅商務印書館從小說林社得益，其他的專門以小說出版爲主要業務的出版社，也在小說林社之後，逐漸出現，如改良小說社、新世界小說社等。

前面說過，曾樸創建小說林社的目的是爲了使我國文學參與到世界文學的洪流中去。那麼，曾樸和他的小說林社是否完全是爲文學而文學，而沒有

〔註61〕《涵芬樓藏書目錄》，商務印書館宣統三年（1911 年）版。涵芬樓是商務印書館的圖書館，因此《涵芬樓藏書目錄》中所著錄的商務印書館在晚清時期的小說書目及初版時間，應該是相當可靠的。

〔註62〕見《女首領》下卷書後廣告，這是筆者見到的最早的小說林社關於小本小說叢書宗旨的說明。《女首領》，英倫媚姿女史著，支那井蛙譯述，小說林社丙午六月（1906 年 7～8 月）版。

〔註63〕周振鶴編：《晚清營業書目》，上海：上海書店出版社，2005 年版，第 375 頁。

更進一步的目的？讓我們先看一下小說林社的宗旨：

> 泰西論文學，推小說家居首，誠以改良社會，小說之勢力最大。
> 我國社會黑暗甚矣，而舊小說之勢力，實左右之，邇年始稍稍有改
> 革小說界之思想，然羼雜蕪穢，又居半數。本社爰發宏願，鈴鐸同
> 胞，先廣購東西洋小說數百種，延請名人翻譯，復不揣檮昧，自造
> 新著，或改良舊作，務使我國小說界，範圍日擴，思想日進，由翻
> 譯時代而進於著作時代，以與東西諸大文豪，相角逐於世界，而於
> 舊社會亦稍稍有影響焉，是本社創辦之宗旨也。〔註64〕

從上面的廣告中，還可以看出梁啓超的那種小說改良社會的調子。該廣告將
我國社會的黑暗歸於舊小說的危害，並稱在引導社會從壞到好的轉變方面，
小說的勢力最大。這樣，就從一反一正兩個方面，強調了小說的社會教育功
用。從上面的廣告還可以看出，小說林社翻譯外國小說的目的，是爲了給我
國文學提供借鑒，以便由翻譯時代進入著作時代。那麼，翻譯外國小說可以
爲我國文學提供什麼借鑒呢？原來是「範圍日擴，思想日進」。所謂「範圍」，
應該是指使小說、戲曲進入文學中，而「思想日進」，可以說，是爲了在小說
中灌輸一些新思想，如社會改良的新思想，西方科學文化的新思想等。這其
實都沒有涉及藝術方面。而使我國文學進入著作時代的目的又是什麼呢？原
來是「以與東西諸大文豪，相角逐於世界，而於舊社會亦稍稍有影響焉」。「與
東西諸大文豪，相角逐於世界」，不無立國強國的考慮，而期望小說對舊社會
有影響，可以看出立足點還是在社會改良，還是在教育。再看小說林社其他
廣告，「黑暗世界，永永陸沉，開明社會，尸功小說。本社以輸灌文明，開通
風氣爲主要」〔註65〕，「本社刊行各種小說，以稗官野史之記載，寓誘智革俗
之深心」〔註65〕，仍然透露出比較強烈的覺世願望。此外，小說林社十二種
小說類型的劃分，均以小說內容爲劃分標準，帶有強烈的社會改良色彩。所
以小說林社並非純粹爲藝術而藝術，爲文學而文學。

〔註64〕甲辰十月（1904年11～12月）小說林社《美人妝》書後廣告。
〔註65〕甲辰八月（1904年9～10月）小說林社《無名之英雄》書後廣告。
〔註65〕乙巳五月（1905年6～7月）小說林社《日本劍》書後廣告。

第三章　小說林社的商業運營

　　1928 年，曾樸在給胡適的信中，回顧起自己和幾個朋友創辦小說林社的經歷，不無遺憾地說：

> 　　那時社會上一般的心理，輕蔑小說的態度確是減了，對於外國文學整個的統系，依然一片模糊。我就糾合了幾個朋友，合資創辦了「小說林」和「宏文館」書店；在初意願想順應潮流，先就小說做成個有統系的譯述，逐漸推廣範圍，所以店名定了兩個。誰知後來為了各人的意見，推銷的關係，自己又捲入社會活動的漩渦，無暇動筆，竟未達到目的，事業就失敗了……小說林書店開辦時，翻譯外國的小說，還不滿十種。可惜當時全為推銷起見，倒注重了柯南道爾的偵探案。〔註1〕

在上面這段話中，曾樸稱自己辦小說林社的初衷與結果之間有著巨大的落差，而落差的造成原因除了自己太忙外，還因為「各人的意見，推銷的關係」。

　　「各人的意見」為什麼影響了小說林社的出版走向？這跟小說林社的組成方式有關：小說林社是一個股份制的出版機構。〔註2〕既然採用股份制，有事開會討論，少數服從多數，難怪會因為各人意見的不同而掣肘。所謂「推銷的關係」當是出於對市場的考慮。小說林社畢竟是一個經營實體，如果想要生存下去並發展壯大的話，市場是一個必須考慮的問題：它要把自己生產的商品——書籍賣出去，就要採取一些營銷手段；它要根據市場需要，對出版策略做出調整，對市場既有所迎合，也有所堅持；同時，它還要面對同行（主要是商務印書館）的競爭。也就是說，在小說林社生存的始終，市場一

〔註1〕　參見病夫《復胡適的信》，載於《真美善》第 1 卷第 12 號。
〔註2〕　參見本書第一章第三節《小說林社的創辦、發展與結束》。

直存在著，並制約其出版行為。下面我們一一說明。

第一節　小說林社的市場營銷策略

　　為了使事業發展壯大，小說林社採取了多種多樣的營銷策略，包括：編印發一條龍的出版模式，書刊互動的出版方式，廣告宣傳和各種優惠措施等。

一、編印發一條龍的出版模式

　　1905 年 10 月 30 日，小說林社盤下了曾樸妹夫吳斯千的東亞改良印書館，作為印刷所。並另於對門賃屋，辟為編輯部。從此總編譯所、印刷所、總發行所三所分立，在出版之外，兼顧印刷和發行。這種一體化經營模式有助於事業的進一步拓展。小說林社的書，交給自辦的印刷所印刷，便於節省成本，便於調度。自辦印刷所後，小說林社曾經有過同時印刷 16 種圖書的記錄〔註 3〕，對於一個資本並不是特別雄厚的出版機構來說，如果不是自編自印的話，這個數量會有些出乎想像。印刷所不止印刷本社書籍，還對外承印。採用「銅模大號印機，精製鉛字鉛條；承印中西書籍、單張零件，各色花樣俱全。代辦各種紙張、五色石印，銅版插畫」〔註 4〕，《月月小說》的最初四期便是小說林社印刷的。小說林社草創伊始，發行所設在上海四馬路東華里，後來搬到了棋盤街中市。大約在 1907 年下半年，小說林社又在常熟和蘇州分別設了兩個分發行所，他們是常熟海虞圖書館和位於蘇州珠明寺前的宏林書局。〔註 5〕小說林社是一幫常熟人所辦，海虞圖書館又是小說林社創辦人丁祖蔭、朱積熙的個人事業，在常熟開發行所，得地利人和之助。蘇州是個省城，人文薈萃、交通發達，是除上海外，長江沿岸新學書籍的集散

〔註 3〕參見《車中美人》書後廣告，筆者統計，該廣告中，標明「印刷中」的書共 16
　　　　種：《俠奴血》（一名《西印度懷舊記》），《印度魂》（一名《身毒叛亂記》），《海
　　　　天嘯傳奇》，《風洞山傳奇》，《秘密海島》下卷，《福爾摩斯偵探案第一案》，《日
　　　　本劍》下卷，《秘密隧道》，《髑髏杯》、《彼得警長》、《馬丁休脫偵探案》第一至
　　　　十案，《愛河潮》，《女魔力》下卷，《萬里駕》下卷，《小公子》下卷，《大除夕》；
　　　　小說林社員譯《車中美人》，小說林社乙巳十一月（1905 年 11～12 月）版。
〔註 4〕參見《小說林社添設印刷、編輯部廣告》，乙巳十月初六日（1905 年 11 月 2
　　　　日）《時報》。
〔註 5〕小說林社出版於 1907 年 8 月的《黃鉛筆》一書，在版權頁上標明「發行者：
　　　　小說林總發行所。分發行所：蘇州珠明寺前宏林書局，常熟海虞圖書館」。這
　　　　是筆者所見的小說林增設分發行所的最早記錄。

地之一，把分發行所開在蘇州，對於事業的擴展也是很有好處的。上海的總發行所，再加上常熟、蘇州兩個分發行所，就形成了一個小小的以江浙爲主的銷售網絡。發行所也不止發行本社圖書，還代辦發行。亞東破佛的《閨中劍》，就是在小說林社印刷所印刷並代發行的。發行所除零賣、批發本社書籍外，還兼售學校用品，代售別的出版機構的書籍〔註6〕，或者代個人寄售圖書〔註7〕。蘇州小說林分社就「代售各大書局華英教科新書」，還賣學生用的「圖書儀器及獎賞品」。

二、書刊互動的出版方式

小說林社辦有《女子世界》、《理學雜誌》、《小說林》共三種雜誌。書出得多，就有宣傳的必要。在自家的雜誌上登廣告，比較節省成本。此外，有的小說先登載在雜誌上，到了後來結集出版的時候，使用原來的版印刷即可。如張瑛翻譯的《黑蛇奇談》先在《小說林》上刊出，後出單行本。周作人的《俠女奴》也是先在《女子世界》上刊出，後出單行本。而且，刊物還在某種程度上起了爲出版社集聚作者的作用：周作人在給《女子世界》投稿的過程中，被丁祖蔭發現，接著在小說林社推出了《玉蟲緣》和《孤兒記》二書。當然，也有作者先在出版社出書，後在刊物上發表文章。如大愛先在小說林社出版《文明賊》，後在《小說林》雜誌上刊登譯作《假女王案》。

三、連續的廣告宣傳

小說林社非常注意廣告宣傳。小說林社出了新書要打廣告，增添了新業務要打廣告（小說林社的發行所遷移，宏文館的增設都在《時報》上廣而告之），一些促銷活動等等，都要打廣告。

刊登廣告主要有三個途徑：在《時報》等報刊上登出，在本社的出版物（包括單行本和雜誌）上登出，在《小說林》雜誌上以「新書紹介」形式出現的變相廣告。

〔註6〕　參見戊申十一月廿四日（1908年12月17日）《時報》「蘇州小說林分社」廣告：「本社編譯中外辭典，歐美名家小說，代售各大書局華英教科新書，圖書儀器及獎賞品一應俱全。」
〔註7〕　參見徐兆瑋《燕臺日記》1906年4月5日：「唐海平陽曆三月廿六日三月二日函云：『……上月在書肆購得《日本俚諺集》……傑決定趁此休暇，譯成是書，自行出版。將來上海小說林、京中各書店皆須寄售，費神先爲介紹。』」

　　小說林社和時報館的關係極好。小說林社停業後，將全部存書轉讓給時報館主人狄平子開辦的有正書局。時報館的編輯包天笑也同時在小說林社工作。《時報》上有著小說林社的大量廣告，而且大多在頭版刊出。一般每天一則廣告，連續刊出一周；或者隔一天刊出，一直連續十天或者兩周。總之，就是通過連續刊登廣告的策略，來加深在讀者心中的印象。

　　廣告內容大抵包括書名、冊數或種數、作者、譯者名字、編輯出版意圖、要旨、情節、出版物特色介紹、定價等。以小說爲例，針對不同類型的小說有不同的廣告策略。比如對於以偵探小說等以情節取勝的作品，就把側重點放到強調情節的曲折變幻上。

　　如偵探小說《一捻紅》的出版廣告：

小說林出版《一捻紅》

　　　　本書吳門天笑生譯，東文原本。東京市出一奇案，年少閨女之紅顏忽被匪徒無端割破，數日內多至十餘人。手段敏捷，目不及瞬。辛被大偵探藤野探出底蘊，雙雙被縛。全書六萬言，洋裝美本一厚冊，定價大洋五角。總發行所：棋盤街小說林〔註8〕

　　這個廣告除了最基本的信息：書名（《一捻紅》），譯者名（吳門天笑生），冊數（洋裝一厚冊），定價（五角），主要是側重向讀者介紹此書的大致情節。作爲一本偵探小說，最重要的是要扣人心弦，引人入勝。這則廣告就緊緊抓住了這點。它透露了案子的起因（十餘個年輕女子的臉被匪徒割破），也透露了案子最終得到破獲的結果，但是對於其中的偵破過程，及匪徒爲什麼無端割破人臉，都沒有透露。讀者心裏會暗自揣摩，購買欲望油然而生。

　　而對於一些啓蒙性的小說，則在廣告中側重介紹出版意圖和要旨。

小說林社出版《身毒叛亂記》

　　　　今之世界有公理乎哉？一強權之世界耳。波蘭之亡於俄，安南之亡於法，皆其標本也。本書爲英人所著，名曰《白人之掌握》，詳載安南爲盎格魯撒遜人種所羈勒，欲脫不得，足爲我國民之殷鑒。讀此書者宜猛醒焉。定價四角。〔註9〕

上段廣告幾乎沒有介紹書的情節，只是簡單敘述了印度被英國佔領的史實，

〔註8〕丙午年正月廿一日（1906年2月14日）《時報》廣告。
〔註9〕丙午年四月廿二日（1906年5月15日）《時報》廣告。

希望我國民從印度的慘狀中知道警惕，學會自強。

也有的廣告側重介紹新書的主要特色。

宏文館小說林新年出版《印雪簃譯叢》

英國維多夫人著。女士陳鴻璧譯。偵探小說短篇最難，因非失之簡略，即失之粗淺，易令讀者生厭。是書共五案，無案不離奇詳盡，令人擊節不置。定價二角。〔註10〕

這則廣告指出《印雪簃譯叢》一書是短篇偵探小說中的佼佼者，沒有短篇偵探小說的簡略和粗淺的毛病。這樣把該書的好處和特別之處介紹給讀者，也會使讀者油然而生購買之心。

也有的廣告並沒有情節、特色或者意旨的介紹，只是簡單的書目。下面是丙午年七月十四日（1905 年 8 月 14 日）小說林社登載在《時報》上的廣告：

小說林出版新書

《萬里駕》上卷	定價四角
《女魔力》中卷	定價三角五分
《妒之花》	定價四角
《黑行星》	定價一角五分
《新舞臺》二	定價四角
《銀山女王》中卷	定價四角

上海棋盤街小說林啓

小說林社除了在別家的報刊雜誌（主要是《時報》）上登廣告，還在本社出版的書籍和雜誌上登廣告。小說林社的每一本單行本書籍後，幾乎都附有本社廣告，用彩紙印刷，十分醒目。

除了廣告外，小說林社還在《小說林》雜誌上開闢有「新書紹介」欄，從《小說林》雜誌第三期起，一直到該雜誌的第十期止，主要以小說林出版的小說為主，兼顧其他書店的小說。小說林社每出一部小說，都在上面有極其詳細的介紹，目的是引起讀者的購買欲望。

四、多種多樣的優惠活動

小說林社經常舉行各種優惠活動，以促進銷售。如：

〔註10〕丁未正月初十日（1907 年 2 月 22 日）《時報》廣告。

　　週年打折。1906 年八月初十日，是小說林社成立兩週年紀念，小說林社舉行特別廉賣活動。自七月十五號起，到八月二十號止，過期仍照原價。減價措施主要是「發行小說零售照本社定價七五折，批五部以上六折，百部以上五折」，對於各處學堂學會，又有特別優惠，只要由校長、會長蓋章函購的，在已有折扣基礎上再打七折。〔註11〕這個折扣是非常有誘惑力的。

　　再版減價。六月十四日（1905 年 7 月 16 日）《時報》登有「再版減價書目」，包括《啞旅行》、《雙豔記》、《一封書》上卷、《福爾摩斯再生一至五案》四種書各減價一角。〔註12〕

　　購整套書減價。小說林社出版的《小本小說》第一集共八冊，定價一元七角，但如果買一整套，即可減價為一元六角。〔註13〕

　　購書附送贈品券。《博物大辭典》出版時，因定價太貴，為了打開銷路，小說林社規定：每在該社發行部門市購買一部者，附送贈品券四角，以最先的五百部為限。〔註14〕

　　正式出版前預售減價。由於大辭典的印刷和編輯需要耗費大量資本，小說林社又不像商務印書館那樣資金雄厚，於是在書出之前，讀者如果先交預

〔註11〕丙午年六月廿四日（1906 年 8 月 12 日）《時報》廣告：
　　　　小說林社紀念開業二週年，祝賀增設宏文館成立，屆期特別廉賣。
　　　　　　敝社本寓言諷世之深心，刊行各種小說，荷蒙海內同志信用風行，開業以來，日益隆盛，同人愧無以酬雅意。八月初十日為本社兩週年成立之期，公議特別廉賣，以為本社紀念。且慨祖國積弱，值競爭漩渦，非昌明學術不足以自立，特組織增設宏文館，編譯學堂社會需用教科參考各種有用書籍，以為學界蠢勺之助，想亦熱心諸君所心許而樂贊成者也。簡章附後。廉賣期限：自七月十五日始，至八月二十日止。此特別廉賣，過期仍照原價，一定實行。減價：發行小說零售照本社定價七五折，批五部以上六折，百部以上五折。優待：各處學堂學會，由校長會長蓋印函購者，廉賣期內照碼七折。現金：不論零售批，概以現金為限，否則仍照常例。
〔註12〕《雙豔記》初版定價四角五分，再版定價三角五分，《啞旅行》上卷初版定價四角五分，再版定價三角五分，《一封書》下卷初版定價四角五分，再版定價三角半，《福爾摩斯再生第一至五案》初版三冊共七角，再版減價為六角。
〔註13〕丙午年三月廿三日（1906 年 5 月 5 日）《時報》廣告：
　　　　小說林小本小說第一集出全八冊
　　　　孤兒記　二角　　紅泥記　二角半　　錢塘獄　三角　　瑤瑟夫人　二角
　　　　文明賊　一角半　埋香記　一角　　　霧中案　二角　黃鑽石　三角
　　　　凡購第一全集一部者，減定正價大洋一元六角，不再折扣。
〔註14〕見丙午年四月二十六日（1906 年 6 月 6 日）《時報》廣告。

約金的話，只需要出比定價便宜得多的價錢。小說林的《法律大辭典》每部定價三元五角，提前交預約金的話，只要兩元，幾乎便宜一半。而且，爲了促銷此書，只要讀者函索，可以免費贈送樣本。〔註15〕

此外，小說林社還和別的出版機構聯合促銷。《小說林》雜誌第九期中，附送一張中國圖書公司圖書半價券。這樣既爲中國圖書公司促銷書籍，同時也可能有讀者爲了這張半價券買下此期《小說林》雜誌。其實是一種互惠互利的行爲。

贈送增刊。《美人妝》最初是作爲《女子世界》增刊出版的，訂閱全年者附贈。〔註16〕這是鼓勵讀者訂閱全年雜誌的一個很好的措施。

第二節　「理想的一面」與「商業的一面」

研究商務印書館的法國學者戴仁說：「出版社有兩副根本面目，理想的一面和商業的一面。一家出版社的名聲在很大程度上取決於二者的調和程度。」〔註17〕小說林社有「理想的一面」，即用小說起到教育國民的目的；作爲一個股份制的出版機構，它也有「商業的一面」，即對市場利益的追求。小說林社爲了生存需要，既不得不對市場有所妥協，同時也有自己的堅持。

一、小說林社小說出版對於市場的妥協

小說林社同人在廣告中透露出比較強烈的覺世欲望：如「黑暗世界，永永陸沉，開明世界，尸功小說。本社以輸灌文明，開通風氣爲主要」〔註18〕，再如「本社刊行各種小說，以稗官野史之記載，寓誘智革俗之深心」〔註19〕。小說林社確實是想要通過小說起到教育國民的目的。

1905 年 10 月底，小說林社設立了總編譯所、總發行所、印刷所。三所分立後，小說林社初步具有了現代出版社的規模。因出版事業的蒸蒸日上，

〔註15〕見丁未年四月初一日（1907 年 5 月 12 日）《時報》廣告。
〔註16〕《女子世界》第十期廣告：「本誌增刊之《美人妝》業已出版，定閱全年者附贈一冊。報資未清者不寄售，零售定價二角」，1905 年 2 月。
〔註17〕戴仁著、李桐實譯《上海商務印書館（1897～1947）》，北京：商務印書館，2000 年版，第 4 頁。
〔註18〕見《無名之英雄》書後廣告。法國迦爾威尼原著，吳門天笑生譯述《無名之英雄》，小說林社甲辰八月（1904 年 9～10 月）版。
〔註19〕見《無名之英雄》書後廣告。

小說林社的主持者們覺得有必要對過去的小說出版做一個系統總結，對未來的小說出版作一個有系統的規劃。於是在 1905 年 11～12 月，小說林社念在「譯著紛出，非定題問，則陳陳相因，將來小說界必有黯淡無光之一日」，因此「將已印未印之書，重加釐定，都為十二類，其無所取意者，絕版不出」。這十二類小說是：歷史小說、地理小說、科學小說、軍事小說、偵探小說、言情小說、國民小說、家庭小說、社會小說、冒險小說、神怪小說、滑稽小說，[註20] 從字面意義看，除偵探小說、言情小說、神怪小說、滑稽小說外，其餘的八種小說類型都帶有強烈的啟蒙色彩，在十二種小說類型中佔據過半。

雖然小說林社有著啟蒙民眾的初衷，也在小說類型的設置中偏向於小說新民，但實際出版結果卻有很大不同。

小說林社的單行本小說，共有 123 種，偵探類小說共 63 種，占全部小說種類的 51.2%；言情類小說共 21 種，占全部小說種類的 17.1%；言情小說與偵探小說合起來共有 84 種，占全部小說種類的 68.3%。也就是說，偵探和言情這兩類在市場上最為暢銷的小說，佔了該社單行本小說出版份額的絕大部分。

從小說的再版情況看，偵探小說和言情小說多次重版，而國民教育類小說很少重版。參見下表：

表 2　小說林社單行本重版情況表

小　說　名　稱	重　版　情　況	屬　於　類　型
孽海花	丁未五月五版	歷史小說
秘密使者	上卷丁未三月三版，下卷丁未九月再版	地理小說
新舞臺一	乙巳十二月再版	軍事小說
福爾摩斯偵探案第一案	丙午七月再版	偵探小說
福爾摩斯再生一至五案	丙午五月五版	偵探小說
福爾摩斯再生六至十案	丙午十月六版	偵探小說
銀行之賊	丁未九月三版	偵探小說
一封書	上卷乙巳五月再版，下卷乙巳七月再版	偵探小說
奇獄一	丙午閏四月再版	偵探小說

〔註20〕《車中美人》書後廣告，小說林社員譯《車中美人》，小說林社乙巳十一月（1905 年 11～12 月）版。

母夜叉	丙午正月再版	偵探小說
玉蟲緣	丙午四月再版	偵探小說
日本劍	丙午五月再版	偵探小說
狸奴角	乙巳十一月再版	偵探小說
馬丁休脫一	丙午七月再版	偵探小說
聶格卡脫偵探案一	丁未七月再版	偵探小說
離恨天	丙午五月三版	言情小說
女魔力	卷上丙午四月再版，卷中丁未五月再版	言情小說
雙豔記	丙午二月三版	言情小說
萬里鴛	卷下乙巳十一月再版	言情小說
妒之花	丁未十一月再版	言情小說
美人妝	丙午二月三版	言情小說
無名之英雄	丁未五月再版	國民小說
小公子	丁未八月再版	家庭小說
啞旅行	上卷丙午閏四月再版，下卷丁未九月再版	社會小說
海外天	丁未十一月再版	冒險小說

　　從表中可以看出，小說林社得以重版的小說大部分是偵探小說和言情小說，《福爾摩斯再生後探案》系列小說，甚至重版了五、六次；而具有教育意義和啓蒙色彩的小說很少重版：歷史、地理、軍事、家庭、國民小說、冒險小說各自僅有一種重版，科學小說無重版。歷史小說《法國女英雄彈詞》和軍事小說《軍役奇談》甚至絕版不出。

　　小說的重版情況是與銷售情況緊密相連的：小說林社是一個商業實體，必須考慮到收回成本及賺取利潤的問題，只有在某種小說銷售情況良好、存書量告罄（或接近告罄）時，才會將之重版，而不會把大量積壓的書籍重版。小說林社各種小說類型的實際銷量也說明了這點：該社編輯部主任徐念慈在討論新小說的銷量時曾說：「他肆我不知，即『小說林』之書記之，記偵探者最佳，約十之七八；記豔情者次之，約十之五六；記社會態度，記滑稽事實者又次之，約十之三四。而專寫軍事、冒險、科學、立志諸書爲最下，十僅得一二也。」〔註21〕將銷量情況與小說出版結果相對比，可以發現，小說林社的實際出版結果是與銷量相一致的：銷量好的偵探小說、言情小說，出版種數多，重版次數多；銷量不夠好的科學小說等書籍，種類少，重版數也少。

〔註21〕覺我《余之小說觀》，《小說林》第九期，戊申正月（1908 年 2～3 月）。

可見小說林社儘管有啓世覺民的美好願望，也確實根據市場需要來調整出版方向。當然，除市場限制外，還有作者（譯者）及讀者的因素，茲不贅述。

小說林社還於丙午六月（1906 年 7～8 月）推出價廉易攜的「小本小說叢書」。與創辦初期的啓蒙目的不同，小本小說的宗旨基本是消閒與娛樂，內容以熱銷的偵探小說和言情小說爲主，表現出很強的市場化、商業化色彩。下面我們詳細說明。

二、小說林社小本小說叢書簡況

所謂「小本小說叢書」，是指小說林社於 1906～1908 年發行的一套小開本的小說叢書。丙午年六月（1906 年 7～8 月），小本小說叢書第一集第一種《孤兒記》出版，作者署名平雲，即後來赫赫有名的周作人。從《孤兒記》開始，一直到戊申年（1908 年）三月出版的《黑革囊》爲止，小本小說叢書共發行了三集 21 冊。本來準備發行十集，每集八種的〔註 22〕，因小說林社停業未果。

小本小說叢書中，各書的大體情況見表 3：

表 3　小說林社小本小說簡況表

集　數	書　名	著者（譯者）	初版年月	類型〔註 23〕	定　價
第一集第一種	孤兒記	平雲著〔註 24〕	丙午六月	社會	二角
第一集第二種	紅泥記	英國包福著，清竹書譯	丙午八月	偵探	二角半
第一集第三種	錢塘獄	訥夫著	丙午十月	中國式偵探	二角
第一集第四種	瑤瑟夫人	李涵秋撰	丙午十月	言情	四角（上下兩冊）

〔註 22〕見《女首領》下卷書後廣告《謹告最新發行小本小說之趣意》:「爰擇若干種，仿叢刊之例都爲十集，每集八種」。《女首領》，英倫媚姿女史著，支那井蛙譯，小說林社，丙午六月（1906 年 7～8 月）版。

〔註 23〕小說林社小本小說叢書中，除少數書（《鴛鴦碑》標「言情小說」，《金翦葉》標「義俠小說」，《鳳卮春》在出版時未標小說類型，但在廣告中標爲「理想小說」）外，大多未標明小說類型。但有的小說類型可以很明顯看出來，如大部分的偵探和言情小說。這裡的小說類型，大多爲筆者酌情所加。

〔註 24〕實際上半作半譯，詳見周作人《知堂回想錄》之六一《魚雷堂》。周作人《知堂回想錄》，石家莊：河北教育出版社，2002 年版。

第一集第五種	文明賊	大愛著	丙午十二月	社會、言情、偵探	一角半
第一集第六種	埋香記	伯熙陳榮廣著	丙午十二月	言情	一角
第一集第七種	霧中案	英國哈定達威著，笑我生譯	丁未正月	偵探	一角
第一集第八種	黃鑽石	英蘇琴著，越鹵譯	丁未三月	偵探	五角（上下兩冊）
第二集第一種	鬼室餘生錄	英文原本，中國方笛江譯	丁未五月	偵探	三角
第二集第二種	賣解妃（一名狄克傳）	鋌夸譯	丁未八月	言情	一角
第二集第三種	小紅兒	品花小史著	丁未九月	言情	一角
第二集第四種	鳳厄春	蔣景緘著	丁未八月	理想〔註25〕（有偵探因素）	一角
第二集第五種	香粉獄	印度田溫斯著，病狂譯〔註26〕	丁未九月	言情	一角
第二集第六種	里城案	英羅蕊原著，沈賓顏譯	丁未九月	偵探	四角
第二集第七種	海門奇案	英國福格斯興著，窮漢譯	丁未十月	偵探	二角
第二集第八種	三疑獄	冉涇童子，海虞少年同譯	丁未十一月	偵探	三角
第三集第一種	鴛鴦碑	李小白著	戊申二月	言情	二角
第三集第二種	甕金夢	湖州現愚著	戊申三月	社會	一角
第三集第三種	金翁葉	蔣景緘著	戊申三月	義俠	一角
第三集第四種	將家子	小說林總編譯所譯	戊申三月	家庭教育	二角
第三集第五種	黑革囊	平山懶禪著〔註27〕	戊申三月	偵探	一角

〔註25〕 小說林社廣告稱「浙江蔣景緘著，爲一理想小說」，見《小說林》第七期《新書紹介》，1907 年 12 月～1908 年 1 月。

〔註26〕 此書連小說林社的編輯都懷疑其非譯本，而是著作：「是書名爲譯本，疑亦出於著作」，《新書紹介》，《小說林》第七期，丁未年十一月（1907 年 12 月～1908 年 1 月）。

〔註27〕 筆者懷疑是譯本。

可以看出，其中主要是偵探小說和言情小說。

對於用叢書體來出版小說的形式，小說林社總編輯徐念慈並不太滿意。他在《余之小說觀》裏談到，小說之形式「大別之有三」，「其一綜合各種，而以第幾集第幾種名之者……余謂第一法，本我國刊刻叢書舊例，強絕不相侔者，彙而置之一帙，已屬無謂。況舊刻之叢書，搜輯遺簡，合成一集，其大小長短，裝潢文飾，無一不相同；其出版焉，亦無有今日出此，明日出彼者。今則反是，則第一法不可通也。」〔註28〕徐念慈的此篇文章寫於 1908 年新年，可能由於徐念慈不久就去世了（徐氏於 1908 年 7 月亡故），所以小說林社的小本小說一直到結束爲止，還是用著叢書體的舊形式。但也是有自己的一點改良，即採用美麗的裝幀。徐念慈爲小說形式的改良提出的出路之一是「以花卉人物，飾其書面，是因小說者，本重於美的一方面，用精細之插圖，鮮明之刷色，增讀書者之興趣，是爲東西各國所公認，無待贅論」〔註29〕。這套叢書的尺寸是整齊劃一的，都是 11×15cm，大小差不多可以放進衣服口袋，便於攜帶，這想必就是「小本」名稱的由來。封面裝飾也很一致：每一集採取同一種彩色的花卉做封面，三集叢書，共採取三種花卉，這種裝幀風格，與《小說林》雜誌完全相同，非常精緻漂亮。

關於圖書採用小開本印刷，在我國古代早有先例。早在宋朝，我國就有了版本較小的書籍，稱爲「巾箱本」。到清朝時候，又有了所謂的「袖珍本」：清代內府刻書集中在武英殿進行，歷年雕印經、史所用版片極多，這當中有不少裁截下來的小塊木料或版片。「高宗以校鐫經、史，卷帙浩繁，梨棗解材，不令遺棄，倣古人巾箱之式，刻袖珍版書。」後世將當時遵照高宗旨意，於乾隆三十年（1765 年）用零材短板刻成的小版框小開本的《古香齋十種》，就稱爲袖珍本。〔註30〕袖珍本有兩個明顯優點，一是體積小，便於攜帶；二是價廉，所以推出後廣受歡迎。古代有些卷帙浩繁的大部頭書籍用袖珍本刻印，有些生活用書（例如醫書）用袖珍本形式，甚至大量的科場作弊書也用袖珍本刻印。當然，小說林社用小開本來印刷小說，不一定是受中國古代的影響，筆者覺得最大的可能是受西方和日本的影響。十八世紀的英國書價過於昂

〔註28〕覺我《余之小說觀》，《小說林》第九期，戊申正月（1908 年 2～3 月）。

〔註29〕覺我《余之小說觀》。

〔註30〕參見李致忠《古籍版本知識 500 問》，北京：北京圖書館出版社，2001 年版，第 393 頁。

貴，一本小說的價錢，往往可以用作一家人一兩個星期的花銷。所以，爲了滿足那些處於購書大眾邊緣的經濟能力較低的讀者的需要，當時出現了一些廉價娛樂印刷品，有些廉價印刷品就是小開本的，例如，著名的《魯濱遜漂流記》曾以十二開本和小故事書的形式發行過。〔註31〕另外，十九世紀末、二十世紀初期，日本博文館出版社發行有叢書「寸珍百種」，尺寸與小本小說叢書相同。晚清上海有很多西文書店和日文書店，小說林社同人接觸這些小冊子並學習其出版形式並不困難。

關於小本小說叢書的擬想讀者和宗旨，小說林社曾經廣告說明：

謹告發行小本小說之趣旨

本社編著小說荷蒙大雅不棄，風行一時，事迹之離奇，筆墨之簡潔，久爲識者推許。但舟車攜帶，時有以不便忠告本社者。爰擇若干種，仿叢刊之例都爲十集，每集八種，訂成洋裝精本袖珍小冊，以供諸君酒後茶餘、公暇課罷作一消遣法，殆亦海內社會所歡迎焉。

〔註32〕

廣告標題用的是「趣旨」，而非「宗旨」，當是爲了強調這套叢書的趣味性。在廣告中，小說林社宣稱，此套叢書的出版是爲了讓讀者在閒暇時間消遣。什麼樣的閒暇時間呢？「酒後茶餘、公暇課罷」。從這八個字，尤其是「公暇課罷」，我們可以推測出此套叢書的預想讀者。所謂的「公暇」，應包括職員（店員、學徒等）在內，而所謂的「課罷」，當包括學生在內。佩瑞‧林克在《論一、二十年代傳統樣式的都市通俗小說》中，曾經根據採訪包天笑時所瞭解的情況，並結合自己的分析，將一九一○年代的小說讀者大致分成兩部分，即擔負得起小說書價的部分和擔負不起小說書價的部分。「擔負得起的部分包括了商人、地主、銀行家、工業家，以及他們家族中的有閒婦女；一部分改良派知識分子，他們中間有不少是現政府機構的官員；一群被稱爲『游手好閒』的人——一些被鴉片、冒險、夜生活吸引到上海的頹廢者；另外還有相當多的一批農村紳士，雖然他們並不願意城市生活，卻迷上了城市裏的出版物，因而通過郵政定購小說雜誌……至於第二個讀者群——很難買得起小說的那部分人——對通俗小說的發展潛力更爲重要。他們是些學生和職

〔註31〕參見伊恩‧P‧瓦特著，高原、董紅鈞譯《小說的興起》，北京：三聯書店，1992 年版，第 40 頁。

〔註32〕《女首領》下卷書後廣告。英國媚姿女史著，支那井蛙譯述《女首領》，小說林社丙午六月（1907 年 7～8 月）版。

員。」〔註 33〕第二類人群識文斷字，但他們的收入極爲有限，黃警頑在《我在商務印書館的四十年》〔註 34〕裏寫道，他 1907 年進館做學徒時，「館方除供應食宿外，每月發給零用錢兩元」，如此菲薄的收入，顯然很少負擔得起一般價錢的小說，但如果小說每本只定價一角、兩角的話，偶爾買一本，還不至於造成經濟危機。小本小說的擬想讀者顯然包括這部分處於購書經濟能力邊緣的讀者。這套叢書中的小說大多定價一、二角，定價四、五角的鳳毛麟角，當是爲了照顧這部分讀者。筆者對這套叢書的小說定價做了一下統計，大約平均每本書一角七分錢。〔註 35〕小說林社總編輯徐念慈在《余之小說觀》一文中，提出「今之購小說者，其百分之九十出於舊學界而輸入新學說者」，這部分人顯然大多數屬於擔負得起小說書價的人。徐念慈在同一篇文章中，還指出，小說今後要改良，就需擴大讀者面，將學生社會、軍人社會、實業社會（主要指店夥，不是大商人。筆者按）、女子社會都包括在內。徐念慈特別規定面向這些人群的書價，其中，對於學生社會和軍人社會要採取特別低廉的書價，每冊不超過一角錢；對於實業社會和女子社會，數冊不得超過一元錢。據此，我們判斷小本小說叢書主要面對的讀者群是處於購書經濟能力邊緣的店員、學徒、學生等，當離事實不遠。

小本小說叢書價格便宜，內容以偵探小說和言情小說等暢銷類型爲主，宗旨是消遣娛樂，小說林社發行這套叢書，主要是爲了賺錢。該社並不看重小本小說叢書：《小說林》第九期刊出《小說林目錄》，幾乎包含了該社已出版的所有小說，但小本小說叢書被排除在外。總之，小說林社發行小本小說叢書，主要是一種市場營銷手段，而少新民訴求。

綜上，小說林社雖然想要通過小說來達到新民目的，但在實際出版實踐中，卻以市場銷量最好的偵探小說和言情小說爲主，國民教育類小說數量較少；該社甚至還在 1906 年專門推出了以賺錢爲主要任務的小本小說叢書。種種跡象表明：在一定程度上，小說林社有爲了追逐利潤而迎合市場的傾向。對於這種傾向，筆者並不想一味否定。畢竟，小說林社要想生存的話，必須慎重考慮市場需求。國民教育類小說大多銷售情況不佳，有的甚至大量積壓，

〔註 33〕佩瑞・林克《論一、二十年代傳統樣式的都市通俗小說》，《中國現代文學的主潮》，賈植芳主編，上海：復旦大學出版社，1990 年版，第 124 頁。

〔註 34〕黃警頑《我在商務印書館的四十年》，《1897──1987 商務印書館九十年：我和商務印書館》，北京：商務印書館，1987 年版，89 頁。

〔註 35〕小本小說叢書的定價情況見表 3「小說林社小本小說簡況表」。

小說林社如果只以出版這類小說爲主的話，會很快倒閉的。而且，小說林社
是股份公司，要分給股東紅利，如果不對市場作一定程度的迎合，賺不到錢、
甚至虧本的話，無法向眾股東交代。迎合市場，在相當大的程度上，是爲了
生存和發展而採取的不得已的措施。那麼，小說林社是否是一味地迎合市場
呢？並非如此，小說林社在市場化同時，也盡力堅持自己的出版理想。

三、小說林社對出版理想的堅持

　　儘管小說林社爲了生存和發展的需要，不得不大量出版偵探和言情小
說；但看到這兩類小說充斥市場，小說林同人又感到憂心忡忡。徐念慈在《余
之小說觀》中，痛心疾首地說：「（小說之趨向）亦人心趨向之南針也。……
夫偵探諸書，恒於法律有密切關係，我國民公民之資格未完備，法律之思想
未普及，其樂於觀偵探各書也，巧詐機械，浸淫心目間，余知其欲得善果，
是必不能。豔情諸書，又於道德相維繫，不執於正，則狹邪結契，有借自由
爲藉口者矣，蕩檢逾閒，喪廉失恥，窮其弊，非至婚姻禮廢、夫婦道苦不止。
而盡國民之天職、窮水陸之險要、闡學術之精蘊，有裨於立身處世諸小說，
而反忽焉。是觀於此，不得不爲社會之前途危矣。」〔註36〕

　　從中我們不難看出，小說林社同人處於一種理想與現實的兩難困境：要
生存，就必須充分考慮市場需求，多出偵探言情等暢銷小說；但同時他們又
爲之焦灼不安。小說林社是怎樣處理這種兩難狀況的呢？

　　首先，在一定的範圍內，盡量多出有益國民的小說。儘管新民類小說不
太賺錢，小說林社還是盡量在每年的出版計劃中爲這些小說留有一席之地。
參見表4：

表4　小說林社歷年出版小說類型數量表

小說類型	1904	1905	1906	1907	1908
歷史小說	1	3	2		
地理小說	1				
科學小說		3			
軍事小說	2				
偵探小說	7	8	19	25	7

〔註36〕覺我《余之小說觀》，《小說林》第九期，1908年2～3月。

言情小說	2	8	4	4	3
國民小說	1		1	1	1
家庭小說		1	1		1
社會小說	1	1	2	4	1
冒險小說		1		1	
神怪小說				1	
滑稽小說		1	1		
理想小說				1	1
義俠小說					1
總計	15	26	30	37	15

　　從上表可以看出，儘管偵探小說和言情小說等暢銷書佔有小說林社出版的最大份額，但小說林社並非只出暢銷書，每年都有國民教育類小說出版。

　　此外，小說林社的同人，大多參與翻譯（創作）「有裨於立身處世諸小說」：編輯部主任徐念慈創作了科學小說《新法螺先生譚》，翻譯了軍事小說《新舞臺》、科學小說《黑行星》、冒險小說《海外天》；包天笑翻譯了歷史小說《俠奴血》、《身毒叛亂記》、地理小說《秘密使者》、國民小說《無名之英雄》；陳鴻璧翻譯了科學小說《電冠》、國民小說《蘇格蘭獨立記》，等等。不僅如此，小說林社的同人也盡量讓自己的朋友同鄉等多譯（創）有益國民之作。徐兆瑋《燕邸日記》光緒三十一年十二月望日（1906 年 1 月 9 日）：「與唐海平書云：……小說林中亟於覓稿，足下有暇，能譯一興起國民精神之小說否？偵探、豔情二種太夥，難於出奇制勝也。」筆者認為，「小說林中亟於覓稿」，「覓」的正是「興起國民精神之小說」。因到 1906 年，小說林社經過一年多的發展，在社會上已經有了一定的名氣，不會缺乏來稿，但缺乏好的稿源，即「興起國民精神之小說」，很可能小說林社成員曾經向徐兆瑋透露缺乏這方面稿件的情況，然後徐兆瑋又建議唐海平翻譯此種小說。

　　筆者認為，小說林社出版的小說以偵探和言情小說為主，既是為了追求利潤，也是因為受稿源所限制。其時社會上偵探和言情小說大為流行，譯（作）者大多選擇這兩種類型來投稿，小說林社即使想多出有益國民的小說，在稿源獲得上也有些困難。因此要靠核心人員翻譯（創作）以及約稿。

　　其次，小說林社的出版態度相當嚴肅：如果作品涉及有傷風化的內容，不管有沒有市場需求，小說林都是堅決不出的。丁祖蔭曾經拒收過同窗好友

蔣維喬推薦的《花神夢》〔註37〕，當是因爲其中有女主人公被姐夫引誘懷孕、產下私生子的情節。徐念慈曾經拒收過《禽海石》，理由是「本社因宗旨所限，不可代爲印行」，儘管他大爲讚賞此書的文學價值，特別是它的結構。〔註38〕爲什麼會受「宗旨所限」，很可能是因爲該書提倡自由結婚，並且其中有男女多次私會的內容。

綜上，在理想和商業的兩難中，小說林社同人仍然有所堅持。

第三節　商務印書館的競爭與小說林社的衰落

1908 年正月，徐念慈在《丁未年小說界發行書目調查表》中感歎：

> 邇來譯籍風行，於小說一類，尤徵發達。出版之肆，數不足十，而月稽新籍，中數越九，彬乎盛哉！然負販之途，日形其隘；向之三月而易版者，今則遲以五月；初刊以三千者，今則減損及半。
> 〔註39〕

上引文字透露出一個信息：小說林社在丁未年（1907 年）的小說單行本銷售市場有所萎縮，表現是：初版與再版之間的間隔時間延長，初版印數大大減少。爲什麼會這樣？徐念慈接著提及三個可能因素：「是果物力不足之影響歟，或文化進步有滯留歟？抑習久生厭，觀者僅有此數，而供與求之比例已超過絕大歟？」筆者在本節中，將從第三個方面，來討論小說林社單行本小說在 1907 年銷售不佳以及最終倒閉的原因。筆者認爲：商務印書館加入新小說出版市場，並迅速佔領最大份額，是導致小說林社單行本小說滯銷及該社最終倒閉的重要因素。

爲什麼選擇商務印書館來討論小說林社衰落的原因？因爲在晚清新小說出版界，商務印書館與小說林社佔據最重要的地位。筆者據徐念慈《丁未年小說界發行書目調查表》統計，1907 年新小說的出版情況是：商務 44 種，小說林社 38 種（包括一種代發行的《掌中血》），新世界小說社 17 種，廣智

〔註37〕蔣維喬《鶴居日記》甲辰年十一月初七日（1904 年 12 月 13 日）：「芝孫來函，述《花神夢》小說稿事，即復之。」《花神夢》後來在《繡像小說》上刊出，並沒有被小說林社採用，所以筆者推測丁祖蔭拒絕出版此部書稿。

〔註38〕據韓南稱，中國作家協會上海分會圖書館藏有一部《禽海石》初版本，後面附有徐念慈的短箋。參見韓南《中國近代小說的興起》，上海教育出版社，2004 版，第 202 頁。

〔註39〕載《小說林》第九期，1908 年 2～3 月。

書局 5 種，作新社、點石齋各 2 種，中外日報館、鴻文書局、申江小說社、有正書局、時報館、開明書店、一新書局、時中書局、文振學社各 1 種。《丁未年小說界發行書目調查表》所列出的新小說單行本總計 117 種，商務印書館佔據了總量的 37.6%，小說林社佔據了 32.5%，其它 13 家書局合起來才佔據了 29.9%。可見商務印書館與小說林社在晚清新小說出版界，確實是兩個關鍵的重鎮。因此，討論小說林社的衰落，勢必不能繞開商務印書館。

在小說林社創立之前，商務印書館就已經開始出版小說，但數目不多：筆者根據商務印書館《涵芬樓藏書目錄》〔註40〕統計，1902 年，商務印書館出版了《佳人奇遇》、《經國美談》、《廣長舌》等 3 種單行本小說；1903 年，出版了《補譯華生包探案》、《夢遊二十一世紀》、《奪嫡奇冤》等 3 種單行本小說。商務印書館大規模的出版小說，是在小說林社創立後一年後的 1905 年開始的，1907～1908 年達到極盛。

下面，筆者將把商務印書館與小說林社於 1904～1908 年的小說單行本出版情況一一列出。小說林社的數據來自筆者統計。商務印書館在 1904～1908 年的小說年度書目，至今為止未有專文討論；因此，筆者將根據下列材料統計：商務印書館《東方雜誌》1904～1908 年小說出版廣告，商務印書館《涵芬樓藏書目錄》（1911 年版）文學部小說類的「翻譯之屬」和「編著之屬」，徐念慈《丁未年小說界發行書目調查表》，馬泰來《林紓翻譯作品全目》〔註41〕，樽本照雄的《清末小說編年》〔註42〕、《新編增補清末民初小說目錄》〔註43〕。其中，商務印書館 1907 年的小說書目，主要根據徐念慈的《丁未年小說界發行書目調查表》，並用《涵芬樓藏書目錄》增補；增補的部分，用《林紓翻譯作品全目》、《新編增補清末民初小說目錄》覆核。而商務印書館在其他年度的單行本小說出版情況，筆者則在《清末民初小說編年》的基礎上，參考《涵芬樓藏書目錄》、《東方雜誌》廣告及《林紓翻譯作品全目》增刪；增刪中有疑問的部分，根據《新編增補清末民初小說目錄》覆核。計算年度小說種數的時候，筆者遵循下列原則：一、只計算初版種數，重版的

〔註40〕《涵芬樓藏書目錄》，商務印書館宣統三年（1911 年）版。涵芬樓是商務印書館的圖書館，因此《涵芬樓藏書目錄》中所著錄的商務印書館在晚清時期的小說書目及初版時間，應該是相當可靠的。

〔註41〕載《林紓的翻譯》，商務印書館，1981 年版。

〔註42〕樽本照雄《清末民初小說年表》，日本清末小說研究會，1999 年版。

〔註43〕樽本照雄《新編增補清末民初小說目錄》，齊魯書社，2002 年版。

不計算在內。二、一套叢書內含數種小說的，按具體種類計算。小說林社的《馬丁休脫偵探案》、《奇獄》、《聶格卡脫偵探案》、《福爾摩斯偵探案》、《福爾摩斯再生後探案》、《中國偵探案》均按照此方法。《新法螺》（包含包天笑所譯《法螺先生譚》、《法螺先生續譚》，徐念慈所著《新法螺先生譚》）雖裝訂在同一冊內，但因創作與譯作不同，按兩種計算。三、嚴格把種數和冊數分開：如果一種書有數冊，算作一種。如小說林社《冷眼觀》有三冊，按一種計算。四、如果某種書在本年度出版首冊，而在下一年度還續出其他冊，那麼，這種小說只計入本年度小說出版種類，而不計入下一年度小說出版種類。如小說林社《少年偵探》上冊出版於 1906 年，中冊和下冊出版於 1907 年，那麼該書計入該社 1906 年出版種數。五、合訂本不算新種類。小說林社的《福爾摩斯再生後探案》既有一、二三、四五、六七八、九十、十一十二十三案的分冊本，也有一至五案，六至十案的合本，其兩種合本不計入種數。六、所列目錄，只包括新小說，不包括中國古代小說。1905 年的《東方雜誌》刊出商務印書館出版《三國志演義》、《聊齋誌異》、《東周列國志演義》、《水滸傳》、《岳傳》等 5 部小說的廣告〔註44〕，這些小說不計入下列目錄中。

1904 年〔註45〕：

小說林社出版單行本小說 15 種，其中創作小說 1 種：《法國女英雄彈詞》。翻譯小說 14 種：《啞旅行》上卷、《秘密使者》上下卷、《無名之英雄》上卷、《新舞臺》一編、《福爾摩斯偵探案大復仇》、《福爾摩斯偵探案恩仇血》、《軍役奇談》、《美人妝》、《雙豔記》、《一封書》上卷、《奇獄》一、《福爾摩斯再生第一案》、《福爾摩斯再生第二三案》、《福爾摩斯再生第四五案》。

商務印書館出版單行本小說 7 種，其中有 2 種林譯小說〔註46〕：《吟邊燕語》、《美洲童子萬里尋親記》；5 種其他翻譯小說：《環遊月球》、《金銀島》、《案中案》、《空中飛艇》、《黃金血》。

1905 年：

小說林社出版單行本小說 26 種，其中 3 種創作小說：《孽海花》一二編、

〔註44〕 參見《東方雜誌》第二年第二期，光緒三十年二月二十五日（1905 年 3 月 30 日）。

〔註45〕 這裡所說的 1904 年，是農曆紀年，並不嚴格等於公曆的 1904 年。因為當時商務印書館與小說林社的小說版權頁都標的是農曆出版日期，所以筆者也採用農曆。本節中的所有紀年，都是這種情況，下面不再一一列出。

〔註46〕 「林譯小說」，指林紓和其口譯者合作翻譯的小說，下面不再一一說明。

《海天嘯傳奇》、《新法螺先生譚》；23 種翻譯小說：《福爾摩斯再生六七八案》、《福爾摩斯再生九十案》、《一封書》下卷、《銀行之賊》、《離恨天》、《無名之英雄》中下卷、《秘密海島》上中下卷、《銀山女王》上中卷、《母夜叉》、《玉蟲緣》、《俠女奴》、《日本劍》上卷、《新舞臺》二編、《女魔力》上中卷、《影之花》上卷、《萬里鴛》、《妒之花》、《法螺先生譚》、《法螺先生續譚》、《黑行星》、《小公子》、《俠奴血》、《愛河潮》上中下卷、《車中美人》、《狸奴角》、《馬丁休脫偵探案》一、《海外天》。

商務印書館出版單行本小說 20 種，其中 8 種林譯小說：《迦茵小傳》、《埃及金塔剖屍記》、《鬼山狼俠傳》、《英孝子火山報仇錄》、《斐洲煙水愁城錄》、《撒克遜劫後英雄略》、《魯濱遜漂流記》、《玉雪留痕》；12 種其他翻譯小說：《小仙源》、《雙指印》、《回頭看》、《賣國奴》、《珊瑚美人》、《曇花夢》、《桑伯勒包探案》、《降妖記》、《環瀛志險》、《車中毒針》、《巴黎繁華記》、《指環黨》

1906 年：

小說林社出版單行本小說 30 種，其中 6 種創作小說：《風洞山傳奇》、《孤兒記》〔註 47〕、《錢塘獄》、《瑤瑟夫人》、《文明賊》、《埋香記》；24 種翻譯小說：《一捻紅》、《彼得警長》、《鴻巢記》、《大除夕》、《日本劍》下、《女魔力》下、《馬丁休脫偵探案》二、三、《情海劫》上下卷、《秘密隧道》上下卷、《身毒叛亂記》上中、《髑髏杯》上中下卷、《影之花》中、《啞旅行》下卷、《新戀情》上中、《福爾摩斯偵探案深淺印》、《女首領》上下卷、《纖手秘密》、《胠篋術》、《巴黎秘密案》、《蘇格蘭獨立記》卷一、《大魔窟》、《福爾摩斯偵探案黃金骨》、《紅泥記》、《福爾摩斯再生十一二三案》、《印雪簃譯叢》、《晶格卡脫偵探案》一、《少年偵探》上冊。

商務印書館出版單行本小說 33 種，其中創作小說 2 種：《泰西歷史演義》、《文明小史》。翻譯小說 30 種，包括 7 種林譯小說：《洪罕女郎傳》、《蠻荒誌異》、《海外軒渠錄》、《紅礁畫槳錄》、《橡湖仙影》、《霧中人》、《魯濱遜漂流續記》；24 種其他翻譯小說：《寒桃記》、《一束緣》、《白巾人》、《澳洲歷險記》、《紅柳娃》、《煉才爐》、《秘密電光艇》、《舊金山》、《美人煙草》、《七星寶石》、《俠黑奴》、《血蓑衣》、《蠻諷奮跡記》、《鐵錨手》、《波乃茵傳》、《二

〔註 47〕 此書半作半譯。

俑案》、《井中花》、《屍櫃記》、《寒牡丹》、《簾外人》、《三字獄》、《天方夜譚》、《香囊記》、《懺情記》。

1907 年：

小說林社出版單行本小說 37 種，其中 5 種創作小說：《冷眼觀》一、二，《黃金世界》，《鳳厄春》，《小紅兒》，《雙花記》；32 種翻譯小說：《霧中案》，《鏡中人》上下卷，《竊電案》，《海屋籌》，《晶格卡脫偵探案》二、三、四、五、六、七、八、九、十、十一、十二、十三，《黃鑽石》，《奇獄》二，《飛行記》，《鬼室餘生錄》，《棄兒奇冤》，《黑蛇奇談》，《黃鉛筆》，《懸崖馬》上下卷，《賣解妃》，《香粉獄》，《里城案》，《燧中燈》，《海門奇案》，《情海魔》，《俠英童》，《三疑獄》，《少年偵探》中下卷。

商務印書館出版單行本小說 56 種，其中 3 種創作小說：《中國女偵探》、《掃迷帚》，《淒風苦雨錄》。53 種翻譯小說，其中 11 種林譯小說：《十字軍英雄記》、《拊掌錄》、《金風鐵雨錄》、《大食故宮餘載》、《旅行述異》、《滑稽外史》、《愛國二童子傳》、《雙孝子噀血酬恩記》、《神樞鬼藏錄》、《孝女耐兒傳》、《劍底鴛鴦》；42 種其他翻譯小說：《孤星淚》、《漫郎攝實戈》、《秘密地窟》、《毒藥樽》、《雙冠璽》、《畫靈》、《紅星軼史》、《金絲發》、《盜窟奇緣》、《空谷佳人》、《狡兔窟》、《薄命花》、《黑衣教士》、《三名刺》、《希臘神話》、《銀紐碑》、《寶石城》、《五里霧》、《朽木舟》、《圓室案》、《航海少年》、《三疑案》、《指中秘錄》、《鴛盟離合記》、《冢中人》、《多那文包探案》、《復國軼聞》、《狡獪童子》、《羅仙小傳》、《玫瑰花下》、《世界一周》、《俠隱記》、《續俠隱記》、《一萬九千磅》、《真偶然》、《中山狼》、《一仇三怨》、《新飛艇》、《鬼士官》、《媒孽奇談》、《橘英男》、《苦海餘生錄》、《情俠》。

1908 年：

小說林社出版單行本小說 15 種，其中 7 種創作小說：《中國偵探案砒石案》，《中國偵探案鴉片案》，《鴛鴦碑》，《冷眼觀》三，《新紀元》，《甕金夢》，《金翁葉》，《黑革囊》〔註48〕；8 種翻譯小說：《電感》，《遺囑》，《劍膽琴心錄》，《將家子》，《紅閨鏡》，《蘇格蘭獨立記》卷二、卷三，《晶格卡脫偵探案》十四、十五、十六。

商務印書館出版單行本小說 54 種，其中 7 種創作小說：《技擊餘聞》、《慘女界》、《瞎騙奇聞》、《市聲》、《學究新談》、《玉佛緣》、《無貓國》。47 種翻譯

〔註48〕　《黑革囊》標「平山懶禪著」，但筆者懷疑是譯本，姑從原書著錄。

小說，包括 14 種林譯小說：《塊肉餘生述》、《髯刺客傳》、《恨綺愁羅記》、《賊史》、《新天方夜譚》、《電影樓臺》、《西伯利亞郡主別傳》、《大俠紅蘩蕗傳》、《鍾乳髑髏》、《天囚懺悔錄》、《蛇女士傳》、《不如歸》、《玉樓花劫》、《歇洛克奇案開場》；33 種其他翻譯小說：《三問答》、《三人影》、《鐵血痕》、《雙喬記》、《易形奇術》、《冰天漁樂記》、《雙駕侶》、《一聲猿》、《匈奴奇士錄》、《白頭少年》、《博徒別傳》、《不測之威》、《蠹情記》、《法宮秘史》前後編、《怪醫案》、《海棠魂》、《海外拾遺》、《海衛偵探案》、《化身奇談》、《幻想翼》、《劇場奇案》、《傀儡美人》、《美人磁》、《納里雅偵探談》、《女海賊》、《剖腦記》、《青酸毒》、《青衣記》、《雙環案》、《天際落花》、《行路難》、《青藜影》、《模範町村》。

　　下面，我們列一個圖表，來看一下 1904～1908 年，商務印書館與小說林社單行本小說出版的消長情況：

表 5　商務印書館與小說林社年度新小說單行本出版種數比較表

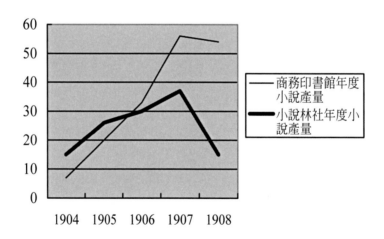

　　從表中可以看出：在單行本小說年度出版種類方面，1904～1905 年，商務印書館少於小說林社；但從 1906 年開始，商務印書館開始超過小說林社，但差距並不大；在 1907～1908 年，商務印書館的單行本小說出版種數大大超過了小說林社。而 1907 年～1908 年，正是小說林社轉向衰落並倒閉的時候。商務印書館在小說出版市場的擴張——1907 年，商務印書館出版單行本小說 56 種，而小說林社出版 37 種，前者是後者的 1.5 倍；1908 年，商務印書館出

版單行本小說 54 種，小說林社出版 15 種，前者是後者的 3.6 倍——無疑會影響後者的生存狀態。我們現在可能覺得幾十種書投放市場不會造成多大的影響，但是，當年的讀者面極其狹窄：「其百分之九十，出於舊學界而輸入新學說者；其百分之九，處於普通之人物；其真受學校教育，而有思想、有才力、歡迎新小說者，未知滿百分之一否也？」〔註 49〕單行本小說的初版印數又比較多：徐念慈在《丁未年小說界發行書目調查表》中稱，該社的小說「初刊以三千者，今則減損及半」。那麼，如果按每種小說初刊 3000 冊計算的話，商務印書館在 1907 年至少生產了 168000 冊小說（這是極為保守的估計，很多種書不止一冊，下同。）；就算按初刊 1500 冊計算的話，商務印書館在 1907 年也生產了 84000 冊小說。如此多的書投入極其有限的市場，無疑會搶佔極大的市場份額，從而擠壓小說林社小說的生存空間。

商務印書館不但在小說數量上壓過小說林社，在質量上不比小說林社差，甚至超過小說林社。首先，商務印書館和翻譯名家林紓密切合作，出版大量林譯小說。商務印書館 1904 年出版林譯小說 2 種，1905 年 8 種，1906 年 7 種，1907 年 11 種，1908 年 14 種。我們可以看出，林譯小說和商務印書館整個的小說出版一樣，也基本上一直處於上昇狀態，1907～1908 年尤其數目多得驚人——相當於一月一本。林紓於 1904 年，開始在商務印書館出版翻譯小說，但只有寥寥兩部：《吟邊燕語》和《美洲童子萬里尋親記》；而 1905 年始，林譯小說開始大規模生產，這無疑出自商務印書館的安排。林譯小說大量生產的時期，正與商務印書館新小說出版大量擴張的時刻重合，這絕不是巧合。由於林紓「遣詞綴句，胎息史漢，其筆墨古樸頑豔，足占文學界一席而無愧色」，而當時讀者「其百分之九十，出於舊學界而輸入新學說者」，這些人自然是林紓的知音，林紓因此被稱作是「今世小說界之泰斗」〔註 50〕。林紓的翻譯小說不但譯筆好，質量也相當高。此時期正是林譯小說最輝煌的時代，林紓的翻譯態度非常鄭重〔註 51〕，翻譯的經典名作也多：有英國作家

〔註 49〕覺我《余之小說觀》，《小說林》第十期，1908 年 4 月。

〔註 50〕覺我《余之小說觀》，《小說林》第十期，1908 年 4 月。

〔註 51〕錢鍾書以 1913 年為界，把林譯小說劃分為兩個時期。前期「十之七八都很醒目」；後期，「譯筆逐漸退步，色彩枯暗，勁頭鬆懈，使讀者厭倦」。這與林紓前後期在翻譯上的態度不同有關。「他前期的譯本絕大多數有自序或旁人序，有跋，有《小引》，有《達旨》，有《例言》，有《譯餘剩語》，有《短評數則》，有自己和旁人所題的詩、詞，在譯文裏還時常附加按語和評語。這種種都對原作的意義或藝術作了闡明或賞析。儘管講的話不免迂腐和幼稚，流露的態度是

司各特（Walter Scott）的《撒克遜劫後英雄略》（*Ivanhoe*），《十字軍英雄記》（*The Talisman*），《劍底鴛鴦》（*The Betrothed*）；笛福的《魯濱遜漂流記》（*Life and Strange Surprising Adventures of Robinson Crusoe*），《魯濱遜漂流續記》（*Further Adventures of Robinson Crusoe*）；狄更斯（Charles Dickens）的《滑稽外史》（*Nicholas Nichleby*），《孝女耐兒傳》（*The Old Curiosity*），《塊肉餘生述》（*David Copperfield*），《賊史》（*Oliver Twist*）；美國作家華盛頓·歐文的《拊掌錄》（*The Sketch Book of Geoffrey Crayon*），《大食故宮餘載》（*The Alhambra*），《旅行述異》（*Tales of a Traveller*），法國作家大仲馬（Alexandre Dumas, père）的《玉樓花劫》及其《續編》（*Le Chevalier de Maison-Rouge*）等。這些名家名作不論情節性還是藝術感染力，都遠遠強於當時充斥譯界的二三流的小說；再輔以林紓的生花妙筆，肯定會受到讀者歡迎。另外，此時期，林紓還翻譯了柯南·道爾（Arthur Conan Doyle，林紓譯為「柯南道利」）和哈葛德（Henry Rider Haggard）的不少小說〔註52〕，這兩位作家在當時極為流行，林紓的相關譯作無疑銷量可觀。商務印書館也清楚林譯小說的市場號召力，發佈廣告的時候，也用林紓譯本來進行招徠。如 1907 年，《東方雜誌》第二期的廣告中，標出「閩縣林琴南先生譯本」〔註53〕，將林紓已譯成的小說集中列出，以吸引讀者注意。

商務印書館除了聘請翻譯名家林紓外，還非常重視名作。1907 年，商務印書館推出「歐美名家小說」叢書，本年度出版有法大仲馬《俠隱記》、《續俠隱記》，法囂俄《孤星淚》，法雷華司德《漫郎攝實戈》三種小說。到 1908 年的時候，已經至少有 14 種小說，見《東方雜誌》1908 年第七期「歐美名家小說」的廣告〔註54〕：

> 英司各特《劍底鴛鴦》二冊　七角
> 英迭更司《孝女耐兒傳》三冊　一元四角
> 英迭更司《塊肉餘生述》前編　一元
> 　　　　　　　　　　　　續編　一元二角

鄭重的、熱情的。」參見錢鍾書《林紓的翻譯》，同名合集《林紓的翻譯》第34〜36 頁。

〔註52〕此段所論及的林譯小說的原作者及原作品的外文原名，全部引用自馬泰來《林紓翻譯作品全目》。

〔註53〕《東方雜誌》第四年第二期，1907 年二月二十五日（190 年 4 月 7 日）。

〔註54〕《東方雜誌》第五年第七期，1908 年七月二十五日（1908 年 8 月 21 日）。

英迭更司《賊史》二冊　一元

英柯南達利《歇洛克奇案開場》　三角五分

英柯南達利《髯刺客傳》　四角

英柯南達利《電影樓臺》

英柯南達利《蛇女子傳》

法大仲馬《玉樓花劫》　六角五分

法大仲馬《玉樓花劫》續編

以上林譯歐美名家小說

法大仲馬《俠隱記》四冊　一元五角

法大仲馬《續俠隱記》四冊　二元

法大仲馬《法宮秘史》前編二冊　一元二角

法大仲馬《法宮秘史》後編二冊　一元二角

法囂俄《孤星淚》二冊　七角

法雷華司德《漫郎·攝實戈》　三角

俄托爾斯泰《不測之威》二冊　八角

英柯南達利《博徒別傳》

上面書目中的絕大部分小說，即使在今天來看，也是經典名作。筆者採訪黃人後代黃鈞達先生時，見到黃人藏書中有《塊肉餘生述》和《璣司刺虎記》〔註55〕這兩種歐美名家小說。

除了打名家名作牌外，商務印書館還採取了靈活的銷售策略。首先，在1908年推出了「預定小說章程」，鑒於該資料比較少見（以筆者閱讀所及，當代研究者沒有提起過），全引如下：

商務印書館預定小說章程

本館譯印各種小說，蒙諸君歡迎，急於先睹，多囑本館出版即寄。惟未經預定，辦理頗有窒礙，茲定章程如下：

一、有預定小說者，可先交洋銀五元或十元於本館總發行所或各分館。收到後給發收據一紙，嗣後有小說出版，每一種寄贈一部，以存款付盡書價之期為止。

二、預定小說，一律照定價七折計算，惟郵局信局寄費概以實計。

〔註55〕林紓、陳家麟合譯《璣司刺虎記》，商務印書館1909年版。

三、如欲指定何種小說者，本館亦可照辦，但只能以左列三類
　　爲限，須於定單內聲明：（甲）不論何種小說者（乙）專
　　購名家小說者（丙）專購偵探小說者。

四、本館如中途停印各種小說，當有廣告聲明，即時將預定餘
　　存之款照數奉還，惟未經聲明之前，預定人不能以出版遲
　　緩向本館詰問。

五、本館寄出小說，但以郵政局信局蓋印回單爲憑，預定人可
　　隨時派人至原定處所查詢。如有遺失，本館概不補寄。惟
　　預定人接下次帳單時，知前次寄書遺失者，可函索本館另
　　寄，書價照算。

六、指定何種小說，除由本館誤寄可以退還外，其餘一概不能
　　退還。

七、預定之款不能向本館索還或囑購他物。

八、預定人如於中途欲改定他種，如由甲種改乙種，或乙種改
　　丙種之類，亦可遵辦。

九、本館寄奉小說，以收到預定價款後新出版之書爲限，其出
　　版在前者，概不補寄。

十、預定人如有遷移，應先期將新住址詳細開明，專函通告原
　　定處所，改在最近之處轉寄。惟恐本館未曾接到通告之
　　前，已有寄出之書，請預定人必須託人代收，以免遺誤。

十一、如預定人願將書籍保險者，請於定單內聲明，該費由預
　　　付價款內扣除。

十二、本館逐次寄書時，附有遞結帳單一紙，以便預定人核計。

　　本館已出版小說計百數十種，另印書目提要一冊，欲閱者函示
即寄。〔註56〕

　　商務印書館還採取了分月付款購買小說的方法：《東方雜誌》1908年第十
期刊出了《說部叢書按月繳銀辦法》〔註57〕：

　　　　本館自癸卯年創刊說部叢書，至今五六年，成書十集，計一

〔註56〕《東方雜誌》第五年第七期，光緒三十四年七月二十五日（1908 年 8 月 21
　　　　日）。
〔註57〕《東方雜誌》第五年第十期，光緒三十四年十月二十五日（1908 年 11 月 18
　　　　日）。

百種。有文言，有白話；或譯西文，或採東籍；凡偵探、言情、滑稽、冒險，以及倫理、義俠，神怪，科學，無體不備，無奇不搜。歐美大家所作，近時名家所譯，亦雜見其中。誠說部之大觀也。共訂一百三十冊，定價四十元零二角五分。又加木箱一隻，值洋一元，如有以現銀購買者，減價二十八元。並附贈袖珍小說全部，計二十八種，原定價二元九角。惟小說本為怡情悅性之用，全書太多，勢難一時閱遍。而須先付一次二十八元之款，或者以為不便。茲特定按月繳銀辦法，俾閱者即日可得全書，置之案頭，任意把玩，而每月省節數元，又不覺其費。或亦愛讀小說者所樂與也。（甲）二十九元。先交定洋五元，以後按月交四元，至六個月為止。（乙）三十一元。先交定洋五元，以後按月交二元，至十三個月為止。如蒙將定洋五元並保單填好交到，即當將小說一百五十冊送上。上海商務印書館各省分館同啟

　　商務印書館還非常注意根據政府的教育政策，適時宣傳自己的小說。1906 年，國內各地成立「勸學所」（清末負責教育調查、籌款興學等事務的機構）。同年 4 月 20 日，學部奏定「勸學所章程」內規定開辦宣講所。後來又規定了宣講用書書目，其中有商務印書館的《美洲童子萬里尋親記》、《魯濱遜飄流記》、《澳洲歷險記》。﹝註 58﹞商務印書館不僅抓住這點進行宣傳，還從該館其他小說中挑選了 6 種推薦為針對學生的宣講用書。《東方雜誌》1908 年第九期有下列廣告﹝註 59﹞：

　　　宣講適用　有用小說　少年必讀　上海棋盤街商務印書館發行

　　　　小說一道，足以啟發神智，增進文學。東西各邦，無不藉為教育之助，以振起國民之精神。以下所列小說若干種，無非發愛國孝親之至性，啟冒險進取之思想，並及科學實業等事，以開其智識。書中不及言情之作、激烈之談，誠少年學生多不可不讀也。

　　　　《美洲童子萬里尋親記》　　三角
　　　　《魯濱孫漂流記》二冊　　　七角
　　　　《澳洲歷險記》　　　　　　一角半

﹝註 58﹞ 參見東爾《林紓和商務印書館》，《商務印書館九十年》，北京：商務印書館，1987 年版，第 537～538 頁。

﹝註 59﹞ 《東方雜誌》第五年第九期，光緒三十四年九月二十五日（1908 年 10 月 19 日）。

以上學部審定爲宣講用書。

《愛國二童子傳》二冊	七角半
《蠻陬奮迹記》	二角
《舊金山》	二角半
《秘密電光艇》	三角半
《煉才爐》	二角
《環遊月球》	三角

綜上，商務印書館的單行本小說不僅數量極多，而且非常有特色：有名譯者林紓的諸種譯作，還有藝術水準很高的「歐美名家小說」叢書。並且採取了靈活的銷售策略：預付款、分期付款，緊跟政府教育政策，以宣傳自己的書籍等等。也就是說，此時期，商務印書館的單行本小說不僅在數量、質量和市場操作上，都是很出色的，這在1907～1908年尤其突出。

而小說林社1907～1908年的單行本小說出版缺乏亮點，大多是無名譯者（作者）的平庸之作（其中有李涵秋的《雙花記》，但李涵秋在當時名氣並不大，《雙花記》也不是李涵秋作品中的上乘之作）。小說林社核心人員曾樸、黃人、徐念慈和重要譯者包天笑、奚若、徐卓呆、金松岑等人，在這兩年，並沒有推出新的單行本譯作或著作——只有陳鴻璧於1908年出版了《蘇格蘭獨立記》二、三；而這些人，是小說林社小說單行本的質量保證。他們沒有推出新作單行本，導致小說林社1907～1908年的單行本小說質量整體上降低不少。1907～1908年，小說林社共出版52種小說單行本，徐兆瑋只看了其中的8種：《冷眼觀》、《黃金世界》、《飛行記》、《棄兒奇冤》、《懸崖馬》、《黃鉛筆》、《劍膽琴心錄》、《紅閨鏡》。這也從一個側面說明，小說林社後期出版的小說單行本，總體質量確實不高。爲什麼會這樣？因爲小說林社在1907～1908年的出版重心沒有放在單行本小說上，而是側重《小說林》雜誌和宏文館。小說林社的核心人員和重要譯者大多把發表陣地轉移到了《小說林》雜誌上：曾樸在其上續刊《孽海花》第二十一至二十五回，連載《馬哥王后佚史》；包天笑在其上連載《碧血幕》，並發表短篇小說《三勇士》；徐卓呆在其上發表短篇小說《入場券》、《買路錢》、《樂隊》、《溫泉浴》；陳鴻璧在其上連載《電冠》、《第一百十三案》、《蘇格蘭獨立記》第二、三卷；黃人在其上連載《小說小話》；而小說林社編輯部主任徐念慈更是爲《小說林》雜誌傾盡心力：他

自己譯述了《新舞臺》三，還寫了《〈小說林〉緣起》、《舸庵漫筆》〔註60〕、《余之小說觀》、《丁未年小說界發行書目調查表》等多篇論說，刊於《小說林》雜誌第三至七期，十期的《新書紹介》（按：此即阿英在《晚清文學叢鈔》小說戲曲研究卷中〔註61〕所輯的《小說管窺錄》）雖未標作者名，應亦徐念慈撰寫。徐念慈還爲《小說林》上的多種小說潤辭和加評：他爲《魔海》和《蘇格蘭獨立記》潤辭，還在《第一百十三案》、《電冠》、《蘇格蘭獨立記》每章（回）的後面細加評點。因此，《小說林》雜誌牽扯了曾樸、徐念慈等人的極大精力。1907～1908 年，小說林社同人還在大辭典編纂和出版上耗費心力：小說林社有出版「十大辭典」的計劃。還組織全社之力編輯《博物大辭典》，該書的「編輯兼校閱者：常熟曾樸、昭文徐念慈。分任編輯：常州許君毅，蘇州包君公毅，常熟歸君炳勳、張君寶樹，昭文徐君宗鑑。審訂者：常熟丁祖蔭」。〔註62〕在小說林社的所有出版物中，只有該書動員到了小說林社幾乎所有的核心人員。小說林社把精力過多放在《小說林》雜誌上，對單行本小說出版有所忽視，雖然成就了《小說林》雜誌「四大小說雜誌」之一的地位，也產生了黃人、徐念慈出色的小說理論；但畢竟對於小說林社的總體經營來說，有些失策。而投資大辭典，更導致了資本耗費過多，資金周轉不靈，是更大的失策。

綜上，1907～1908 年，小說林社在有商務印書館這樣一個強大的對手來搶奪市場的情況下，本身的經營策略又有所偏差，其單行本小說無論數量、質量都不如商務印書館，自然會滯銷。書賣不出去，資金回籠不了，無疑會很大地影響生意。小說林社 1907 年虧損很多，據徐兆瑋《丁未日記》丁未十一月初八日（1907 年 12 月 12 日）：「王夢良十月廿九日函云：小說林前月開週年會，統核虧耗四五千，頗有來日大難之勢。」小說林社的衰落乃至倒閉，固然有自身經營不善的原因，但商務印書館的競爭也是一個非常重要的因素。

〔註60〕筆者認爲《舸庵漫筆》的作者是徐念慈，而不是大多數研究者認爲的俞明震。
　　　　參見附錄一《〈舸庵漫筆〉作者考》。
〔註61〕阿英《晚清文學叢鈔》（小說戲曲研究卷），北京：中華書局，1960 年版。
〔註62〕《博物大辭典・例言》，曾樸、徐念慈等編《博物大辭典》，宏文館光緒三十
　　　　三年四月（1907 年 5～6 月）版。

下編　小說林社小說研究

第四章 《小說林》雜誌小說理論研究

第一節 黃人和徐念慈小說理論的東學與西學來源

　　阿英先生在《清末小說雜誌略》中說：「《小說林》除《孽海花》外，如其說是以小說勝，實不如說以其他雜著勝。」〔註1〕他說的「其他雜著」，很大程度上指的是雜誌上刊登的小說理論文章。時萌說：「（《小說林》的）小說理論極顯精闢，黃摩西的《〈小說林〉發刊詞》與徐念慈的《〈小說林〉緣起》都突破了梁啓超的觀點。前者指出小說是『文學中傾向於美的方面之一種』，後者更以黑格爾美學觀點來估量小說的價值，強調小說要有『美的快感』，要有『具體理想』，要以『形象』感人，這在當時來說可說是最新穎的見解。」〔註2〕的確，以徐念慈和黃人爲代表的小說林社同人，理論修養相當的高。他們對以梁啓超爲代表的「新小說派」小說理論進行了反駁和糾正，並提出了自己的理論觀點，代表了近代小說理論的新成就。而他們的小說理論成就很大程度上是由於從西方文藝理論中吸收了營養：黃摩西的《〈小說林〉發刊詞》與徐念慈的《〈小說林〉緣起》中的小說觀，各有自己的東學和西學背景。

　　黃人是《小說林》雜誌的理論靈魂。黃人的《〈小說林〉發刊詞》和《小說小話》代表了《小說林》的理論最高峰。《小說林》雜誌上的其他幾種小說論著——《觚庵漫筆》、《鐵甕爐餘》、《余之小說觀》，都有對黃人觀點的呼應

〔註1〕 阿英《清末小說雜誌略》，阿英《小說閒談》，上海良友圖書印刷公司，1936年版，第60頁。

〔註2〕 時萌《晚清小說》，上海：上海古籍出版社，1989年版，第7～8頁。

之處。所以，要討論《小說林》雜誌的理論成就，我們應該先討論黃人的小說觀。而在《〈小說林〉發刊詞》和《小說小話》中，前者雖然短，但黃人的主要小說理論都在其中體現出來了。對《〈小說林〉發刊詞》進行分析，也就抓住黃人最主要的小說觀念。下面對《〈小說林〉發刊詞》略作分析。

一、黃人《〈小說林〉發刊詞》的理論語境：黃人《中國文學史》、太田善男《文學概論》、十九世紀英國文學批評資源

　　黃人《〈小說林〉發刊詞》的第一個觀點是客觀評價小說的社會作用。1902 年，梁啓超創辦《新小說》雜誌，在著名的論文《論小說與群治之關係》中，他強調：「欲新一國之民，不可不先新一國之小說。故欲新道德，必新小說；欲新宗教，必新小說；欲新政治，必新小說；欲新風俗，必新小說；欲新學藝，必新小說；乃至欲新人心，欲新人格，必新小說。」〔註3〕梁氏用自己筆端帶有魔力的文字，掀起了小說救國與新民的浪潮。影響所及，當時幾乎所有小說雜誌的發刊詞都強調小說的社會作用。如《繡像小說》聲稱，「歐美化民，多由小說」，小說可以「醒齊民之耳目」、「對人群之積弊而下砭」、「爲國家之危險而下鑒」。〔註4〕《月月小說》「注意於改良社會、開通民智」〔註5〕。《新世界小說報》則強調「種種世界，無不可由小說造；種種世界，無不可以小說毀。過去之世界，以小說挽留之；現在之世界，以小說發表之；未來之世界，以小說喚起之」，「有新世界乃有新小說，有新小說乃有新世界。」〔註6〕《中外小說林》也說：「處二十世紀時代，文野過渡，其足以喚醒國魂，開通民智，誠莫小說若。」〔註7〕《競立社小說月報》要依

〔註3〕　飲冰《論小說與群治之關係》，《新小說》第一號，1902 年；轉引自陳平原、夏曉虹編《二十世紀中國小說理論資料：第一卷（1897～1916）》第 50 頁，北京：北京大學出版社，1997 年版。

〔註4〕　商務印書館主人《本館編印〈繡像小說〉緣起》，《繡像小說》第一期（1903年）；轉引自陳平原、夏曉虹編《二十世紀中國小說理論資料：第一卷（1897～1916）》第 68～69 頁。

〔註5〕　陸紹明《〈月月小說〉發刊詞》，《月月小說》第一年第三號（1906年）；轉引自陳平原、夏曉虹編《二十世紀中國小說理論資料：第一卷（1897～1916）》第 195 頁。

〔註6〕　《〈新世界小說社報〉發刊詞》，《新世界小說社報》第一期（1906年）；轉引自陳平原、夏曉虹編《二十世紀中國小說理論資料：第一卷（1897～1916）》第 204 頁。

〔註7〕　《〈中外小說林〉之趣旨》，《中外小說林》第一年第一期（1907年）；轉引自

靠小說「爲立德之根基，爲立功之導向」〔註8〕。而黃人的觀點與上列各家
卓然不同：他在《〈小說林〉發刊詞》中，首先承認小說對社會的確有影響，
但也不支持對小說作用進行過低或過高的評價：「昔之視小說也太輕，而今
之視小說又太重。」具體來說，從前視小說爲博弈，爲俳優，爲鴆毒，爲妖
孽；而今日卻走向另一個極端，「出一小說，必自尸國民進化之功，評一小
說，必大倡謠俗改良之旨」，好似「國家之法典、宗教之聖經、學校之課本、
家庭社會之標準方式」全部都出自小說。〔註9〕在舉國一片小說萬能的論調
中，黃人能夠保持頭腦清醒，比較公正地評價小說的社會作用，這是難能可
貴的。而他之所以能夠如此，是與他對小說本體的認識分不開的。他認爲小
說是美的文學，而不是「求誠止善」的傳聲筒。

　　《〈小說林〉發刊詞》的第二個重要觀點是強調小說的審美特性。針對當
時的小說工具論，黃人決定返回「小說之實質」來思考問題：

　　　　請一考小說之實質。小說者，文學之傾於美的方面之一種也。
實釵羅帶，非高蹈之口吻；碧雲黃花，豈後樂之襟期？微論小說，
文學之有高格可循者，一屬於審美之情操，尚不遯求眞迹而擇法語
也。然不佞之意，亦非敢謂作小說者，但當極藻繪之功，盡纏綿之
致，一任事理之乖僻，風教之減裂也。玉顱珠頷，補史氏之舊聞；
氣液日精，據良工所創獲，未始非即物窮理之助也。不然，則有哲
學科學專書在。《籲天》訴虐，金山之同病堪憐；《渡海》尋仇，火
窟之孝思不匱，固足收振恥立懦之效也。不然，則有法律經訓原文
在。且彼求誠止善者，未聞以玩華繡帨之不逮，而變誠與善之目的
以遷就之，則從事小說者，亦何必椎髻飾勞，黥容示節，而唐捐其
本質乎？嬙、施天下之美也，鷗夷一舸，詎非明哲？青冢一坏，不
失幽芬。藉令沒其傾吳宮、照漢殿之豐容，而強與孟廡齊稱，娥臺
合傳，不將疑其狂易乎？一小說也，而號於人曰，吾不屑屑爲美，
一秉立誠明善之宗旨，則不過一無價值之講義，不規則之格言而已，

陳平原、夏曉虹編《二十世紀中國小說理論資料：第一卷（1897～1916）》第
224頁。

〔註8〕　竹泉生《競立社刊行〈小說月報〉宗旨說》，《競立社小說月報》第一期（1907
　　　　年）；轉引自陳平原、夏曉虹編《二十世紀中國小說理論資料：第一卷（1897
　　　　～1916）》第246頁。

〔註9〕　摩西《〈小說林〉發刊詞》，《小說林》第一期，1907年2～3月。

恐閱者不免如聽古樂，即作者亦未能歌舞其筆墨也。名相推崇，而
實取厭薄。是吾國文明僅於小說界稍有影響，而中道爲之安障也。
此不佞所以甘冒不韙而不能已於一言也。〔註10〕

要眞正看懂這段話，我們需要拿黃人《中國文學史》中的相關理論來對
照。黃人的文學理論著作，除了《小說林》上發表的《〈小說林〉發刊詞》
和《小說小話》外，還有《中國文學史》。《中國文學史》始撰於 1904 年，
最早用作東吳大學堂的講義，1907 年完成。出版時間不詳，約在 1913 年前。
〔註11〕在《中國文學史》中，黃人引入了西方文學觀念。既然《中國文學史》
的編纂時間是從 1904～1907 年，正好是小說林社創辦到《小說林》雜誌發
刊的時間，那麼，《中國文學史》中的文學觀念也可以用來與《〈小說林〉發
刊詞》相印證，可以成爲我們理解《〈小說林〉發刊詞》的一個幫助。

黃人在《〈小說林〉發刊詞》中，給小說的定位是：「小說者，文學之傾
於美的方面之一種也。」〔註12〕後世學者大多稱讚他對小說美學特徵的強調：
但實際上，黃人的這一觀點還有一個更寬廣的背景：因爲文學是美的，所以
小說自然也是美的。爲什麼文學是美的？他在《中國文學史》中首先從人生
目的出發，認爲：「人生有三大目的：曰眞，曰善，曰美。」眞善美各自有自
己所轄的範圍。什麼是眞呢？「眞也者，求宇宙最大之公理，如科學、哲學
等。」什麼是善呢？「善也者，謀人生最高之幸福，如教育學、政法學、倫
理學、宗教學等。」而文學「則屬於美之一部分」。既然文學屬於「美之一部
分」，那麼，文學中的小說自然也是美的。〔註13〕

第二，黃人認爲文學是離不開眞和善的。「遠乎眞者，其文學必頗」；「反
乎善者，其文學必藝」。「無三才萬象爲之資料，則雖窮高鶩遠，而無異貧兒
之說金；無德慧術智爲之結構，則雖盈篇累牘，而仍同嬰兒之學語。是則不
能求誠明善，而但以文學爲文學者，亦終不能達其最大之目的也。」〔註 14〕

〔註10〕摩西《〈小說林〉發刊詞》。
〔註11〕關於黃人《中國文學史》一書的成書過程，參見徐斯年《黃摩西的〈中國文
學史〉》一文，載《魯迅研究月刊》2005 年第 12 期。
〔註12〕摩西《〈小說林〉發刊詞》。
〔註13〕黃人《中國文學史》第一編「總論」，「文學之目的」小標題下，轉引自黃人
著、江慶柏與曹培根整理《黃人集》，上海：上海文化出版社，2001 年版，第
323 頁。
〔註14〕黃人《中國文學史》第一編「總論」，「文學之目的」小標題下，轉引自《黃
人集》，第 323 頁。

這一觀點也貫穿到了《〈小說林〉發刊詞》中，其言曰：「然不佞之意，亦非敢謂作小說者，但當極藻繪之功，盡纏綿之致，一任事理之乖僻，風教之滅裂也。」〔註15〕「事理之乖僻」，就是「遠乎眞」，而「風教之滅裂」就是「反乎善」，優秀的小說也應該是眞美善的統一體。

第三，小說雖然離不開眞和善，但美是第一位的。黃人在《中國文學史》中說：「美爲構成文學的最要素，文學而不美，猶無靈魂之肉體。蓋眞爲智所司，善爲意所司，而美則屬於感情，故文學之實體可謂之感情云。」〔註16〕並且，眞和善都不能代替美。小說中的一些知識固然可以補充科學、哲學的記載，但小說之外，世間還必需有科學哲學書籍的存在（黃人在《中國文學史》中，把科學、哲學歸入「眞」的部分）。小說固然可以激勵國民，「振恥立懦」。但如果小說不承擔這一功能的話，還有法律、經訓來承擔（黃人在《中國文學史》中，把政法學、宗教學等歸入「善」的部分）。也就是說，眞善美各有所司，小說既然屬於美的部分，自然以美爲第一義。「若夫立誠至善，則吾宏文館之事，而非吾《小說林》之事矣」。〔註17〕這樣，黃人就通過小說的美學特徵，而確立了小說的獨立性。

以上，以黃人《中國文學史》中的文學觀念爲背景知識，使我們瞭解到黃人小說觀的基礎是：他對眞美善的三分，並把文學放入美的疆域；以及他對眞美善三者在文學中關係的深刻認識。他因承認文學的審美目的，而承認文學乃至小說的特殊性。這在黃人的《中國文學史》和《〈小說林〉發刊詞》中是一以貫之的認識，甚至還延續到他1911年編《普通百科新大辭典》的時候，其「文學」條說：「文學雖與人之知、意上皆有關係，而大端在美，所以美文學亦爲美術之一。」在歷來小說被視爲小道、被視爲史的附庸——「稗史」的傳統中，在梁啓超「小說以載道」的觀點彌漫晚清文壇的氛圍下，黃人強調小說的獨立性與審美性的觀點，確實是石破天驚的認識。這對於晚清文學觀念的轉變是非常重要的。只有文學眞正獨立了，才有迅速發展、健康發展的可能。

那麼，黃人這一精闢的小說觀來自哪裏呢，是他自己想出來的嗎？不是。已有論者指出，這些觀點大多來自於日本學者太田善男的《文學概論》，而太

〔註15〕摩西《〈小說林〉發刊詞》。
〔註16〕黃人《中國文學史》第四編「分論」第一章「文學之起源」第一節「文學定義」，轉引自《黃人集》，第357頁。
〔註17〕摩西《〈小說林〉發刊詞》。

田善男又麼是從英國十九世紀文學批評資源中汲取了營養。〔註18〕

太田善男是一個在明治文壇上相當活躍的人。他生於 1880 年（歿年不詳），1905 年東京大學英文科畢業。畢業後曾任職博文館，後任教於慶應義塾大學（即今慶應大學）。1904 年，他與小山內熏、川田順、武林無想庵等創辦文藝雜誌《七人》，並於《朝日文藝》專欄撰寫反自然主義的評論。1921 年撰寫《最近思潮批判》，1932 年撰寫《文藝批評史》。他的《文學概論》是 1906 年在博文館工作的時候出版的，收入《帝國百科全書》第一百五十四編。《文學概論》一書是一本總論文學概念的書，共 314 頁，分上下編：上編的《文學總論》由三章組成，包括「藝術とは何ぞや」（何謂藝術）、「藝術の組成」（藝術的組成）、「文學の解說」（文學之解說）；下編題爲「文學各論」，由四章組成，論及組成文學觀念的各個文類，包括第四章的「詩とはなにぞや（何謂詩），第五章「吟式詩」（韻文）、第六章「讀式詩」（美文），以及第七章「雜文學」。太田此書在晚清民國甚有影響，除了黃人外，周作人 1908 年寫成的《論文章之意義暨其使命因及中國近時論文之失》，也有大量參考太田善男的《文學概論》的地方。還有成之 1914 年發表在《中華小說界》的《小說叢話》，也大量參考了《文學概論》。〔註19〕而 1921 年由廣東高等師範學校貿易部發行、倫達如的《文學概論》，實即根據太田氏《文學概論》編譯而成。〔註20〕當然，黃人是現在可知最早的從太田善男《文學概論》一書中吸取純文學觀的中國人。

據陳廣宏《黃人的文學觀念與十九世紀英國文學批評資源》一文稱，黃人《中國文學史》中的西方文學觀——主要是第一編「總論」關於「文學之目的」的探討，和第四編「分論」第一章第一節有關「文學定義」的闡釋，主要借鑒了太田善男《文學概論》中的相關解說。〔註21〕

〔註18〕參見陳廣宏《黃人的文學觀念與十九世紀英國文學批評資源》，載《文學評論》2008 年第 6 期。

〔註19〕此段關於太田善男生平和《文學概論》一書的介紹，主要參考關詩珮《呂思勉〈小說叢話〉對太田善男〈文學概論〉的吸入——兼論西方小說藝術論在晚清的移植》，載《復旦學報》社會科學版，2008 年第 2 期。筆者亦參考了太田善男《文學概論》，東京：博文館明治三十九年（1906 年）出版，帝國百科全書第 154 編。

〔註20〕參見陳廣宏《黃人的文學觀念與十九世紀英國文學批評資源》。

〔註21〕黃人在《中國文學史》中，已經對自己取徑太田善男《文學概論》做了交代，但語焉不詳，讀者容易誤會他只是參考了《文學概論》第三章第一節「文學

　　太田善男在《文學概論》第三章「文學の解說」第二節「文學の要素」
中講到：「人的思想有三個側面，一為眞，二為善，三為美。因美形成的思
想即謂『美的思想』（Estheticalthoughts），實為構成文學的最重要因素，如
若沒有它，文學猶如無靈魂之軀殼，說它是何等的權威都不為過。而眞由知
所司，善由意所司，美由感情所司，是故文學的實體，可謂由感情（Feeling）
得之。」（42 頁）〔註22〕比較黃人在《中國文學史》第一編「總論」中「文
學之目的」的文字，「人生有三大目的：曰眞，曰善，曰美。眞也者，求宇
宙最大之公理，如科學、哲學等。善也者，謀人生最高之幸福，如教育學、
政法學、倫理學、宗教學等。而文學則屬於美之一部分」〔註23〕，以及黃人
在《中國文學史》第四編「分論」第一章第一節「文學定義」中所說的，「美
為構成文學的最要素，文學而不美，猶無靈魂之肉體。蓋眞為智所司，善為
意所司，而美則屬於感情，故文學之實體可謂之感情云」〔註24〕，我們可以
明白，黃人的眞美善三分法，文學屬於美的方面，以及在文學作品裏面，眞
美善三因素中，美最重要的觀點，的確來自於太田善男的《文學概論》。

　　據陳廣宏稱，黃人的《中國文學史》第四編「分論」第一章第一節「文
與文學」小標題下的內容，除起首一段追溯「文」之名詞在中國早期歷史上
的義項演變出自黃人自述外，餘皆分別譯自太田氏《文學概論》第二章「文
學の解說」之第一節「文學の意義」、第二節「文學の特質」、第三節「文學
の要素」，連按語亦不例外，惟中間有刪略處，有前後稍作調整處，有根據理
解自述或另作文字潤色處，偶亦有自出語處。〔註25〕其中，在「文與文學」
這一部分，黃人據烹苦思德所著《英國文學史》解釋文學之義，列出六條文
學特質，包括：

　　（一）文學者雖亦因乎垂教，而以娛人為目的。

　　（二）文學者當使讀者能解。

　　者，英語謂之利特蘭大」的定義。但實際上，他在《中國文學史》中關於「文
　　學之目的」和「文學之定義」的討論，絕大部分來自於太田善男著作。具體
　　參見陳廣宏《黃人的文學觀念與十九世紀英國文學批評資源》一文。

〔註22〕本書中，太田善男《文學概論》的所有中文翻譯字句，均來自陳廣宏《黃人
　　的文學觀念與十九世紀英國文學批評資源》一文。下面不再一一注明。

〔註23〕黃人《中國文學史》第一編「總論」，「文學之目的」小標題下，轉引自《黃
　　人集》323 頁。

〔註24〕黃人《中國文學史》第四編「分論」第一章「文學之起源」第一節「文學定
　　義」，轉引自《黃人集》357 頁。

〔註25〕參見陳廣宏《黃人的文學觀念與十九世紀英國文學批評資源》。

（三）文學者當爲表現之技巧。

（四）文學者摹寫感情。

（五）文學者有關於歷史科學之事實。

（六）文學者以發揮不朽之美爲職分。

從中可以看出，黃人首肯的文學（小說）特徵中，教化（垂教）只是其中不太重要的一項，其他特徵還包括娛樂性、摹寫感情、具有表現技巧等豐富內容。因此，文學的功能就不止於簡單的教化，還包括感動人情、發揮不變不易之美等等。由此可見，他對文學的理解是眞正從文學本體上來考慮、兼顧文學各個特質的，遠比梁啓超等人單一的小說新民論豐富得多。而這六條文學特質以及接下來的相關解釋，都是來自太田善男《文學概論》第二章第二節「文學の特質」的內容。

綜上，黃人從美的角度來論述小說的觀點實是淵源有自：即來自太田善男的《文學概論》。而太田善男的《文學概論》又受到了十九世紀英國文學批評的影響。〔註 26〕所以，黃人的小說美學觀有明顯地從日本轉口的英國文學觀的印記。

二、徐念慈的《〈小說林〉緣起》與高山林次郎的《近世美學》

小說林社同人有個突出特點，即比較善於吸收西學知識。曾樸學習法國文學，黃人受益於從日本轉口的英國文學理論，而徐念慈在《〈小說林〉緣起》一文中，運用德國美學知識來討論小說流行的原因，認爲，「則所謂小說者，殆合理想美學、感情美學，而居其最上乘者乎！試以美學最發達之德意志徵之。」他所說的「理想美學」，指的是德國美學家黑格爾（即徐念慈所稱的「黑掰爾」）的美學學說。而「感情美學」指的是德國美學家基爾希曼（Kirchmann，1802～1844，即徐念慈所稱的「邱希孟」）的美學學說。接下來，他即從五方面，用黑格爾、邱希孟的美學觀分析了小說在今日流行的原因，而德國美學知識更堅定了他對小說功能的信心：「凡此種種，爲新舊社會所公認，而非余一己之私言，則其能鼓舞吾人之理性，感覺吾人之理性，夫復何疑！」〔註 27〕筆者發現，徐念慈在此文中運用的德國美學知識，來自於日本高山樗牛的《近世美學》一書。下面先對高山樗牛和《近世美學》一

〔註 26〕參見陳廣宏《黃人的文學觀念與十九世紀英國文學批評資源》相關論述。

〔註 27〕覺我《〈小說林〉緣起》，《小說林》第一期，1907 年 2～3 月。

書作個簡單介紹。

高山樗牛（1871～1902），日本明治時期的思想家、文藝評論家。山形縣人。本名林次郎。東京大學畢業。畢業後，進入「博文館」，負責編輯雜誌《太陽》。明治三十三年（1900），因文部省之命至歐洲留學。其間，他醉心尼采的思想而著《論美的生活》（1901），主張自我之充足與本能滿足主義，獲得當時青年階層的共鳴，對於明治三十年代的浪漫主義影響頗巨。晚年的樗牛崇拜日蓮上人，在思想上有急遽的轉變。代表作有《瀧口入道》、《時代管見》、《文藝評論》等。

據高山林次郎的原序稱，《近世美學》的出版主要是爲了從宏觀上簡要地介紹西方美學發展的基本趨向，以促使人們繼續深入研究。書分上下兩編，上編「美學史一斑」包括兩章，第一章「緒言」篇幅較短，而第二章「美學史の概見」完整地論述了自古希臘柏拉圖開始到黑格爾美學的發展過程，其中主要以美學思想的典型代表人物爲核心，具體闡述了各家的美學觀點以及美學體系，這部分約占全書三分之一的篇幅。下編「近世美學」有四章：第三章「キルヒアン氏の美學」（克爾門氏之美學。Kirchmann，1802～1884，屬浪漫派）、第四章「ハルトアン氏の美學」（哈爾土門氏之美學。哈爾土門，今譯哈特曼，形式主義者）、第五章「スペンヤル氏及びグテント、アルレン氏」（斯賓塞及格蘭德亞鈴氏，提倡進化論與心理美學），第六章「アーシャル氏の快樂論的美學」（馬俠耳氏快樂論之美學，主張遊戲說）。從總體上看，該書還不能算是一部體系完備的美學專著，而主要屬於對西方美學一般性理論及其發展歷史的介紹與總結，但對於當時的日本和中國讀者來說，它卻不失爲一本美學基礎知識的入門讀物。〔註28〕1907年10月創刊的《震旦學報》第1期，即在「美學」欄目刊登了侯毅翻譯的《近世美學》。但由於該刊僅存世一期，故無法判斷此書是否譯完。1920年劉仁航譯出了全本，由蔣維喬、黃懺華校訂，上海商務印書館2月初版，6月三版。同年，郭紹虞亦翻譯此書，在《時事新報・學燈》上連載。考慮到徐念慈懂日語，他應該是直接閱讀日文原本。

徐念慈在《〈小説林〉緣起》一文對於《近世美學》一書的摘引，主要來自於該書上編《美學史一斑》第二章「美學史の概見」第十四節「ヘーグル

〔註28〕此段基本參考http://www.tianyablog.com/blogger/post_show.asp敘blogid=212986&postid=7137826，另參考高山林次郎《近世美學》原書，東京：博文館，明治三十二年（1899年）版，帝國百科全書第34編。

が氏絕對觀念論の美學」（黑格爾氏絕對觀念論之美學）以及第三章「キルヒ
アン氏の美學」（克爾門氏之美學）（本書中，《近世美學》一書的中文譯文全
部採用劉仁航譯本，下面不再一一注明）。對照的結果列舉如下：

（一）徐念慈《〈小說林〉緣起》：「黑掰爾氏（Hegel，1770～1831）於美
學，持絕對觀念論者也。其言曰：藝術之圓滿者，其第一義，爲醇化於自然。
簡言之，即滿足吾人之美的欲望，而使無遺憾也。」

劉仁航譯《近世美學》：「圓滿之藝術，其第一義，不可不醇化自然。然
非如雅里大德理氏對於模仿自然必予以排斥也。若當前之自然，果能於吾人
之美欲，圓滿無遺憾者，此等自然與藝術其價值自無上下。」（劉仁航譯本《近
世美學》上編第二章第十四「黑格爾絕對觀念論之美學」，76 頁）

（二）徐念慈《〈小說林〉緣起》：「（黑掰爾）又曰：事物現個性者，愈
愈豐富，理想之發現，亦愈愈圓滿。故美之究竟，在具象理想，不在於抽象
理想。」

劉仁航譯《近世美學》：「故事物所現個性愈豐富者，理想之發現，亦愈
近於圓滿。故美之究竟，在於具象理想，而不存於抽象理想。」（劉仁航譯本
《近世美學》上編第二章第十四「黑格爾絕對觀念論之美學」，76 頁）

（三）徐念慈《〈小說林〉緣起》：「邱希孟氏（Kirchmann，1802～1844），
感情美學之代表者也。其言美的快感，謂對於實體之形象而起。」

劉仁航譯《近世美學》：「克爾門氏者，kirchmann，1802～1884，爲德國
感情美學 Gefühl saesthetik 之代表者。」

又劉仁航譯《近世美學》：「美之快感，常與實際快感並存是也。詳言之，
即對某實體起實際快感時，此美之快感，必屬諸實體之形象。」（劉仁航譯本
《近世美學》下編第三章「克爾門氏之美學」二「美感」，85 頁）

（四）徐念慈《〈小說林〉緣起》：「（邱希孟）又曰：美的概念之要素，
其三爲形象性。形象者，實體之模仿也。」

劉仁航譯《近世美學》：「美概念中，第三要素則其形象性是也。以有此
形象性，美乃得有特質。昔者雅里大德理氏，說明美之定義，以模仿爲主腦，
即模仿實體是也。」（劉仁航譯本《近世美學》下編第三章「克爾門氏之美學」
四「形象性」，87 頁）

（五）徐念慈《〈小說林〉緣起》「（邱希孟）又曰；美之第四特性，爲理
想化。理想化者，由感興的實體，於藝術上除去無用分子，發揮其本性之謂

也。」

　　劉仁航譯《近世美學》:「美之第四特性,爲理想化。理想化者,由感興實體除去藝術上無用之分子,而善發揮美之本質者也。」(劉仁航譯本《近世美學》下編第三章「克爾門氏之美學」五「理想化」,88頁)

　　綜上,徐念慈《〈小說林〉緣起》中的德國古典美學知識來自於日本高山林次郎的《近世美學》。徐念慈是怎樣看到這本書呢?很可能是由黃人推薦。1906年,黃人編有《雁來紅叢刊》,共出十期,第六期後登有廣告《〈雁來紅叢報〉書目略》,分「甲種學術類」、「乙種稗史類」、「丙種傳奇雜劇類」、「丙種叢錄」、「附錄新編小說」,下面各列有若干種單行本書籍。《近世美學》即列於「甲種學術類」。

　　有論者指出,徐念慈在《〈小說林〉緣起》一文,對德國美學頗有誤用之處,如徐念慈在徵引黑格爾「藝術之圓滿者,其第一義,爲醇化於自然」的時候,他引申道:「如曲本中之團圓(《白兔記》、《荊釵記》)、封誥(《殺狗記》)、榮歸(《千金記》)、巧合(《紫簫記》)等目,觸目皆是。若演義中之《野叟曝言》,其卷末之躊躇滿志者,且不下數萬言。要之不外使圓滿,而合於理性之自然也。」黑格爾是推崇悲劇的,而徐念慈在這裡竟然讓他贊同喜劇。〔註29〕其餘還有數處,因袁進先生在《中國小說的近代變革》一書中有詳細論述,這裏不再一一列舉。

　　筆者認爲,《小說林》之所以有出色的理論成就,與核心人物黃人、徐念慈對東學和西學的學習有關:黃人學習通過日本轉口的英國小說理論,徐念慈學習通過日本轉口的德國美學。至於向國外資源學習的效果,黃人是最好的:他指明了小說的審美本質,在小說理論發展史上具有里程碑意義。徐念慈學習德國美學,有不少誤用處。筆者認爲,這一方面是他的局限,我們不宜對其《〈小說林〉緣起》過分拔高;另一方面,他從西方美學中吸收養料來討論中國小說,即使多有錯誤,也是過渡時代的常見現象。正是在這樣一個個錯誤的嘗試積累下,西方美學和文學理論才逐漸在中國紮下根來。徐念慈的努力自有其意義,畢竟他是較早用美學知識來討論中國小說的人〔註30〕。

〔註29〕關於徐念慈對德國美學的誤用,參見袁進《中國小說的近代變革》,北京:中國社會科學出版社,1992年版,第76~78頁。

〔註30〕更早的是王國維,1904年用德國哲學和美學知識作《〈紅樓夢〉評論》,載《教育世界》七十六至七十八號、八十至八十一號;陳平原、夏曉虹編《二十世紀中國小說理論資料:第一卷(1897~1916)》,第113~130頁。

第二節　《小說林》同人小說理論的相互影響

　　上面說過，黃人和徐念慈是《小說林》最爲出色的兩位小說論者。其中，黃人的理論能力和文學鑒賞力要比徐念慈要高：如：徐念慈《〈小說林〉緣起》在徵引黑格爾「藝術之圓滿者，其第一義，爲醇化於自然」時，用中國戲曲中的大團圓結局和小說《野叟曝言》卷末的躊躇滿志來說明，因爲它們「要之不外使圓滿，而合於理性之自然也」〔註31〕。他是以此來說明小說受歡迎的原因。而黃人在同一期《小說林》的《小說小話》中，表現出對於結局過於完滿的小說的批評：「語云：神龍見首不見尾。龍非無尾，一使人見，則失其神矣。」如《水滸》、《石頭記》、《金瓶梅》、《儒林外史》等等，「皆不完全，非殘缺也。殘缺其章回，正以完全其精神也。即如王實甫之《會眞記》傳奇，孔雲亭之《桃花扇》傳奇，篇幅雖完而意思未盡，亦深得此中三昧，是固非千篇一律之英雄封拜、兒女團圓者所能夢見也。」〔註32〕這就基本上與徐念慈針鋒相對了。又云：「古來無眞正完全之人格，小說雖屬理想，亦自有分際。若過求完善，便屬拙筆」〔註33〕，說的雖然是人物塑造，但情節安排上也應同理。兩相比較，自然是黃人的見解更爲高明。

　　徐念慈的小說理論有數處受黃人影響的痕跡：

（一）小說與社會的關係

　　《小說林》發行第九期——1908 年新年大增刊的時候，徐念慈在《余之小說觀》的開頭，專門列了一個小標題「小說與人生」：

> 小說者，文學中之以娛樂的，促社會之發展，深性情之刺戟者也。昔冬烘頭腦，恒以鴆毒黴菌視小說，而不許讀書子弟，一嘗其鼎，是不免失之過嚴；近今譯籍稗販，所謂風俗改良，國民進化，咸惟小說是賴，又不免譽之失當。余爲平心論之，則小說固不足生社會，而惟有社會始成小說者也。社會之前途無他，一爲勢力之發展，一爲欲望之膨脹。小說者，適用此二者之目的，以人生之起居動作，離合悲歡，鋪張其形式，而其精神湛結處，決不能越乎此二者之範。故謂小說與人生，不能溝而分之，即謂小說與人生，不能闕其偏端，以致僅有事迹，而失其記載，爲人類之大缺憾，亦無不

〔註31〕覺我《〈小說林〉緣起》。
〔註32〕蠻《小說小話》，《小說林》第一期，1907 年 2～3 月。
〔註33〕同上。

可。〔註34〕

在這裏，徐念慈對小說與社會的關係，有了客觀而理性的認識：「小說固不足生社會，而唯有社會始成小說者也。」筆者認為，這與黃人的影響不無關係，我們從論證過程中可以看出：在本節的開頭，徐念慈先為小說下了一個定義：「小說者，文學中之以娛樂的，促社會之發展，深性情之刺戟者也。」這個定義肯定了小說的娛樂性和表現感情，是從文學的本體上來定義小說。我們不難從中看到黃人的影響：黃人《中國文學史》稱「文學之實體可謂之感情云」。另外，黃人在《中國文學史》中，摘引自太田善男《文學概論》中的六個文學特質，其中最重要的如「雖亦因乎垂教，而以娛人為目的」，「摹寫感情」，「以發揮不朽之美為職分」〔註35〕，也與徐念慈的小說定義，即娛樂、促進社會發展（垂教）、刺激感情相對應。為小說下了定義後，徐念慈接著批評今昔對待小說態度，認為或「譽之失當」或「失之過嚴」。而黃人在《小說林》第一期的《〈小說林〉發刊詞》中，也說「昔之視小說也太輕，而今之視小說又太重也」。因此，筆者認為，徐念慈對於小說與社會關係的清醒認識，極有可能來自黃人的影響。兩人雖然一個在上海當編輯，一個在蘇州教書，但可以通過信件來交流思想。不過，徐念慈並非一味吸收黃人的觀點，也有自己的引申：他提出小說要表現社會「勢力之發展」、「欲望之膨脹」的觀點，能看出受德國美學的影響的痕跡。1904 年，王國維發表《〈紅樓夢〉評論》，借鑒叔本華的觀點，提出「生活之本質何？『欲』而已矣」。〔註36〕當然，徐念慈能直接閱讀日文書籍，他未必是從王國維的此篇文章中接受影響，也許是從相關的介紹德國美學的日文書籍中接觸到叔本華思想。〔註37〕

徐念慈對小說與社會關係的認識，還有一個可能的來源，即當時的小說出版與銷售現狀。徐念慈在《余之小說觀》中歎息：近年偵探與言情小說熱銷，前者能銷出百分之七八十，後者能銷出百分之五六十，而專寫軍事、科

〔註34〕覺我《余之小說觀》，《小說林》第九期，1908 年 2 月。

〔註35〕黃人《中國文學史》第四編「分論」第一章「文學之起源」第一節「文學定義」，轉引《黃人集》，第 354 頁。

〔註36〕王國維《〈紅樓夢〉評論》，《教育》世界七十六至七十八號、八十至八十一號（1904 年），轉引自轉引自陳平原、夏曉虹編《二十世紀中國小說理論資料：第一卷（1897～1916）》，第 114 頁。

〔註37〕由於筆者日語水平有限，無法判斷徐念慈的小說要表現社會「勢力之發展」、「欲望之膨脹」的觀點，是否來自高山樗牛《近世美學》。

學、冒險、立志等的小說，只能銷出百分之一二十。〔註38〕其時，小說界革命已經推行了六七年，但對風俗改良、國民進化有益的小說如此滯銷。目睹此現象，徐念慈可能會反思：小說到底能對社會起什麼作用？思考的結果是：「小說固不足生社會，而惟有社會始成小說者也。」與梁啓超的「小說新民說」相比，這實在是一大進步。

（二）關於人物塑造——「古來無真正完全之人格」

《小說林》第一期，黃人《小說小話》有言：

> 古來無真正完全之人格，小說雖屬理想，亦自有分際，若過求完善，便屬拙筆。《水滸記》之宋江、《石頭記》之賈寶玉，人格雖不純，自能生觀者崇拜之心。若《野叟曝言》之文素臣，幾於全知全能，正令觀者味同嚼蠟，尚不如神怪小說之楊戩、孫悟空，騰挐變化，雖無理而尚有趣焉。其思想之下劣，與天花藏才子書，及各種盲辭中王孫公子名士佳人之十足裝點者何異？彼《金瓶梅》主人翁之人格，可謂極下矣，而其書歷今數百年，輒令人歎賞不置。此中消息，惟熟於盲、腐二史者心知之，固不能爲賦六合、歎三恨者之徒言也。

《小說林》第五期，徐念慈《觚庵漫筆》〔註39〕云：

> 《水滸傳》、《儒林外史》，我國盡人皆知之良小說也。其佳處即，寫社會中殆無一完全人物。非閱歷世情，冷眼旁觀，不易得此真相。視尋常小說，寫其主人公必若天人者，實有聖凡之別，不僅上下床也。〔註40〕

黃人說「古來無真正完全之人格」，徐念慈稱讚《水滸傳》、《儒林外史》的佳處在於表現「社會中殆無一完全人物」；兩相對比，能看出徐確實是受了黃人的影響。

筆者有些懷疑黃人「古來無真正完全之人格」的論斷，來自於日本明治時期文學評論界。日本近代小說的理論開拓者坪內逍遙在《小說神髓》一書中，多次談及小說人物塑造問題。「主人公的設置」一節稱：「一般來說，當我們閱讀小說時，與其說重視後面的情節發展，無寧說更關心主人公的性格。

〔註38〕覺我《余之小說觀》。
〔註39〕筆者認爲，《觚庵漫筆》的作者是徐念慈，參見附錄一《〈觚庵漫筆〉作者考》。
〔註40〕觚庵《觚庵漫筆》，《小說林》第五期，1907年8月。

如果小說的人物具有重要的品質，那麼讀者自然會對他產生景仰之心，總希望瞭解他將來的結局。所以作者除了巧妙地安排情節之外，必須創造一個卓越非凡的主人公，以促使讀者注意。話雖如此，也沒有必要總是把才色兼備、心底善良的人物作爲主人公。如果只是爲了創造一個非凡的性格，以便感動讀者促使讀者對之產生強烈的興趣，那麼雖是醜惡姦邪的人物，也同樣可以作爲主人公。如《美少年錄》中的主人公，或《金瓶梅》中的主人公，都是這類的例子。」〔註41〕黃人的西方文學觀主要來自於太田善男《文學概論》一書，而《文學概論》的參考書欄中，坪內雄藏（逍遙）的兩本著作《新樂劇論》和《文學其の析々》被列在參考書的首要位置。筆者認爲，黃人很可能看了《文學概論》一書後，按圖索驥，去找坪內逍遙的著作來看，從而受到啓發。

順便提一句。黃人在《小說小話》的開頭，關於人物塑造，還有一段久爲論者稱許的議論：

> 小說之描寫人物，當如鏡中取影，妍嬫好醜，令觀者自知，最忌攙入作者論斷。或如戲劇中一腳色出場，橫加一段定場白，預言某某若何之善，某某若何之劣，而其人之實事，未必盡肖其言；即先後絕不矛盾，已覺疊床架屋，毫無餘味。故小說雖小道，亦不容著一我之見，如《水滸》之寫俠，《金瓶梅》之寫淫，《紅樓夢》之寫豔，《儒林外史》之寫社會中種種人物，並不下一前提語，而其人之性質、身份，若優若劣，雖婦孺亦能辨之，眞如對鏡者之無遁形也。夫鏡，無我者也。〔註42〕

筆者也懷疑在這裡，黃人同樣受到了日本明治文學理論界的啓發：坪內逍遙《小說神髓》「主人公的設置」一節云：「在塑造小說的人物時，最值得注意的是，必須將作者本人的個性隱蔽起來，不讓它流露在作品人物的行動上……小說的本領在於作者必須將自己的思想感情盡量地掩蓋起來，使之不流露在外，寫出別人的千變萬化的情感，並把它刻畫得栩栩如生。打個比方說，一般的文章家好比一個老練的演說家……小說作者與之相反，如果他像個演說家，那就最糟，如果他像個木偶牽線者，那就糟上加糟。他應該像造

〔註41〕坪內逍遙著、劉振瀛譯《小說神髓》，北京：人民文學出版社，1991年版，第143頁。
〔註42〕蠻《小說小話》，《小說林》第一期，1907年2～3月。

化的主宰者那樣來擺弄眾生。如果做不到這點，也應該像魔術師那樣，在離開幾丈遠的地方能使無生命的器物跳動起來。」〔註43〕黃人《小說小話》中的人物塑造論與上引坪內的說法極為相似。筆者認為，以坪內逍遙在明治小說理論界的地位，黃人極可能讀過他的書，並受啓發。而像《小說小話》中的「描寫人物」一詞，筆者也覺得很可能來自日語。這可能就是他在《小說小話》中學習日本文學理論的痕跡。

（三）關於中國式偵探小說

《小說林》第九期《小說小話》認為，我國俠義小說不在西方偵探小說之下：

> 我國俠義小說，如《三俠五義傳》等書，未遽出泰西偵探小說下，而書中所謂俠義者，其才智亦似非歐美偵探名家所能及。蓋同一辦案，其在歐美，雖極疑難，而有服色、日記、名片、足印、煙、酒、用品等可推測，有户籍、守兵、行業冊等可稽查，又有種種格致、藥物、器械供其研究。警政完全，一呼可集；電車神速，百里非遙；電信電話，鐵軌汽船，處處交通。越國則有交納罪人之條約，搜牢則有羈束自由之捕符。挾法律之力，君主不能侵其權，故能操縱自如，摘奸發伏。而吾國則以上者一切不具，僅恃腦力腕力，捕風索影，而欲使鬼蜮呈形，豺狼就捕，其難易勞逸之相去，何可以道里計！吾國民喜新厭故，輕己重人，輒崇拜歐美偵探家如神明，而置己國俠義事迹為不屑道，何不思之甚也？或謂俠義小說之所謂俠義者，皆理想而非事實，抑知所謂福爾摩斯、轟格卡脱者，亦何嘗真有其人？況吾國之俠義事迹，亦間有事實可據，而不盡出於文人狡獪也。

僅隔一期，《小說林》第十期的《觚庵漫筆》就引用了黃人的以上觀點，並引申到怎樣寫中國本土的偵探小說：

> 偵探小說，自譯籍風行後，於是有擬中國事實為《中國偵探案》者。然書雖架空，著之殊非易事。吾友摩西嘗於論俠義小說時，縱談及之，以為如歐陽春、展昭、智化、蔣平等，實出偵探名家之上。蓋一切法律交通之不完全，僅恃其腦力、腕力之敏捷，以摘奸發伏，

〔註43〕同上書 148～150 頁。

難易勞逸，迥乎不同也。余謂著此等書，於西國偵探反對方面著筆，
最足發人深省。何謂反對方面？如電報郵政之不能克期，租界裁判
權之喪失，納賄舞弊之差役，顢頇因循之官吏，皆足僨事於垂成，
虧功於九仞。若不寫其事之奏績，而記其事之失敗，失敗理由，即
原因於以上種種，如是則必有痛恨此積習而思整頓挽回之者矣，其
影響不將及於今之社會哉？〔註44〕

以上引文中，徐念慈從「吾友摩西」對西方偵探小說和中國俠義小說的比較，
引申出中國偵探小說應該充分暴露本國的腐敗，以激發改革的要求，影響社
會制度的變化。

徐念慈的《觚庵漫筆》與黃人的《小說小話》彼此呼應處還有不少，如
關於歷史小說的寫法，對於《三國演義》、《紅樓夢》等古典名著的評價等等。
這些將在下一節《〈小說林〉對於吳趼人小說觀的爭鳴和呼應》中討論，此處
不再贅言。

不止黃人影響徐念慈，黃人也受徐念慈的影響，這體現在《小說小話》
中。

《小說林》雜誌第七期上，徐念慈在《觚庵漫筆》中談到軍事小說合於
北方性質，言情小說合於南人性質：

軍事小說與言情小說適成一反比例：一使人氣旺，一使人氣
短；一使人具丈夫態度，一使人深兒女心腸；一使人易怒，一使人
易戚；一合於北方性質，北人固剛毅，一合於南人形狀，南人本柔
弱。此爲二種書分優劣處。然今日讀小說者，喜軍事小說遠不如喜
言情小說，社會趨向，於此可見。〔註45〕

而到了《小說林》第九期，黃人在《小說小話》中，沿著徐念慈提出的話題，
繼續討論小說與南人北人的關係，且上昇到小說與社會關係的高度：

小說之影響於社會，固矣，而社會風尚，實先有構成小說性質
之力，二者蓋互爲因果也。吾國南北兩部，風氣犁然而異。北方各
行省，地斥鹵而民強悍，南人生長膏沃，體質荏弱，而習爲淫靡，
故南北文學，亦因之而分，而小說尤顯著。北人小說，動言俠義；
而出於南人者，則才子佳人之幽期密約，千篇一律。兒女英雄，各

〔註44〕觚庵《觚庵漫筆》，《小說林》第十期，1908年4月。
〔註45〕觚庵《觚庵漫筆》，《小說林》第七期，1907年12月。

據其所融冶於社會者爲影本。原其宗旨，未始非厭數千年專制政體之束縛，而欲一寫其理想中之自由。（俠義躬捍文網，與豪宗墨吏爲仇，破政府之專制也；幽期密約，婚姻自由，破家庭之專制也。）而思力不充，更多顧忌瞻徇，其目的仍在封拜、誥贈，一若不得君主父母之許可，終不得爲正當者。則又第二層之普通結習，潛驅陰率之，而不復能顧其矛盾也。而閱小說者，但喜其情節之離奇，敍述之雋妙，不知就自由之一點引申而整理之，故其效果，屬於北者徒誨盜，屬於南者唯誨淫。

徐念慈在《觚庵漫筆》中，只是將軍事小說及言情小說，分別與南方人和北方人的性格聯繫起來。而黃人在《小說小話》中，將此話題進一步擴大到由環境不同而導致的南北方文學的差別：北方土地貧瘠，生存環境艱苦，因而人民的體質和精神都很強悍，也就傾心俠義小說；南方土地肥沃，生存容易，人民身體較弱，從而偏愛纏綿俳惻的言情小說。兩相對比，黃人的視野要比徐念慈更寬廣。十九世紀法國批評家丹納在其名著《藝術哲學》中強調了種族、環境、時代三個因素對精神文化的制約作用。而黃人在上面的論述中，大體上運用了種族和環境兩個因素來討論南北文學的不同（南方人和北方人未必種族不同，但黃人用到的方法是與種族分析相似的），可與西方文學理論隱隱相合，確實很有眼光。（還有一個可能，黃人通過日文轉譯，接觸到丹納的理論。但沒有證據，姑且存疑。）

在上引《小說小話》中，黃人指出俠義小說與言情小說的不同後，又接著看到了二者的相同：都緣於對自由的渴望（俠義小說想打破政府的專制，言情小說想打破家庭的專制）。這裡從文學產生的心理原因來討論問題，是非常深入和準確的分析。黃人的敏銳，他對於文學的深刻見解，確實超過了小說林社同人徐念慈等，也遠超過和他同時代的幾乎所有人（王國維除外）。

以下列出《小說小話》、《觚庵漫筆》及《鐵甕燼餘》在《小說林》雜誌「評林」欄上的刊載情況：

第一期	《小說小話》
第二期	《小說小話》
第三期	《小說小話》
第四期	《小說小話》
第五期	《觚庵漫筆》

第六期	《小說小話》
第七期	《觚庵漫筆》
第八期	《小說小話》
第九期	《小說小話》
第十期	《觚庵漫筆》
第十一期	《觚庵漫筆》
第十二期	《鐵甕燼餘》

　　可以看出，《小說林》雜誌的每一期上，各有這三種小說批評中的一種出現，而且全都刊載在同一欄目中。筆者認爲這種安排乃是有意爲之，因爲這三種小說批評都代表了《小說林》雜誌發言，而不只是個人言說：徐念慈是《小說林》雜誌的主編；黃人是小說林社成員，而刊登於《小說林》第十二期的《鐵甕燼餘》，完全是接續上一期的《觚庵漫筆》而寫，它的作者很可能是編輯《小說林》雜誌第十二期的陳鴻璧。〔註 46〕因此，這三種小說批評中的觀點，都可以作爲《小說林》雜誌本身的立場來看待。它們之間有分工，也有呼應：《小說小話》以分析中國傳統小說、尤其是歷史小說爲主；《觚庵漫筆》利用了新的小說類型觀，以評價外國小說爲主；《鐵甕燼餘》則是接續《觚庵漫筆》而作。其中，黃人的小說觀最高明，他是《小說林》雜誌的理論靈魂。

第三節　《小說林》對於吳趼人小說觀的爭鳴和呼應

　　在本節中，筆者試圖通過還原《小說林》雜誌創刊到結束期間的上海小說期刊界，討論《小說林》雜誌上諸種論說與《月月小說》雜誌及吳趼人的小說觀的關係。筆者認爲，《小說林》雜誌上的許多論說是針對《月月小說》上吳趼人的小說觀而發，表現出與之或爭鳴或呼應的意見

一、《小說林》的創辦與《月月小說》

　　下面首先分析一下《小說林》雜誌創刊時的上海小說期刊界。光緒三十三年正月（1907 年 2 月），《小說林》雜誌創刊。此時，《新小說》雜誌已經於

〔註46〕參見附錄一《〈觚庵漫筆〉作者考》。

1906 年 11 月左右停刊〔註 47〕，而《繡像小說》、《新世界小說社報》雜誌也於
1907 年 1 月停刊〔註 48〕，《新新小說》雜誌此時已成強弩之末，時刊時停：這
份由陳景韓主編、創辦於 1904 年 9 月的小說雜誌，自從 1906 年 6 月發行第 9
號後，就一直沉寂；直到 1907 年 5 月發行了最後 1 期——第 10 號後，便正
式停刊。也就是說，1907 年初，《小說林》創刊前後，有影響的小說期刊紛
紛或停刊或沉寂，惟有於 1906 年 11 月創刊的《月月小說》雜誌，在上海小
說期刊界一枝獨秀。

在《小說林》雜誌第 10 期（1908 年 4 月）的《新書介紹》欄目裏，《小
說林》的編輯悲歎道：

> 總計海上月刊小說，若《新小說》，若《新新小說》，若《繡像
> 小說》，若《新世界小說社報》，若《小說七日報》，若《競立社小說
> 月報》，皆成過去陳迹。僅存《月月小說》與本社刊行《小說林》二
> 種而已。深望互相提攜，延其壽命，勿致墜緒中途也。〔註 49〕

但是，這個願望不久後不幸落空。《小說林》雜誌停刊於 1908 年 10 月，
而只隔了三四個月後，《月月小說》雜誌也於 1909 年 1 月停刊。因此，在上
海的小說雜誌中，只有《月月小說》在時間上伴隨《小說林》的始終。

追溯一下《小說林》雜誌創辦的原因，會發現與《月月小說》不無關係。
《月月小說》的 1～4 期由小說林社活版部印刷。第 4 期出版於光緒三十二年
十二月望日（1907 年 1 月 28 日），恰好是《小說林》雜誌創刊號發行（1907
年 2 月）的前夕。筆者估計，承印《月月小說》雜誌的經歷，很可能引發了
小說林社的主持人創辦一個小說雜誌的念頭。

〔註 47〕 樽本照雄認爲，《新小說》大致在「光緒三十二年九月左右」停刊：參見樽本
照雄《清末小說研究集稿》，濟南：齊魯書社，2006 年版，第 216 頁。
〔註 48〕 文迎霞在 1907 年 1 月 30 日的《新聞報》上發現了《繡像小說》第 72 期出版的
廣告，故推斷《繡像小說》停刊時間不晚於 1907 年 1 月 30 日。參見文迎霞《關
於〈繡像小說〉的刊行、停刊和編者》一文，《華東師範大學學報》，2006 年第
5 期。筆者在《東方雜誌》1907 年第 13 期（1907 年 2 月 7 日）上，發現了《繡
像小說》已出至第 72 期的廣告，這也可以爲文迎霞的觀點提供一個佐證。
〔註 49〕 這裡面提到的《小說七日報》創辦於 1906 年 8 月，至少發行了 5 期，停刊時
間不詳。該刊筆者未見，參見阿英《晚清文藝報刊述略》，上海：古典文學出
版社，1958 年版，第 23 頁。《競立社小說月報》創刊於 1907 年 11 月，現存
兩期，很可能只發行過兩期。前者很少被人提起，後者延續時間太短，所以
這兩種雜誌在當時的影響應該不太大，在地位上實無法與《月月小說》和《小
說林》相提並論。

　　1907 年初，正是小說林連續兩年盈利後擴大經營、增設宏文館、出版事業蒸蒸日上的時候〔註50〕，這時候增辦一個雜誌，經濟上沒有問題。況且，《月月小說》總撰述吳趼人借小說「爲德育之一助」、讓小說附著於歷史、強調歷史眞實而摒棄小說表現技巧的觀點，在很大程度上，會引起強調小說審美性的小說林社同人的不滿，小說林社同人因此想創辦一本雜誌，發出不同的聲音，也是有可能的。

　　在主要成員和撰稿人方面，《月月小說》雜誌也和小說林社有交叉。《月月小說》的總譯述周桂笙在小說林社出版過譯著《福爾摩斯再生第一案》（1905 年）、《福爾摩斯再生九十案》（1905 年）、《福爾摩斯再生十一二三案》（1906 年），還在《月月小說》第 5 期《紹介新書》欄爲自己的《福爾摩斯再生十一二三案》做廣告。小說林社專任譯員陳鴻璧參加周桂笙領頭發起的譯書公會，擬譯小說《沉埋愛海》，版權歸於月月小說社。〔註51〕小說林社的骨幹譯員包天笑，自第 10 期起，成了《月月小說》的總譯述。〔註52〕《月月小說》的主要作者之一陶報癖，也在《小說林》第六期上發表過短篇小說《警察之結果》。

　　既然《月月小說》和《小說林》雜誌的創辦不無關係，雙方的主要人員也有所交叉，那麼，《小說林》雜誌上的論說以《月月小說》以及《月月小說》前九期的總撰述吳趼人爲對話者，也就可以理解了。我們下面先簡單介紹一下吳趼人在《月月小說》期間的小說觀。

二、吳趼人在《月月小說》期間的小說觀

　　筆者認爲，吳趼人在《月月小說》期間的小說觀包括以下方面：一、利用小說進行「德育」。二、重視歷史小說。三、小說依附於歷史，排斥虛構。

〔註50〕徐兆瑋《燕臺日記》（常熟市圖書館藏手稿本）「丙午年九月二十八日（1906年 11 月 14 日）」條：「晤芝孫後至小說林印刷所……予未攜鋪蓋，即借住小說林。萍蹤無定，予之謂矣。孟樸因小說林結賬事，談簿計學甚詳，以詞章專家而役役於簿書，可謂勇於改轍矣。小說林頗獲利，去年每千贏四百多，今年每千贏三百多云。」

〔註51〕《譯書交通會報告》，《月月小說》第 1 年第 3 號，1906 年 12 月 30 日。陳鴻璧《沉埋愛海》，後來並沒有在《月月小說》發表，以作者的閱讀範圍所及，也未見其在別處發表。

〔註52〕秦琴《〈月月小說報〉祝詞》提到，《月月小說》自第 10 期起易主，從而「冷泉伏民總司編輯，復延冷血、天笑分任著譯」，《月月小說》第 1 年第 10 號，1907 年 11 月 20 日。

在《〈月月小說〉序》的開頭，吳趼人表達了對當時的小說界的強烈不滿：很多著者和譯者「詭謀一己之私利而不顧其群」，使得「怪誕支離之著作，詰曲聱牙之譯本」充斥小說出版界。他認為社會正值「道德淪亡」的時候，要「挽此澆風」的話，需要先從小說開始改變。〔註53〕

吳趼人提出的改變方法是實行「德育」，他要「借小說之趣味之感情，爲德育之一助」。〔註54〕有論者認爲，吳趼人在這裡著眼於小說的「趣味」和「感情」兩個因素，比起梁啓超僅僅強調小說改良社會的功能來說，前進了一步。〔註55〕但是，在這裏，小說的「趣味」和「感情」並不是吳趼人的最終追求，二者其實是被他「借」來輔助德育的，「德育」才是最終目的。此處的「德育」並不是引進西方新道德，而是要恢復傳統道德規範：吳趼人素來主張恢復舊道德。怎樣「借小說之趣味之感情，爲德育之一助」呢？吳趼人提出：不管是什麼小說類型，歷史小說、社會小說、家庭小說、科學小說、冒險小說、豔情小說等等，都務必「導之以入於道德範圍之內」。

歷史小說尤其關鍵，因爲歷史不僅是事實的集合，它還是道德的載體：「歷史云者，非徒記其事實之謂也，旌善懲惡之意實寓焉」。歷史既然如此重要，但我國舊史繁重，讀來不易；而新編教科書又嫌太簡略。所以，吳趼人「發大誓願，將遍撰譯歷史小說，以爲教科之助」〔註56〕，「使得今日讀小說者，明日讀正史如見故人；昨日讀正史而不得入者，今日讀小說而如身親其境。小說附正史以馳乎，正史借小說爲先導乎？」〔註57〕從這裡可以看出他對小說的態度，他沒有把小說當作小說，而是要讓小說起到教科書的作用。小說是爲了彰顯歷史，沒有自己的獨立性；而彰顯歷史的目的仍然指向德育。

吳趼人在《月月小說》創刊號中，爲歷史小說問題發表了三篇文章：《〈月月小說〉序》的大部分篇幅與歷史小說有關，他還寫了《歷史小說總序》、《〈兩晉演義〉序》來專門論述，態度鄭重。在雜誌上的諸種小說類型中，歷史小說被放在最首要的位置。作爲《月月小說》的總撰述，吳趼人本來在雜誌上

〔註53〕吳趼人《〈月月小說〉序》，《月月小說》第1年第1號，1906年11月1日。
該文未署名，揣摩文意，並考慮吳趼人在該刊的地位，應爲吳趼人所作。
〔註54〕吳趼人《〈月月小說〉序》。
〔註55〕時萌《吳趼人的小說觀》，《鎮江師專學報》（社會科學版），1989年第2期。
〔註56〕吳趼人《〈月月小說〉序》。
〔註57〕吳趼人《歷史小說總序》，《月月小說》第1年第1號，1906年11月1日。

安排了宏大的歷史小說著譯計劃。他自己創作的《兩晉演義》，標注爲「甲部歷史小說第一種」，《美國獨立史別裁》（清河譯）標注爲「乙部歷史小說第一種」。很可能吳趼人原來準備把歷史小說分爲甲乙兩部，中國史和世界史分別隸屬兩部。

　　上面談到，吳趼人把歷史小說放在首要位置，是爲了讓其起到歷史教科書的作用，從而起到挽救舊道德的目的。那麼，吳趼人打算怎樣讓小說起到教科書的作用呢？他希望用通俗的文言把史書重寫一遍，而且盡量不要有虛構之處。在「歷史」和「小說」兩個因素裏面，他基本上是傾向於歷史一邊：在《〈兩晉演義〉序》裏，吳趼人借朋友蔣紫儕的來函，表明了自己注重歷史眞實的態度：「撰歷史小說者，當以發明正史事實爲宗旨，以借古鑒今爲誘導，不可過涉虛誕，與正史相刺謬。尤不可張冠李戴，以別朝之事實，牽率屬入，貽誤閱者。」〔註58〕

　　吳趼人雖然以寫小說爲生，但是他對小說是鄙視的。他認爲小說是「雕蟲小技」，爲自己寄身小說界感覺非常痛苦，「嗚呼！吾有涯之生，已過半矣。負此歲月，負此精神，不能爲社會盡一份之義務，徒播弄此墨床筆架，爲嬉笑怒罵之文章，以供談笑之資料，毋亦攢鬚眉而一慟也夫！」〔註59〕

　　抱著對小說的鄙視心理，吳趼人非常明顯地把小說依附於歷史，排斥一切虛構。他在《〈兩晉演義〉序》裏面，批評《三國演義》等書「動以附會爲能，轉使歷史眞相，隱而不彰，而一般無稽之言，徒亂人耳目」〔註60〕。在《〈剖心記〉凡例》中，他指責以往小說「每多憑空結撰」，而自己的此部小說「其中無一事無來歷，可作國朝掌故讀」，「無一字杜撰」，「俾世人知稗官中非盡無信史也」。〔註61〕

　　因爲排斥小說的虛構性，吳趼人甚至多次爲自己對歷史材料的極其有限的裁剪與安排道歉。《兩晉演義》第一回後作者自白：「作小說難，作歷史小說尤難；作歷史小說，而欲不失歷史之眞相尤難；做歷史小說不失其眞相，而欲其有趣味，尤難之又難。其敘事處或稍有參差先後者，取順筆勢，不得已也。或略加附會，以爲點染，亦不得已也。」虛構在他看來是不得已的，

〔註58〕　我佛山人《〈兩晉演義〉序》，《月月小說》第 1 年第 1 期，1906 年 11 月 1 日。
〔註59〕　吳趼人《〈月月小說〉序》。
〔註60〕　我佛山人《〈兩晉演義〉序》。
〔註61〕　我佛山人《〈剖心記〉凡例》，《競立社小說月報》第 2 期，1907 年 11 月 29 日。

並不是必要的小說手段。而且，他還承諾：「他日當於逐處加以眉批指出之，庶可略借趣味以佐閱者，復指出之，使不爲所惑也。」〔註62〕此外，對《剖心記》，吳趼人也說是「博采諸家之作，彙爲一編，絕無遺漏，惟出以小說體裁，間有不得不稍變原書之說者，閱者諒之」。〔註63〕凡此都顯示出，《月月小說》期間的吳趼人，在小說改良社會方面走向了一個極端，他把德育和歷史眞實性看得至高無上，因此否定了小說的獨立性，甚至否定了小說的虛構性。

三、小說林社諸人對吳趼人歷史小說觀的批評和呼應

在小說林社同人看來，吳趼人強調小說的道德因素並沒有什麼大問題。黃人主張小說的美感體驗，他在《〈小說林〉發刊詞》中，給小說的定位是：「小說者，文學之傾於美的方面之一種也」〔註64〕；但他也認爲「眞」和「善」都是小說價值的有機組成部分：「然不佞之意，亦非敢謂作小說者，但當極藻繪之功，盡纏綿之致，一任事理之乖僻，風教之滅裂也。」〔註65〕

和吳趼人一樣，小說林社同人（尤其是黃人）也對歷史小說非常重視，因「中國歷史小說，種類頗夥，幾與《四庫》乙部所藏相頡頏。……惟感化社會之力則甚大，幾成爲一種通俗史學。疇人廣坐，津津樂道，支離附會，十九不經。試舉史文以正告之，反嘩辨而不信。即士林中人，亦有據稗官爲政實，而畢生不知其誤者。馬、班有知，得無喪氣！」歷史小說的勢力如此之大，甚至可以使得讀者跟隨該小說的好惡來臧否歷史人物，不管符合史實與否：「至於古來之有此人物否，人物之情事果眞確否，不問也。故所是者未必皆賢，所非者未必皆不肖（如潘美、張居正，小說中輒與杞、檜等觀）。即其小說之善者，亦不必盡傳，而傳者又不必盡善。」〔註66〕

既然歷史小說有巨大的影響與勢力，因此黃人在《小說小話》中，「茲據余少時所見而能追憶者，依歷史時代，不問良劣」〔註67〕，作了論次，並各加評點。據統計，黃人在《小說小話》中所評論的小說共八十七種〔註68〕，

〔註62〕 我佛山人《兩晉演義》，《月月小說》第1年第1期，1906年11月1日。

〔註63〕 我佛山人《〈剖心記〉凡例》。

〔註64〕 摩西《〈小說林〉發刊詞》，《小說林》第1期，1907年2月。

〔註65〕 摩西《〈小說林〉發刊詞》。

〔註66〕 蠻《小說小話》，《小說林》第3期，1907年4月。

〔註67〕 蠻《小說小話》，《小說林》第3期。

〔註68〕 龔敏《黃人及其〈小說小話〉之研究》，濟南：齊魯書社，2006年版，第113

多不經見者，魯迅《小說舊聞鈔》曾全部鈔入。阿英先生認爲：「其舊小說回憶一部分，尤爲中國小說史之重要資料。」〔註69〕黃人《小說小話》對古典小說目錄學貢獻良多，胡從經在在《中國小說史學史長編》中說：

> 黃人於 1907 年所做之《小說小話》實開小說目錄學之先河，他遍覽群書，博聞強記，臚列了明清章回小說數十種……即沿時代之先後，編纂了中國小說史史學史上第一份「講史」類通俗小說目錄……在中國小說史史學上，首次展現了「歷史小說」豐碩多彩的陣容，實際上也奠定了明清小說講史部目錄的基礎。〔註70〕

黃人在《小說小話》中，一反當時社會對舊小說的鄙薄風氣，評價歷史小說時，不僅態度比較平允，而且多從小說的藝術特徵上進行評論，所評屢有卓見。如他肯定董說《西遊補》一書，「點竄《楞嚴》，出入《三易》，其理想如《逍遙》、《齊物》，其詞藻如《天問》、《大招》。身丁陸沉之禍，不得已遁爲詭誕，借孫悟空以自寫其生平之歷史，雲譎波詭，自成一子」〔註71〕；批評《兩漢演義》、《東漢演義》和《兩晉演義》「平衍」〔註72〕；評價《野叟曝言》：「夫小說無所不包，然終於須天然湊合，方有情趣。若此書之忽而講學，忽而說經，忽而談兵論文，忽而誨淫語怪，語錄不成語錄，史論不成史論，經解不成經解，詩話不成詩話，小說不成小說。雜事秘辛，與昌黎原道同編；香奩妝品，與廟堂禮器並設；陽阿激楚，與雲門咸池齊奏，豈不可厭？且作文最患其盡，小說兼具文學、美術兩性質，更不宜盡。而作者乃以盡之一字，爲其唯一之妙訣，眞別有肺腸也。」〔註73〕黃人批評《野叟曝言》的內容過於駁雜，以致風格不協調，而且又犯了「文意過盡」之病，這的確是從小說藝術層面進行的審視。梁啓超等人曾指責舊小說「誨盜誨淫」，吳趼人不滿歷史小說「附會者當居百分之九九」〔註74〕。比起他們對於舊小說的鄙薄，黃人的態度是比較客觀公正的，對小說的美學特徵和創作方法也有更加

頁。
〔註69〕阿英《小說閒談四種·小說閒談》，上海：上海古籍出版社，1985 年版，第 41 頁。
〔註70〕胡從經《中國小說史學史長編》第 120～121 頁，上海：上海文藝出版社，1998 年版。
〔註71〕蠻《小說小話》，《小說林》第 2 期。
〔註72〕蠻《小說小話》，《小說林》第 3 期，1907 年 4 月。
〔註73〕蠻《小說小話》，《小說林》第 6 期，1907 年 11 月。
〔註74〕我佛山人《〈兩晉演義〉序》。

清晰的認識和獨到的評價。

小說林社同人還專門討論了歷史小說在社會上產生巨大影響的助因——也就是說，除了通過印刷品傳播之外，歷史小說的其他傳播手段。黃人在《小說小話》中，認爲：宗教、平話、演劇均有助於小說影響社會。宗教方面，祭祀關羽的廟宇遍佈天下，無疑會擴大《三國志演義》的傳播；而平話，因爲是口頭講授，就算是不識字的人也能聽懂：「小說得平話，而印入於社會之腦中者愈深。」至於戲劇，比平話更易於感動社會，「平話僅有聲而已，演劇則並有色矣。故其感動社會之效力，尤捷於平話」，故爲「小說之支流」〔註75〕。觚庵也持同樣觀點，並且進一步引申。他認爲：

> 《三國演義》一書，其能普及於社會者，不僅文字之力。余謂
> 得力於毛氏之批評，能使讀者不致如豬八戒之吃人參果，囫圇吞下，
> 絕未注意於篇法、章法、句法，一也。得力於梨園子弟，如《鳳儀
> 亭》、《空城計》、《定軍山》、《火燒連營》、《七擒孟獲》等著名之劇
> 何止數十，袍笏登場，粉墨雜演，描寫忠奸，足使當場數百十人同
> 時感觸而增記憶，二也。得力於評話家柳敬亭一流人，善揣摩社會
> 心理，就書中記載，爲之窮形極相，描頭添足，令聽者眉色飛舞，
> 不肯間斷，三也。有是三者，宜乎婦孺皆耳熟能詳矣。〔註76〕

他對黃人的觀點有所繼承，兩人都認爲戲劇、評話有利於小說普及；同時，觚庵又有自己的不同意見：他去掉了黃人所說的「宗教」，而添加了小說評點。《鐵甕燼餘》中，「鐵」重申了戲劇和彈唱小說的作用：

> 戲劇之效力，影響於社會，較小說尤大……戲劇者，一有聲有
> 色之小說也。

> 印刷物與演說，二者於社會影響最大，小說亦印刷物之一也。
> 吾謂彈唱小說者，亦演說一道耳。諄諄之誨，不若循循以誘人情然
> 也。苟於國民小說中多擇佳本，散佈城市鄉里間，廣爲演講，醒睡
> 獅、喚國魂，厥功偉矣。〔註77〕

「鐵」也在響應觚庵和黃人的基礎上，補充了一個新想法；即用新小說作爲彈唱內容。「自小說風行，新出者無慮百餘種，國民、歷史、社會、偵探，

〔註75〕蠻《小說小話》，《小說林》第3期。
〔註76〕觚庵《觚庵漫筆》，《小說林》第11期，1908年6月。
〔註77〕鐵《鐵甕燼餘》，《小說林》第12期，1908年10月。

或紀歐美事實，或言中外風俗，何患無彈講之資料耶？」在彈唱小說，正可改良其迷信、淫穢之弊端；在新小說，也可傳播其內容，影響社會。「一舉兩得，何樂不爲！」〔註78〕

綜上，吳趼人強調德育和重視歷史小說的觀點，和小說林社同人有相通之處。不過，在歷史小說的影響與傳播手段等方面，小說林社的同人的某些見解，吳趼人從未涉及；黃人還做了從藝術方面，羅列、評點舊曆史小說的努力，這也是吳趼人沒有或不屑去做的。但以上並非小說林社同人與吳趼人的根本分歧，讓小說林社同人深爲不滿的是，吳趼人關於歷史小說中的虛構因素的論述。

吳趼人去掉了歷史小說的虛構，導致「歷史不成歷史，小說不成小說」〔註79〕，是小說林社同人萬萬不能贊同的。黃人在《〈小說林〉發刊詞》中，著重批評了過度重視小說社會功能的風氣，該風氣趨向極端便有如下表現：「一小說也，而號於人曰，吾不屑屑爲美，一秉立誠明善之宗旨，……恐閱者不免如聽古樂，即作者亦未能歌舞其筆墨也。名相推崇，而實取厭薄」，所以他「甘冒不韙而不能已於一言」〔註80〕。筆者認爲，他在這裡是批評吳趼人。因爲當時的新小說界，主張利用小說進行社會教育和道德教化的所在多有，但沒有人「不屑屑爲美」，除了吳趼人。吳趼人要去掉小說最關鍵的因素之一，即虛構性，一意「立誠明善」，在黃人看來，這就是要去掉小說的「美」，這樣的小說「不過一無價值之講義，不規則之格言而已」〔註81〕。有意思的是，吳趼人正是要讓自己的歷史小說起到教科書和格言的作用，黃人卻斥之爲「無價值」、「不規則」。在歷史小說的眞實性還是虛構性更重要的背後，其實還是關於文學本質與功能的理解。吳趼人要讓小說附庸於歷史，而小說林社諸人則主張小說是美的，具有文體獨立性。

黃人不止在《〈小說林〉發刊詞》中批評吳趼人的小說觀，他在《小說小話》中也不忘提起：

> 歷史小說，當以舊有之《三國志演義》、《隋唐演義》及新譯之
> 《金塔剖屍記》、《火山報仇錄》等爲正格。蓋歷史所略者應詳之，
> 歷史所詳者應略之，方合小說體裁，且聳動閱者之耳目。若近人所

〔註78〕鐵《鐵甕爐餘》，《小說林》第12期。
〔註79〕蠻《小說小話》，《小說林》第2期，1907年3月。
〔註80〕摩西《〈小說林〉發刊詞》。
〔註81〕摩西《〈小說林〉發刊詞》。

謂歷史小說者，但就書之本文，演爲俗語，別無點綴幹旋處，冗長
拖沓，並失全史文之眞精神，與教會所譯土語之《新舊約》無異。
歷史不成歷史，小說不成小說。謂將供觀者之記憶乎，則不如直覽
史文之簡要也；謂將使觀者易解乎，則頭緒紛繁，事雖顯而意仍晦
也。或曰：「彼所謂演義者耳，毋苟求也。」曰：「演義者，恐其義
之晦塞無味，而爲之點綴，爲之幹旋也。兹則演詞而已，演式而已，
何演義之足云！」〔註82〕

在這段話中，黃人主要討論了歷史小說中虛與實的問題。與吳趼人強調忠實
於正史不同，他強調歷史小說要符合小說體裁，「歷史所略者應詳之，歷史所
詳者應略之」，不能只當歷史的傳聲筒。而「近人小說」拘泥於歷史眞實、以
致冗長拖沓，「歷史不成歷史，小說不成小說」。黃人沒有指出這個「近人」
是誰，但毫無疑問是吳趼人。吳趼人在《月月小說》序》中談到小說的功能，
於「改良群治」之外，他又補充了兩點，其一「足以補助記憶力」，其二「易
輸入知識也」。〔註83〕黃人在上面的引文中逐一作了針鋒相對的批駁。關於吳
趼人在《月月小說》上重磅推出的歷史小說，黃人認爲，那只不過是「演詞
而已，演式而已」，連演義都稱不上。

過分拘泥史實的歷史小說既然不可取，那麼小說林社同人心目中好的歷
史小說是什麼樣子的呢？黃人主張，歷史小說要有充分的虛構。他舉爲歷史
小說「正格」中的四部書：《三國志演義》、《隋唐演義》等在事實之外，各有
「七分」虛構，自不必說；林紓所譯《埃及金塔剖屍記》、《英孝子火山報仇
錄》的虛構成分顯然更多。如《英孝子火山報仇錄》敘「某英人爲報母仇奔
走十餘年，歷盡艱險，至墨西哥始行其志，後歸國與其未婚妻結婚，中敘墨
西哥之亡國慘狀，西班牙之虐待異種，野蠻人之迷信鬼神，皆與史書相印證」
〔註84〕。此書的重點是英人的報仇經歷，這位英人又並非歷史上的眞實人物，
可見，該小說確實以虛構爲主。觚庵也反對歷史小說過分翔實：

歷史小說最難作，過於翔實，無以異於正史。讀《東周列國
志》，覺索然無味者，正以全書隨事隨時，摘錄排比，絕無匠心經

〔註82〕 蠻《小說小話》，《小說林》第2期。

〔註83〕 吳趼人《月月小說》序》。

〔註84〕 商務印書館廣告，引自周振鶴編《晚清營業書目》，上海：上海書店出版社，
2005年版，第365頁。

營於其間，遂不足刺激讀者精神，鼓舞讀者興趣。若《三國演義》，

則起伏開闔，縈拂映帶，雖無一事不本史乘，實無一語未經陶冶，

宜其風行數百年，而婦孺皆耳熟能詳也。〔註85〕

舩庵強調作者的「陶冶」之功，而「陶冶」的時候，自然離不開適度的虛構。《小說林》雜誌上發表的歷史小說《孽海花》〔註86〕與《碧血幕》〔註87〕也都經過大量的「陶冶」，多有虛構之處。可見強調歷史小說的虛構性，是《小說林》同人的共同意見。

　　約與黃人（1866～1913）同時代的日本明治文學理論家坪內逍遙（1859～1935），在其名著《小說神髓》中，專門有一節談「時代小說的情節安排」。（按：這裡的「時代小說」和文中的「時代物語」，都指的是歷史小說。）他認爲：「小說之所以不同於歷史，在於它可隨意補足脫漏和表達作者恍如身臨其境的感覺。所謂補足缺漏，是指在正史中脫漏的事實，作者以自身的想像加以補充……小說和正史的最大差異，不外是補足脫漏一事」；「在寫時代物語中最應注意的主要事項是，應該盡量描寫內面的歷史，而略去表面的歷史。所謂表面就是指正史以及已經記載過的事。所謂內面的歷史則是指不見正史的事。」〔註88〕可見，小說林社同人重視歷史小說虛構性的想法，與坪內逍遙異曲同工。作爲小說林社理論骨幹的黃人，或許通過某些渠道，瞭解到坪內逍遙的歷史小說觀，然後再傳播給社中其他同人。當然，也可能是黃人自己思考的結果，是他在對於中國古代歷史小說廣泛閱讀的基礎上總結出來的規律。

　　以上談到了《小說林》同人對吳趼人歷史小說觀的爭鳴與贊同，而吳趼人也對黃人《小說小話》中對《水滸》的評價表示過不同意見：

輕議古人固非是，動輒牽引古人之理想，以闌入今日之理想，

亦非是也。吾於今人之論小說，每一見之。如《水滸傳》，誌盜之書

也，而今人每每稱其提倡平等主義。吾恐施耐庵當日，斷斷不能作

〔註85〕舩庵《舩庵漫筆》，《小說林》第 11 期。
〔註86〕《孽海花》，愛自由者發起、東亞病夫編述，連載於《小說林》第 1、2、4 期，1907 年 2～7 月，未完。
〔註87〕《碧血幕》，吳門天笑生編述，連載於《小說林》第 6～9 期，1907 年 11 月～1908 年 2 月，未完。
〔註88〕坪內逍遙著、劉振瀛譯《小說神髓》，北京：人民文學出版社，1991 年版，第 136、138 頁。

此理想，不過彼敘此一百八人，聚義梁山泊，恰似一平等社會之現
狀耳。吾曾反覆讀之，意其為憤世之作。〔註89〕

比較黃人在《小說小話》中論《水滸》的文字：

《水滸》一書，純是社會主義。其推重一百八人，可謂至矣。
自有歷史以來，未有以百餘人組織政府，人人皆有平等之資格，而
不失其秩序，人人皆有獨立之才幹，而不枉其委用者也。山泊一局，
幾於烏托邦矣。〔註90〕

黃人關於《水滸》的評論刊出日期為 1907 年 2 月，吳趼人的《雜說》刊
出日期為 1907 年 5 月 26 日。吳氏的議論恰好在黃人的論說刊出後不久發表，
意見又正好與黃人反對，可見，吳趼人很可能是在針對黃人發言。不過，在
這裡，吳趼人對於《水滸》的看法更符合小說的本來面目。黃人評《水滸》
的文字，正是吳趼人所說的「牽引古人之理想，以闌入今日之理想」。

四、小說林社對吳趼人言情小說觀的爭鳴及呼應

除了在歷史小說觀有所異同外，《小說林》同人在言情小說方面觀方面，
也對吳趼人有所呼應和爭鳴。

首先，《小說林》同人在雜誌上，表示了對吳趼人的言情小說觀的基本贊
同，但在一些說法上持保留意見。

《觚庵漫筆》表現出對吳趼人泛情觀的贊同：

今世言情小說多矣，而詮解「情」字，多未得當。余讀南海
吳趼人先生所著《恨海》一卷，篇首言情一段，實獲我心。其言
曰：「人之有情，係與生俱來，未解人事以前，便有了情。大抵嬰
兒一啼一笑，都是情。並不是那俗人說的『情竇初開』那個『情』
字。要知俗人說的情，單知道兒女私情是情；我說那與生俱來的
情，是說先天種在心裏，將來長大沒有一處用不著這個情字，但
看他如何施展罷了。對於君國施展起來，便是忠；對於父母施展
起來，便是孝；對於子女施展起來，便是慈；對於朋友施展起來，
便是義。可見忠孝大節，無不是從情字生出來的。至於那兒女之
情，只可叫做癡。更有那不必用情，不應用情，他那浪用其情的，

〔註89〕趼《雜說》，《月月小說》第 1 年第 8 號，1907 年 5 月。
〔註90〕蠻《小說小話》，《小說林》第 1 期。

那個只可叫做魔。還有一說，前人說的，那守節之婦，心如槁木死灰，如枯井之無瀾，絕不動情的了。我說並不然，他那絕不動情之處，正是第一情長之處。俗人但知兒女之情是情，未免把這個『情』字看的太輕了。」是其見地何等公平正大，說得「情」字何等磊落光明，正足一翻言情之案。〔註91〕

第12期的《鐵甕燼餘》也表達了對吳趼人的言情小說講究道德立論的贊同：

> 南海吳趼人先生恒曰：「作小說者，下筆時常存道德思想，則不至入淫穢一流。」斯言也，小說家當奉爲準繩。世風日漓，言情最合時尚，每見市上號爲「新小說」，或傳一歌妓，或揚人帷薄，人競購之，自好者且資爲談助，下焉者將目爲教科書矣。微論不足以改良社會，適足以敗壞道德耳。嗚呼！吾爲此懼！〔註92〕

但《小說林》同人對於吳趼人的言情觀並不一味支持，於贊許吳趼人言情觀「磊落光明」之後，觚庵筆鋒一轉，認爲吳趼人：

> 於「情」字外添一「癡」字、「魔」字，亦正不必。要知「情」字、「癡」字、「魔」字本無甚分別，所謂仁者見仁，智者見智，癡者魔者無一不自以爲多情，而有情者亦無一不絕癡入魔者也。〔註93〕

這是比吳趼人更加通脫的見解。

在對具體言情小說──《紅樓夢》和其中人物形象的評價上，觚庵也表示出與吳趼人不同的意見：

> 《恨海》中論《紅樓夢》一段謂：「寶玉用情，不過是個非禮越分罷了。若要施得其當，只除非施之於妻妾之間。幸而世人不善學寶玉，不過用情不當，變了癡魔；若是善學寶玉，那非禮越分之事，便要充塞天地了。後人每每指稱《紅樓夢》是誨淫導淫之書，其實一個『淫』字，何足以盡《紅樓》之罪？」是言亦不盡然。夫寶玉用情，何曾不摯？用之於妻妾之間，彼與林黛玉情深誼切，雖薛寶釵尤不能奪其初意，其情之專若是。至如兄妹親戚間，處處慰貼周旋，謂爲多情可也，謂以情癡情魔，則固寶玉之所不肯認，而

〔註91〕觚庵《觚庵漫筆》，《小說林》第10期，1908年4月。
〔註92〕鐵《鐵甕燼餘》，《小說林》第12期。
〔註93〕觚庵《觚庵漫筆》，《小說林》第10期。

況加以一「淫」字乎？《紅樓夢》自是絕世妙文，謂爲誨淫導淫，

眞冬烘學究耳。夫冬烘學究，何能讀絕世妙文者？〔註94〕

舺庵太喜歡《紅樓夢》了，因此在雜誌上罵非難《紅樓夢》「誨淫導淫」的人（包括吳趼人在內）是多烘學究，而推許《紅樓夢》是「絕世妙文」。

《小說林》第 11 期甚至還刊登廣告徵稿，準備開設「《紅樓夢》叢話」一門（可惜因停刊而未果）：

敬告愛讀《紅樓夢》諸君

我國舊小說以《紅樓夢》爲第一。其中深文奧義，命名記時，甚至單詞片語，篇章句讀，每每人執一詞，家騰一說，津津樂道之。然未有輯成專書者。本社敬告愛讀諸君，苟有發明之新玫據、新議論、新批評、新理想，不論長篇短札，以及單詞隻義，請寄交本社發行所。《小說林》報中專設「《紅樓》叢話」一門，擇尤登載之。

俟積久成帙，即精印單行本，分贈投函諸君，以酬雅意。幸勿吝教。

〔註95〕

由此可見，《小說林》雜誌在回應《月月小說》總撰述吳趼人的言情小說觀時，既贊同吳氏對於道德的注重，又不贊同吳氏的道德標準過於狹隘；在對具體作品《紅樓夢》的評價上，充分肯定《紅樓夢》的藝術成就，而不贊同吳趼人出於維護舊道德而對《紅樓夢》的貶斥。這一立場是比較客觀可取的。

綜上，《小說林》並不是關起門來辦雜誌，它積極參與了當時的小說討論，在歷史小說和言情小說方面，都表達出與《月月小說》總撰述吳趼人或爭鳴或呼應的意見，並且發生了一定作用：

吳趼人本來有歷史小說甲乙兩部的宏偉計劃，但《兩晉演義》還沒有結束，即自第 10 期停刊；從第 11 期起，改爲連載吳氏另一部歷史小說《雲南野乘》，只標注爲「歷史小說」，未按照甲乙部的順序排下去。僅三期（第 11～12 期，第 14 期）而止，此後，一直到《月月小說》出至第 24 期停刊，該雜誌上再也沒有歷史小說刊出。《兩晉演義》的停載，直至歷史小說在《月月小

〔註94〕同上。《恨海》中，論《紅樓夢》的一段引文，是吳趼人借男主人公仲藹之口而發的議論，《舺庵漫筆》中所引的，並不完全是《恨海》原文，有的地方是舺庵的撮述；參見《吳趼人全集》第五卷「恨海」，哈爾濱：北方文藝出版社，1998 年版，第 58 頁。

〔註95〕《敬告愛讀〈紅樓夢〉諸君》，《小說林》第 11 期，1908 年 6 月。

說》上的徹底消失，固然是與《月月小說》易主，吳趼人自第九期始，不再擔任總撰述有關，但也很可能是由於社會反應不佳——《小說林》雜誌對吳趼人歷史小說的批評就是一種重要的反對聲音。

不管是強調歷史小說的虛構性，還是反對吳趼人狹隘的言情觀、肯定《紅樓夢》等小說的藝術價值，背後其實是：新小說中「善」與「美」兩種因素孰先孰後問題的交鋒。吳趼人片面強調「善」，排斥了「美」；以黃人爲代表的小說林社同人強調「小說者，文學之傾於美的方面之一種也」，也不排斥善。兩相對比，小說林社同人的看法顯然更爲通脫，更有利於文學擺脫附庸地位，獲得獨立性。吳趼人的看法雖然偏頗，但他爲國爲民的心卻是眞誠的，他的努力，也是「新小說」發展之路上的一種嘗試。「新小說」運動自上世紀初發端，迄今已過百年，先賢的種種探索，都值得我們敬仰。

餘論　小說林社理論與出版實踐的差別

《小說林》的小說理論極爲出色，表現爲：客觀判斷小說與社會的關係，確定小說的審美本質和獨立性，重視古典小說，從藝術特徵方面分析小說等等。黃人是《小說林》的理論靈魂，徐念慈次之。徐念慈和黃人之所以能高出同儕，乃是因爲吸收了日本和西洋文學及美學理論：黃人接受了從日本轉口的十九世紀英國文學批評，徐念慈接受了從日本轉口的德國美學理論。也就是說，他們小說理論的卓然不同，受明治時期日本文化界影響很大。

既然小說林社的理論如此超群，爲什麼他們出版的小說中，經得起時間考驗的經典名作很少，還是以通俗的偵探和言情小說爲主？

筆者認爲：其一，是由於二十世紀初民營出版社的迅速崛起與商業化。小說林社是一個股份有限公司，一個人做不了主。「在初意願想順應潮流，先就小說做成個有統系的譯述，逐漸推廣範圍，所以店名定了兩個。後來爲了各人的意見，推銷的關係，自己又捲入社會活動的漩渦，無暇動筆，竟未達到目的，事業就失敗了。」〔註96〕這裡明確點出了「推銷的關係」。在商業化的大潮流中，小說林社想要生存下去，就必須重視市場需要，市場又比較歡迎通俗小說。而且，商業化未必是壞事。新小說能被社會各界迅速接受，主要應歸功於出版者對市場的把握。如果出版者只出梁啓超《新中國未來記》

〔註96〕病夫《復胡適的信》，《眞美善》第 1 卷第 12 號。

式的小說,雖然有教育意義,但是因缺少趣味,讀者不喜歡,反而可能使舊小說有反撲的餘地,新小說就會迅速退出歷史舞臺。筆者認爲,正是由於民營出版社的商業化,促進了新小說的商業化,從而使得新小說在社會上取得重要地位,從而爲五四接受西方小說奠定了心理基礎。

其二,也與小說林社諸人的知識結構有關。在這個以翻譯外國小說爲主的出版社中,三位最出色的人物裏,曾樸有系統的法國文學史知識,但他忙於社會事務,而且他在小說林社時期翻譯的《影之花》,並非經典之作,可能他當時的文學鑒賞能力不一定很高。黃人懂西方文學理論,卻未必有系統的西方文學史知識,他翻譯的《銀山女王》、《啞旅行》等小說亦非名作。徐念慈可能沒有很多西方文學史知識,他的西方美學知識也有欠缺,文學鑒賞能力亦不如黃人,是三人中較遜色者,但徐爲主持小說林社日常事務的負責人。而五四作家很多人既懂外語,又有出國留學經歷,自然對西方文學比較熟悉,所以能夠系統地翻譯經典作品。

其三,受制於小說林社的稿源。在商業化大潮衝擊小說出版界的同時,小說新民論仍在社會上有相當勢力,而小說藝術論主張的人很少。小說林社諸人的小說觀在當時屬於鳳毛麟角。他們的作者群總體水平與小說林社的主持人物相差過遠,自然不會有太多好的稿源。

第五章　小說林社翻譯小說研究

第一節　小說林社出版翻譯小說的動機及稿源

　　小說林社是以出版翻譯小說爲主的出版社，要討論小說林社，離不開它的翻譯研究。在進入具體討論之前，我們先考察一下該社出版翻譯小說的動機。

一、小說林社出版翻譯小說的動機

　　三十年代，曾樸在致胡適的信中，曾談到自己糾合同志，創立小說林社的動機，是這麼說的：陳季同的啓蒙，使他對於法國文學有了興趣；在臥病的幾年裏，他仔細研讀法國文學後，梁啓超提倡的小說界革命也興起了，但是：

> 　　那時社會上一般的心理，輕蔑小說的態度確是減了，對於外國
> 文學整個的統系，依然一片模糊。我就糾合了幾個朋友，合資創辦
> 了「小說林」和「宏文館」書店；起初意願想順應潮流，先就小說
> 上做成個有統系的譯述。逐漸推廣範圍，所以店名定了兩個。〔註1〕

曾樸的上述自白，曾經讓筆者一度先入爲主地以爲：曾樸當年創辦小說林社，出版翻譯小說，完全出於文學目的，是要介紹外國小說藝術入中國，以改造我們的文學。但是，小說林社廣告給了我們不一樣的答案。下面按照時間順序討論小說林社在廣告中透露的宗旨。

〔註1〕　病夫《復胡適的信》，《眞美善》第 1 卷第 12 號。

　　以筆者閱讀所見，小說林社表明宗旨的廣告，最早的是甲辰八月（1904
年 9～10 月）的《無名之英雄》書後廣告《小說林之趣意》：

　　　　　黑暗世界，永永陸沉，開明社會，尸功小說。本社以輸灌文明，
　　開通風氣爲主要。特與海內通人訂約著譯，次第出版。

這裡出現了小說林社宗旨一「輸灌文明，開通風氣」，但還是對小說的社會作
用的強調，與文學藝術無關。

　　接著是甲辰十月（1904 年 11～12 月）的《美人妝》書後廣告：

　　　　　泰西論文學，推小說家居首，誠以改良社會，小說之勢力最大。
　　我國社會黑暗甚矣，而舊小說之勢力，實左右之。邇年始稍稍有改
　　革小說界之思想，然羼雜蕪穢，又居半數。本社爰發宏願，鈴鐸同
　　胞，先廣購東西洋小說數百種，延請名人翻譯，復不揣檮昧，自造
　　新著，或改良舊作，務使我國小說界，範圍日擴，思想日進，由翻
　　譯時代而進於著作時代，以與東西諸大文豪，相角逐於世界，而於
　　舊社會亦稍稍有影響焉，是本社創辦之宗旨也。今擬月出書五六種，
　　首尾完具，版片如一，彙集巨帙，即成叢書。海內外同志，當有拭
　　目而歡迎者。

這個廣告即使不是出自曾樸之手，也應該是體現了他當時的想法。通過翻譯
外國小說，使我國小說「由翻譯時代而進於著作時代，以與東西諸大文豪，
相角逐於世界」，這正是曾樸從陳季同那裡接受的世界文學觀。〔註 2〕那麼，
怎樣「與東西諸大文豪，相角逐於世界」呢？筆者曾經想當然地認爲是在文
學成就上較量。但細讀上述廣告，卻發現事情並沒有那麼簡單。這段話極爲
強調小說對社會的影響：「改良社會，小說之勢力最大」；但我國舊小說非但
承擔不了這個任務，還起了反作用，導致社會弊端，因此，小說林社才要通
過翻譯外國小說來影響、改造舊社會。這正是當時典型的小說新民派口氣，
其關注點主要在小說內容方面，而非小說藝術。此廣告還有一個重要觀點：
力圖通過翻譯外國小說，來使「我國小說界範圍日擴，思想日進」。什麼是「範
圍日擴」？主要是指經由翻譯外國小說，引進我國沒有的小說類型，如科學
小說、偵探小說等等，以擴大我國小說的題材範圍。什麼是「思想日進」？
即是由通過翻譯外國小說，以輸灌文明，開通風氣。可見，其所論仍是以改

〔註 2〕　參見本書第一章《小說林社的創辦、發起與結束》第一節《曾樸與小說林社
　　　　的創辦》。

革小說內容爲主，與小說藝術方面關係不大。筆者認爲，曾樸和小說林社同人當年也許有朦朧的小說藝術考量，但對小說社會作用的重視，對改造小說內容的重視，仍是他們創建出版社時的第一著眼點。

光緒三十一年三月十一日（1905 年 4 月 15 日），小說林社得到了來自「欽命二品頂戴江南分巡蘇松太兵備道」袁樹勳頒發的版權保護。其中提到小說林社翻譯外國小說的目的，稱：「竊職等以輸灌文明、開通風氣，推小說爲最，糾合同志，集有成款，擇歐美小說中之新奇而宗旨正大者，翻譯成書，增進國民知識，以輔教育之不足。」〔註 3〕也就是說，小說林成立的宗旨即是要借小說來「輸灌文明，開通風氣」，「增進國民知識，以輔教育之不足」。這些都與小說的文學性無關。

光緒三十一年十一月（1905 年 11～12 月），《車中美人》後有「謹告小說林社最近之趣意」的廣告：

> 本社刊行各種小說，以稗官野史之記載，寓誘智革俗之深心。……值此競爭劇烈之潮渦，竊附於寓言諷世之末座，博雅君子或有取焉。

這裡指出，小說林社的小說「誘智革俗」，仍是在強調小說的社會作用。

光緒三十二年六月（1906 年 7～8 月），小說林社開始刊行小本小說，明確強調小說的娛樂作用：「供諸君酒後茶餘、公暇課罷作一消遣法」。〔註 4〕

從以上引述的小說林社廣告可以看出，小說林社翻譯外國小說的動機基本是爲了「輸灌文明，開通風氣」，以影響於社會；到後期，又加入了對小說娛樂消遣作用的強調。而關於小說的文學價值，在上述廣告中基本沒有提到。

光緒三十一年十一月（1905 年 11～12 月），小說林社確定了自己的十二種小說類型（小說林社以出版翻譯小說爲主，所以也是十二種翻譯小說類型）。這十二種類型及小說林社對其所作的界定如下：

> 歷史小說（誌以往之事迹，作未來之模型；見仁見智，是在讀者。）
> 地理小說（北亞荒寒，南非沙漠，《廣輿》所略，爲廣見聞。）
> 科學小說（啓智秘鑰，闡理玄燈。）
> 軍事小說（尚武精神，愛國汗血，觀陸海戰史，奕然有生氣。）

〔註 3〕見小說林社《車中美人》（1905 年 11～12 月出版）書後廣告。
〔註 4〕見《女首領》下卷書後廣告《謹告最新發行小本小說之趣意》。《女首領》，英倫媚姿女史著，支那井蛙譯，小說林社丙午六月（1906 年 7～8 月）版。

偵探小說（變形易相，偵察鉤稽，為小說界新輸入者。）

言情小說（疾風勁草，滄海巫山；世態寫真，人心活劇。）

國民小說（三色之旗，獨立之門，洛鐘其應，是在銅山之崩。）

家庭小說（家庭教育，首重幼稚，盧叟栢氏，咸以小說著名教育界。）

社會小說（由種種現象，成色色世界；具大魔力，超無上乘。）

冒險小說（偉大國民，冒險精神，魯濱遜歟，仭樸頓歟？雁行鼎足。）

神怪小說（希臘神話，埃及聖跡，歐西古俗，以資博覽。）

滑稽小說（曼倩、淳于，著名昔史；詼諧談笑，繼武后塵。）〔註5〕

　　這十二種類型，透露出兩個傾向，正是前面談過的「範圍日擴，思想日進」。偵探小說是「小說界新輸入者」，譯入中國，無疑可以擴大我國小說的範圍。地理和神怪小說，一個「廣見聞」，一個「資博覽」，再加上啟發智慧的科學小說，都是為了給讀者開闊眼界，補充知識，這是知識層面的「思想日進」；而歷史小說、軍事小說、國民小說、家庭小說、冒險小說則透露出強烈的新民色彩，這是國民改造層面的「思想日進」。社會小說通過展現醜惡現象，刺激讀者猛醒，也與社會改良相關；而言情小說，既然強調「世態寫真，人心活劇」，可見與社會小說有類似功能。滑稽小說看似不承擔社會教育功能，只是強調「詼諧談笑」，但是，我們應該記得，東方朔（曼倩）和淳于髡正是憑藉自己的滑稽來進行諷諫的人物。總之，這十二種小說類型的劃分，仍是與小說內容和小說的社會作用相關聯，而基本不涉及小說的藝術特性。

　　總之，從小說林社廣告的「本社宗旨」來看，從小說林社的實際出版所包括的十二種小說類型來看，曾樸和小說林社同人當年出版翻譯小說的動機，主要是希望在內容上改造中國文學，而很少藝術方面的考慮。

二、小說林社譯稿來源的綜合考察

　　一個出版社的正常運作，離不開稿源。小說林社的翻譯小說稿源主要來自以下幾個方面：核心人員自譯；小說林總編譯所編譯員翻譯；接受薦稿；徵稿、來稿，及組稿、約稿等。

〔註5〕　《謹告小說林社最近之趣意》，《車中美人》書後廣告，小說林社乙巳十一月
　　　　（1905 年 11～12 月）版。

（一）小說林社核心人員翻譯

小說林社的核心成員曾樸、丁祖蔭、徐念慈、黃人等都懂外語，也都親自翻譯過外國小說，或爲譯本作過文字潤色。

曾樸出生於上層士大夫家庭，家境豐裕。父親曾之撰雖然仕途不順，但與眾多名流交好，曾樸本人也得到過翁同龢等前輩的青睞。可以說，他基本生活在上層社會，沒有生活壓力。因而，曾樸走上翻譯小說的道路是自己的選擇，而不是爲生活所迫。

曾樸於 1895 年入同文館特班學習法文，當時的想法是，法語爲「外交折衝必要的文字」〔註6〕。但他在這個特班裏並沒有學到多少法語知識，只是打下了初步的法文基礎。此後，他主要靠「硬讀文法，強記字典」而自學成材〔註7〕。後來，曾樸的法文雖然沒有用到外交場合，卻成了他從事法國小說翻譯的語言準備。曾樸在小說林社期間，翻譯了法國作家嘉祿傅蘭儀的《影之花》〔註8〕和大仲馬的《馬哥王后佚史》兩種小說。前者採用京話，分章節，很注意保留西方小說的風味；後者用文言，章回體，顯示了他嘗試不同翻譯體式的努力。大仲馬並非法國第一流作家，嘉祿傅蘭儀到今天更是少人提起，曾樸在小說林社時期翻譯的兩部小說，都不是第一流的文學作品。筆者認爲，不考慮曾樸當年的文學鑒賞能力，不考慮翻譯動機的話，曾樸的法語水平很可能限制了他。曾樸學習法語主要靠自學，其法文程度到小說林社時期應該不會太高。這從他選擇的譯本可以看出，《影之花》「稍涉詞華，便掩眞境」〔註9〕，曾樸又用京話來翻譯它，很可能是由於原書語言風格淺顯易懂。

小說林社編輯部主任徐念慈懂日語，學者大多根據楊世驥所說，「弱冠精通英、日文字」，就誤會他懂兩種語言，但實際上，徐念慈只通日文。楊世驥的誤會可能來自徐翻譯過兩種原著爲英語的小說，即冒險小說《海外天》（英國馬斯他孟立特著）和科學小說《黑行星》（美國西蒙紐加武著）。而據

〔註6〕 盧白《曾孟樸先生年譜》（未定稿），《宇宙風》第二期，1935 年 10 月 1 日。

〔註7〕 病夫《復胡適的信》，載於《眞美善》第 1 卷第 12 號。

〔註8〕 《影之花》原書譯者標注爲「競雄女史譯意，東亞病夫潤詞」，據北京大學中文系比較文學與世界文學專業的馬曉冬博士考證，此書的譯者是曾樸。參見馬曉冬《文化轉型期的翻譯實踐——作爲譯者的曾樸》附錄四《〈影之花〉的譯者問題》，北京大學 2008 年博士學位論文。

〔註9〕 競雄《〈影之花〉敘例》，法國嘉祿傅蘭儀原著、競雄女史譯意、東亞病夫潤詞《影之花》上冊，小說林社，乙巳六月（1905 年 7 月）初版。

筆者考證，這兩種書都是徐念慈從日文轉譯而來：《海外天》譯自櫻井鷗村的《絕島奇譚》〔註10〕，《黑行星》則轉譯自黑岩周六（即黑岩淚香）的《暗黑星》〔註11〕。至於他學習日文的途徑，筆者認爲可能如下：1903 年，曾樸曾聘請金井雄來常熟教授日文，徐念慈可能隨之學習。

　　徐念慈的父親是一個秀才，他的家境並不寬裕，但爲人慷慨好義，講究公德，熱心社會公益事業：徐念慈在家鄉的時候，積極參與新式學校的創辦，競化女校即爲其一手建成；在上海，又義務擔任愛國女校等學校的教學工作。他中過秀才，然而鄙夷科舉，「弱冠淹貫中西學術」〔註12〕。他「論學主實用，古今不偏廢。朝夕所精研，國史與地志。兼治儔人學，能通幾何理」〔註13〕。可以說，中學西學、文科理科，他都有涉獵。筆者認爲，徐念慈翻譯外國小說動機有二：其一，是他對西學興趣的延續，小說也是西學的一種。其二，因爲徐念慈很講究公德和愛國，翻譯小說是他的新民理想的實踐。這從他選擇的小說類型可以看出來。徐念慈爲小說林社翻譯過以下幾部小說：軍事小說《新舞臺》，冒險小說《海外天》，科學小說《黑行星》，言情小說《美人妝》。他還翻譯過軍事小說《英德戰爭未來記》，1909 年由中國圖書公司出版。

　　徐念慈翻譯小說的特點是：多用白話（除《新舞臺》用淺易文言外，其他三種都是使用流暢生動的白話），很注意保持西方小說的獨特風味。

　　丁祖蔭是小說林社的三位重要股東之一（另兩位是曾樸和朱積熙），他懂日語，但並沒有翻譯日文小說，只爲周作人潤色過譯作《玉蟲緣》和《俠女奴》。他對小說林稿源的聚集起了很大作用：丁祖蔭曾就讀於江蘇南菁書院，該書院彙聚了整個江蘇的優秀人才，他就是在那裡認識了蔣維喬，後來蔣維喬給小說林社推薦了多種小說。金松岑也在南菁書院學習過，兩人很可能因此結下了深厚情誼（1904 年始，金松岑協助丁祖蔭編輯《女子世界》）。金松岑在小說林社出版過翻譯小說《妒之花》。常熟人徐兆瑋也通過丁祖蔭，把自己的親戚唐海平的譯著投給小說林社。周作人最初給《女子世界》投稿，也是丁祖蔭發現了他，並讓他在小說林社出版了單行本。

　　黃人在小說林社時期，是東吳大學教師。東吳大學待遇優厚，他不必靠

〔註10〕櫻井鷗村譯《絕島奇譚》，東京：博文館，明治三十五年（1902 年）版，世界冒險譚第十二編。

〔註11〕黑岩周六譯《暗黑星》，日本朝報社，明治三十七年（1904 年）版。

〔註12〕丁祖蔭《徐念慈先生行述》，《小說林》第十期，1908 年 10 月。

〔註13〕龐樹柏挽徐念慈詩，《小說林》十二期，1908 年 10 月。

譯小說謀生。黃人懂日語，翻譯過日本小說《啞旅行》（日本末廣鐵腸著）和《銀山女王》（日本押川春浪撰，摩西譯補）。此外，他還潤色過奚若譯的偵探小說《大復仇》和沈伯甫譯的偵探小說《日本劍》。黃人的翻譯，都是用流暢生動的白話。

綜上，小說林核心人員的翻譯大都採用白話，也很注意保持西方小說的原有風貌，且翻譯質量較高。

（二）小說林社總編譯所譯員翻譯

據筆者閱讀所見，小說林社編譯所，除了編輯部主任徐念慈外，還先後有以下三位加入：吳步雲，陳鴻璧，包天笑。

吳步雲爲小說林社翻譯了偵探小說《一封書》（上卷甲辰十一月、下卷乙巳二月）、《彼得警長》（上中卷丙午正月、下卷丙午四月），豔情小說《女魔力》（上卷乙巳五月、中卷乙巳六月、下卷丙午二月）、《萬里駕》（上卷乙巳六月、中下卷乙巳十一月），共四種 11 本。

從內容上看，吳步雲的四部譯作中，有兩部偵探小說、兩部言情小說，都是緊跟社會上的流行趨向。從形式上看，除《一封書》外，吳步雲的其他三部譯作都是白話章回體。《一封書》也是用白話翻譯的，雖然分節，但仍有章回體的痕跡。

總之，吳步雲的翻譯沒有什麼突出特點，所翻譯的小說，選材、結構、文筆均無新穎之處。但他翻譯的小說銷量不錯，均再版過。

繼吳步雲之後，擔任小說林社專任譯員的是陳鴻璧。陳鴻璧（1884～1966），原名陳碧珍，女，廣東新會人。少年時就讀於上海中西女塾。清光緒三十三年（1907 年），在上海女子中學和育賢女學校任教。辛亥革命時期，任《神州日報》主編，後任《大漢日報》編輯。陳熱心教育事業，民國元年（1912 年），在上海創辦旅滬廣東幼稚園（後改小學），自任校長，兼授英語課。1921 年，新校舍在寶源路落成。1926 年，更名爲廣東公學。1930 年，又定名爲私立廣東中小學並附設幼稚園，一·二八淞滬抗戰爆發後，校舍被日軍炸毀。她一面籌劃資金在廢墟上重建校舍，一面租房堅持辦學。上海八·一三事變後，新建校舍再度被毀，損失慘重，她無力再建新校舍，於是租屋辦學，直至上海解放。中華人民共和國成立後，陳仍擔任廣東中小學校長。1953 年，因年邁多病辭去校長職務，在家休養。她生平儉樸自廉，終生獨

身。〔註14〕

陳鴻璧共為小說林社翻譯過四種小說：英國佳漢的科學小說《電冠》、法國加寶耳奧的偵探小說《第一百十三案》、佚名的歷史小說《蘇格蘭獨立記》、英國維多夫人的偵探小說《印雪簃譯叢》。只有《印雪簃譯叢》、《蘇格蘭獨立記》在小說林社出過單行本。另外，《第一百十三案》在《小說林》上未刊完，陳鴻璧後來譯完後，改題《一百十三案》。由廣智書局於 1909 年出版。

陳鴻璧和小說林社合作的開始是翻譯《蘇格蘭獨立記》第一卷。此書出版於丙午七月（1906 年 8～9 月），但在乙巳十一月（1905 年 11～12 月）的《車中美人》書後廣告就預告了此書的出版，當時標明的狀態是「譯述中」。陳鴻璧可能是在《蘇格蘭獨立記》出版的前後進入小說林社，從此成為該社專任英文譯員。此後，她又於丙午十一月（1906 年 12 月～1907 年 1 月）出版了單行本《印雪簃譯叢》。1907 年初，《小說林》雜誌創刊後，陳鴻璧在上面連載《電冠》、《第一百十三案》、《蘇格蘭獨立記二、三》共三種長篇譯作。《小說林》雜誌總共刊載過九部長篇翻譯小說，陳鴻璧譯作占三分之一；而且，小說林編輯部主任徐念慈在陳鴻璧的每部譯作後都詳加評點，足見她在該社佔據特殊地位。

陳鴻璧採用意譯的翻譯方法：「常先熟原文，乃竟操筆自作，故所述無失，而絕無結澀之病。」〔註15〕《第一百十三案》、《電冠》屬於西方的分章體，《印雪簃譯叢》雖然分為五回，但每一回是一個獨立的小故事，且無回目，實際上還是西方的分章體。《蘇格蘭獨立記》雖是章回體，但沒有「且聽下回分解」等套話。陳鴻璧用文言翻譯，譯筆極為生動流暢。

包天笑，出身於蘇州一個小商人家庭。十七歲時，父親去世。從此開館授徒，擔起養家重任。十九歲時中秀才。後來在蘇州與朋友們開設東來書莊，自任經理，出售日本圖書、文具及中國的新學書報，還出版過雜誌《勵學彙編》。該店極其興旺，蘇州府的幾個縣份，如常熟、吳江等縣，都來東來書莊

〔註14〕 本段中的陳鴻璧生平，據 http://www.shtong.gov.cn/node2/node4/node2249/zabei/node40620/node40622/node63623/userobject1ai52144.html 和 http://www.shtong.gov.cn/node2/node4/node2249/node4412/node17460/node62299/node63578/userobject1ai51451.html 綜合概括。

〔註15〕 蟄競《〈一百十三案〉序》，《一百十三案》，法國加寶耳奧原著，新會陳鴻璧譯，新民社，1915 年版。

買書、訂雜誌。就在東來書莊，包天笑認識了曾孟樸。住在吳江同里鎮的金松岑也是東來書莊的老主顧，每到蘇州，必來訪包天笑。

　　包天笑在蘇州的時候，他的一位譜兄弟楊紫驎正在上海虹口中西書院讀書，為了學習英文，經常到舊書店去搜尋。一天，楊紫驎找到了《迦因小傳》，兩人便合作翻譯，由楊紫驎口譯，包天笑潤辭。後來《迦因小傳》的單行本由文明書局出版，所得版權費，包天笑與楊紫驎分享。這是包天笑譯小說書的開始。以後，包天笑又從日文轉譯了兩種小說《鐵世界》和《三千里尋親記》，都得到了很好的報酬：包天笑在文明書局所得的一百餘元，以當時的生活程度，除了到上海的旅費以外，還可以供幾個月的家用。從此以後，他便提起了譯小說的興趣，把考書院博取膏火的觀念，改為投稿譯書了。

　　包天笑先後學過英文、法文，都淺嘗輒止。在蘇州當家庭教師的時候，本願寺的日本和尚開設日文學堂，他和朋友李叔夏、馬仰禹一起報名，每天下午五時，去上一個小時的課。學過三個多月後，小有所成，輟學自修。程度是略懂日文文法，也能看懂漢文較多的日文書。他作為東來書莊的經理，經常要到上海去進貨。上海虹口已有日本書店，可以買日文書，也可以託他們到東京去訂購。此外，包天笑還託留學日本的朋友，到舊書店中搜求小說。他託朋友搜求日文小說有兩個條件：一是要譯自歐美的；一是要書中漢文多而日文少的。以包天笑的日文程度，對於日文本土詞彙太多的小說，翻譯起來有困難。因此，他不喜歡日本人自著的小說，而專選他們譯自西文的書。森田思軒和黑岩淚香的漢文極好，譯筆通暢，包天笑於是最喜歡翻譯他們兩位的書。

　　包天笑譯過幾部書出了名後，就有人約他寫稿。他在山東青州府中學堂教書的時候，曾樸曾寫信來，徵求小說稿。包天笑積極回應，他的《秘密使者》上冊是小說林社在正式開業時推出的四本書之一，因此，他也是小說林社的元老級譯者。包天笑在青州府中學堂時期，還在小說林社出版有《俠奴血》、《無名之英雄》、《法螺先生譚》、《法螺先生續譚》、《一捻紅》四種譯作。這幾本書底本都是日文，原書是他從上海到青州時，在上海虹口日文書店買的。

　　在青州府中學堂的時候，包天笑也給《時報》投稿。狄葆賢、陳景韓請他到《時報》，曾孟樸也邀請他到小說林來。於是，到了一九○六年夏曆二月中旬，包天笑來到了上海。剛到上海，曾孟樸便託徐念慈來訪他，請他到小說林總編譯所去。包天笑兩邊都答應了，他下午和晚上在時報館，上午九點

鐘至十二點鐘在小說林，小說林給他每月薪金四十元，星期天有休假，稿酬另算，千字二元。包天笑有了時報館的八十元，再加上小說林的四十元，每月有一百二十元的固定收入，而家庭開支與個人零用，每月至多不過五六十元而已，非常寬裕。包天笑到了小說林社後，又和楊紫驎（磻溪子）合譯了《身毒叛亂記》，還寫了一部長篇小說《碧血幕》（載《小說林》雜誌 6～9 期，未完）、一部短篇小說《三勇士》（載《小說林》雜誌第四期）。他還擔任編輯工作，幫忙看稿子與改稿子。

筆者十分懷疑，小說林社小本小說叢書（開始於 1906 年六月）中的三種創作小說《埋香記》（伯熙陳榮廣著）、《小紅兒》（品花小史著）與《鴛鴦碑》（李小白著），之所以被小說林社採用，很可能是出於包天笑的趣味。這三本書都是傳統言情小說，情致纏綿，文字優美，恰合包天笑的口味，而小說林社大本言情小說的宗旨是「疾風勁草，滄海巫山，世態寫眞，人心活劇」，並不強調纏綿悱惻。

還是回到翻譯小說上來。包天笑翻譯的外國小說有以下幾個特點：內容上很強調開啓民智、改良社會。他的《秘密使者》是地理小說，《俠奴血》以及和楊紫驎合譯的《身毒叛亂記》是歷史小說，《無名之英雄》是國民小說，他只翻譯了一種偵探小說，即《一捻紅》。

從翻譯方法上看，包天笑主要採取了意譯策略。譯作雖然採用了西方小說的結構方式，但譯文文字風格非常中國化，充滿了中國式的審美情趣和美麗辭藻。而且，他慣用序跋和譯者插話對原作進行干涉，將自己對小說的理解傳達給讀者；有的時候，他的干涉太過有力，以致與原作者態度相反。

（三）接受薦稿

小說林社獲得譯稿的另一個重要途徑是接受同鄉、朋友、校友等的薦稿。尤其是丁祖蔭憑著自己廣闊的人際脈絡，獲得了很多高質量的薦稿。

《妒之花》的譯者金松岑是丁祖蔭南菁書院的校友。蔣維喬是丁祖蔭在南菁書院的同學兼好友，他和奚若一起合作翻譯了《福爾摩斯再生第二三案》、《福爾摩斯再生第四五案》、《福爾摩斯再生第六七八案》、《秘密海島》等四部小說（奚若譯述，蔣維喬潤詞）。謝愼冰譯的《銀行之賊》也是通過蔣維喬介紹給小說林社的〔註16〕。蔣維喬還介紹過吳步雲進小說林社。

〔註16〕蔣維喬《鶼居日記》甲辰年十月初四日（1904 年 11 月 10 日）：「寄仁冰譯《銀

　　此外，奚若獨立翻譯了《馬丁休脫偵探案》一二三冊、《髑髏杯》上中下冊與《秘密隧道》上下冊，和武進許毅共同翻譯過《愛河潮》上中下冊（元和奚若譯，武進許毅述），與黃人共同譯有《福爾摩斯偵探案大復仇》（奚若譯，黃人潤辭）。奚若作爲小說林社重要譯者，他的譯作能在小說林社出版，可能有黃人的因素（奚若是黃人在東吳大學的學生），也可能有蔣維喬的因素（在上海的時候，奚若和蔣維喬住在一起）。

　　還有常熟同鄉徐兆瑋把親戚唐海平的《小公子》介紹給丁祖蔭，丁祖蔭再推薦給小說林社。徐兆瑋《劍心簃乙巳日記》光緒三十一年正月二十七日（1905 年 3 月 2 日）條記有：「唐海平二十四日來，囑寄其所譯之《小公子》一回與丁芝孫，詢小說林中要購否？」同年二月初四日（3 月 9 日）條又云：「丁芝生覆函云：《小公子》一書，可售於小說林，譯費每千字計洋一元五角。」至乙巳七月（1905 年 8 月）和乙巳十一月（1905 年 11～12 月），《小公子》的上下冊分別在小說林社出版，唐海平沒有署名，譯者名標爲「小說林社員」。1905 年 11 月，唐海平到日本留學，靠譯稿維持生計。徐兆瑋於 1908 年 7 月，試圖把唐海平翻譯的兩部美國作家阿蘭博（即愛倫坡）的《活地獄》介紹給小說林社出版，〔註17〕但當時徐念慈已經去世，曾樸又入了端方幕府，小說林社業務幾乎陷於停頓。丁芝孫回信說：「念公遽卒，孟公北行，社中收稿無人主持。如可待至一月外者，則暫存敝處；否則即行寄還。」〔註18〕稿子在小說林社擱了四個月，也未見動靜，徐兆瑋只好去信索回。〔註19〕

　　丁祖蔭與小說林譯者任墨緣有通信來往。《丁祖蔭日記》丙午年五月廿二日（1906 年 7 月 13 日）有下列記載：「通信來：任墨緣。」任墨緣於丙午三月在小說林社出版了《情海劫》上下冊，標爲「吳江任墨緣譯意，武進李叔成潤詞」。可能是任墨緣認識丁祖蔭，丁將他的譯作推薦給小說林社；也可能是蔣維喬推薦給丁祖蔭，因爲潤詞人李叔成是武進人，蔣維喬同鄉兼同事。

　　　　行之賊》小說與芝孫。」
〔註17〕 徐兆瑋《戊申日記》六月二十一日（1908 年 7 月 19 日）：唐海平十六日函云：
　　　　『茲附呈怪奇小說二篇，懇爲刪削潤飾，介紹於小說林，譯費不計。』……
　　　　海平所譯之小說：一《活地獄》，二《狸奴怪》，皆美人阿蘭博著。」
〔註18〕 徐兆瑋《戊申日記》六月二十八日（1908 年 7 月 26 日）。
〔註19〕 徐兆瑋《戊申日記》十月二十日（1908 年 11 月 13 日）：「與丁芝孫書云：『前
　　　　寄短篇小說二種，小說林想不收稿，望便中交翰叔或肅叔轉寄唐海平，庶無
　　　　遺失。』」

後來任墨緣在《小說林》雜誌上發表過長篇翻譯小說《魔海》。

（四）徵　稿

小說林社還發佈過多則徵文廣告，進行徵稿。

甲辰八月（1904 年 9～10 月），《無名之英雄》書後廣告稱：本社「特與海內通人訂約著譯，次第出版」，同年十月（11～12 月）《美人妝》書後廣告稱「廣購東西洋小說數百種，延請名人翻譯」。這兩個廣告都沒有明顯的徵稿意思，也沒有明確的徵稿內容及範圍。

隨著小說林社規模的擴大，僅僅依靠同人翻譯，稿源顯然是不夠的。於是，乙巳五月（1905 年 6～7 月），小說林社在《日本劍》上冊的書後，刊發了明確的徵稿廣告：

廣告著譯小說諸君

本社見聞鄙陋，闕恨良多，如有海內通人譯著小說願印行世，請將原稿寄來（譯稿附原本），由本社總撰述選定付印，版權歸於本社。未入選者，即按原信住址姓氏於一月後奉還；入選小說譯著諸君，欲享何種權利，亦請詳細開明，由本社承認函訂。特此廣告。

該廣告明確規定了投稿的方式（譯稿要和原本一起寄來），和雙方應負的權利與責任（版權歸小說林社，不入選的稿子會退還；譯者應在來信時注明希望的報酬條件），已經是一個比較成熟的徵文廣告了。但該廣告中，並沒有對要征集的小說給出具體要求。

乙巳十一月（1905 年 11～12 月），在《車中美人》書後，刊出了《謹告小說林社最近之趣意》的廣告，將小說林社的小說劃分爲十二種類型，即歷史小說、地理小說、科學小說、軍事小說、偵探小說、言情小說、國民小說、家庭小說、社會小說、冒險小說、神怪小說與滑稽小說，爲投稿者指明了方向。

丁未三月（1907 年 4～5 月），《小說林》第三期發佈《募集小說》廣告，除規定了征集的小說類型外，還制定了具體的稿酬標準：

本社募集各種著譯家庭、社會、教育、科學、理想、偵探、軍事小說，篇幅不論長短，詞句不論文言、白話，格式不論章回、筆記、傳奇。不當選者，可原本寄還；入選者，分別等差，潤筆從豐致送。

甲等　每千字五圓

　　乙等　　每千字三圓

　　丙等　　每千字二圓

　　通信處：上海新馬路福海里小說林編輯所

　　若非信件掛號，如有失誤，本社不認其答。

　　由上可知，隨著小說林社規模的擴大，對社會徵稿的要求越來越具體，稿源也越來越豐富，從同人譯稿、薦稿逐步擴大到社會來稿。

（五）組織合譯及預約稿件

　　小說林社有幾個偵探小說系列，除了《馬丁休脫偵探案》由奚若獨立完成外，《聶格卡脫探案》、《福爾摩斯再生後探案》、《奇獄》都是由數人合譯而成：《聶格卡脫偵探案》第一至四冊由華子才翻譯，五、六冊由滄海漁郎、延陵伯子合譯，七至十六冊仍由華子才譯出。再如「福爾摩斯再生後探案」系列，《福爾摩斯再生第一案》，由周桂笙譯述；《福爾摩斯再生第二三案》和《福爾摩斯再生第四五案》、《福爾摩斯再生六七八案》由奚若譯述，蔣維喬潤詞；《福爾摩斯再生九十案》、《福爾摩斯再生十一二三案》又由周桂笙譯述。再如《奇獄》：《奇獄》一由林蓋天譯述，《奇獄》二改由華子才譯述。

　　這些多人譯述的系列書籍要想不撞車的話，必須依靠小說林社的協調。關於《福爾摩斯再生後探案》有一個小風波——《月月小說》第一年第五號曾經登出這樣一則新書介紹：

　　　　《歇洛克·福爾摩斯（一作呵爾唔斯）偵探案》，爲英國大文學家高能·陶耳（Conan Doyle）所著，蓋歐洲近世最有價值之偵探小說也。每一稿脫，各國輒繙譯恐後，爭相羅致。吾國譯本，以曩時《時務報》張氏爲最先，爾後續譯者接踵而起，如《包探案》、《續包探案》之類皆是也。顧原書至福爾摩斯被戕後，已戛然中止，幾成絕響；詎數年以後，作者又創爲再來之說，成書十三篇，合之前後諸作，無一相犯，無一雷同者。歐美各國，一時風行殆遍。吾國周君桂笙所譯《福爾摩斯再來第一案》，首先出版，頗受歡迎，而續譯者又踵起矣。夫譯書極難，而譯小說書尤難。苟非將原書之前後情形，與夫著者之本末生平，包羅胸中，而但鹵莽從事，率爾操觚，即不免有直譯之弊，非但令人讀之，味同嚼蠟，抑且有無從索解者矣。故此等小說，在歐美各國，則婦孺皆知，在吾國則幾於寂寂無聞。此其答，必非在原著之不佳明矣，毋亦遍〔繙〕譯之未盡合宜，

故不足以動人耶？小說林社主人，知其然也，故自第八案以後，仍
倩周君桂笙，一手譯述。今最後之第十一、二、三三案，亦已出版，
共釘一冊，編首縢以譯者小影一幀，益見該社精益求精，不遺餘力
矣。本社受而讀之，覺其理想之新奇，誠有匪夷所思者，洵近今繙
譯小說中之不可多得者也。爰爲溯其原〔緣〕起，著之於篇，以爲
一般愛閱佳小說者告。〔註20〕

這是《月月小說》雜誌上刊出的唯一一則小說林社新書介紹。之所以刊登，
是因爲廣告中的書籍《福爾摩斯再生後之探案第十一、十二、十三》爲《月
月小說》總譯述周桂笙的最新譯作。《福爾摩斯再生後探案》是由周桂笙和奚
若一起翻譯的，周桂笙譯第一案，奚若譯第二至八案，周桂笙接著譯第九至
十三案。而廣告中除了對《福爾摩斯再生後之探案第十一、十二、十三》大
加讚揚之外，還隱隱透露出對於奚若譯作的譏諷：《福爾摩斯再生後探案》是
周桂笙首先譯述的，別人（特指奚若）盲目跟風，但其譯作「鹵莽從事，率
爾操觚」，有「直譯之弊」，「味同嚼蠟」，「無從索解」，「不足以動人」，因此
導致原作在中國不能廣爲流傳，於是，「小說林社主人，知其然也，故自第八
案以後，仍倩周君桂笙，一手譯述」。

　　從引文中，我們可以看出，周桂笙對奚若和自己分譯《福爾摩斯再生後
探案》系列頗爲不滿，在推介自己新譯的同時，還不忘譏諷另一譯者。現在
我們要考察的是，在這個小小風波裏面，是否有小說林社有意的出版安排？
小說林社甲辰八月初版《無名之英雄》書後廣告「付印各書」欄目下，有《福
爾摩斯再生後第二三四五案》的廣告：

　　　華生筆記，元和奚若譯意。福爾摩斯與莫掌教同死山內，爲閱
書者所共惜。不意曾無幾時，莫被擒，福未死。事迹之奇，宛如天
外飛來。本社先將再生後之第二三四五案付印，閱者得其大概，並
歎其心思手段之愈爲敏捷迥異前日也。其第一案則當詳細勘定後再
行付印。

《福爾摩斯再生後第二三四五案》和第一案的版權頁都注明，發行日期是「甲
辰十二月」，而這則廣告告訴我們，《福爾摩斯再生後第二三四五案》乃首先
出版，周桂笙翻譯的第一案則需要「詳細勘定」後才能付印。既然需要「詳

〔註20〕《紹介新書〈福爾摩斯再生後之探案第十一、十二、十三〉》，《月月小說》第
　　　一年第五號，1907 年 2 月。

細勘定」，想必譯筆有粗疏之處。所以，隨之而來的《福爾摩斯再生後》第二
至八案由奚若接著翻譯也很正常。

從上例可以看出來，奚若和周桂笙合譯《福爾摩斯再生後探案》系列小
說，並不是二人自發組合，而是小說林社的安排。這種安排在別的系列探案
中也可以見到。甲辰十一月出版的《奇獄》一是林蓋天從日文轉譯的，底本
爲日本千原伊之吉所譯《奇獄》，由京都的日本同盟法學會於明治二十一年
（1888 年）出版，共二十回，每回各爲一案。林蓋天譯了前六案，他的譯筆
比較枯澀，而且刪掉了很多細節。卷首《例言》中說，「原文於實際情況描寫
盡致，故其敘事頗涉瑣碎，直譯之，未免令讀者生厭，今於下筆時，隨手刪
節，以期簡明。然自信未失原書之意旨」。但由於刪節太多，文章讀起來不夠
生動。（需要指出的是，刪節並不全由林蓋天負責，日譯者已對原書有很多縮
略。引文中的話，即是林蓋天直接譯自日文本的《凡例》。）而從日文轉譯，
還是不如直接從英文底本翻譯好。所以，丁未年四月出版的《奇獄》二，即
改由吳門華子才從英文譯出。同一本書，從採用日文譯本轉爲英文原本，並
更換譯者，可以見出小說林社嚴肅的出版態度。

小說林社還有預約稿件的情況（出版社主動和譯者主動的情況都有）：
甲辰八月（1904 年 9～10 月）出版的《無名之英雄》上冊書後廣告中，分
「已出版各書」、「付印各書」與「待印各書」三類。在「待印各書」項下，
共有《銀行之賊》、《法蘭西之血》、《天國人》、《空氣世界》、《大幻燈》、《法
螺先生》、《新法螺先生》、《波濤魂》等八種書，但後來在小說林社最終出版
的只有《銀行之賊》、《法螺先生》與《新法螺先生》諸書。甚至在「付印各
書」項下，《破乾坤》和《梅花郎》這兩種書後來也都沒有出版。查《新編
增補清末民初小說目錄》，也沒有看到小說林社這些未曾出版的小說名字。
而且，這種情況出現不止一次，乙巳十一月（1905 年 11～12 月），《車中美
人》書後廣告標爲「譯述中」的書目，如科學小說《海底庫》，偵探小說《男
裝偵探》、《女裝偵探》，社會小說《禽獸世界》，冒險小說《無人島》，後來
都沒有出版。

可見，小說林社並非只收已經著譯完畢的稿子，也接受還未開始著譯或
者正在著譯中的書稿。那麼，這些未完成的書是怎樣進入小說林社出版計劃
的呢？

筆者認爲，其中有兩種情況：一是由小說林社的成員向譯（作）者約稿，

二是由譯（作）者向出版社兜售。包天笑在金粟齋譯書處工作時，收了一些在日本留學的朋友的譯稿。金粟齋結束了，包天笑不想讓朋友們的勞作落空，這時正好有幾家新書店向他約稿，包天笑就把這些譯稿介紹給他們。介紹的方法是，「開出書名，略述大意，向這些新書出版家一一兜售，他們正值出版荒，都願意收受」〔註 21〕。筆者認爲，對於小說林社來說，以上兩種情況都有可能存在。

第二節　小說林社譯者簡況及分析

據筆者統計，在小說林社出版翻譯作品的譯者共有 74 人，現在筆者依次介紹其姓名、生卒年、籍貫、科舉及教育背景、其時職業或收入，以及其爲小說林社翻譯作品和與小說林社發生關係的途徑等簡況。

1、曾樸（1871～1935），筆名東亞病夫。江蘇常熟人。1891 年中舉。他在 1892 年赴京應試時，故意污損試卷，因此落第。考試後，父親曾之撰爲其捐了內閣中書。1895 年入同文館特班，學習法文，但只是打下初步基礎，後通過自學逐漸掌握法語。1904 年和丁祖蔭、朱積熙等人創立小說林社，任經理，1908 年入兩江總督端方幕。譯《影之花》上中冊，單行本。譯《馬哥王后佚史》，發表於《小說林》雜誌第十一、十二期，未完。

2、徐念慈（1875～1908），筆名覺我、東海覺我。江蘇昭文縣（今常熟）人。秀才。通日文。擅數學，1904 年開設速成算學函授班。小說林社建立後，徐念慈任編輯部主任，《小說林》雜誌主編。同時在上海愛國女校、商務印書館小學師範等新式學校任教，多爲義務。譯有《海外天》、《新舞臺》、《黑行星》、《美人妝》等多部小說，並爲《黑蛇奇談》（張瑛譯）、《魔海》（任墨緣譯）、《蘇格蘭獨立記》（陳鴻璧譯）等小說潤詞。

3、丁祖蔭（1871～1930），署名初我。江蘇常熟人。1889 年考中秀才，曾就讀江陰南菁書院，通日文。1903 年和朱積熙等人集股開設海虞圖書館，主要出售新學書籍，也兼及出版。1904 年 1 月創辦《女子世界》雜誌，任編輯和發行人。1904 年 9 月與曾樸、朱積熙等人創辦小說林社。但大部分時間居鄉，擔任常昭勸學所總董等多項社會職務。爲周作人譯作《玉蟲緣》、《俠

〔註 21〕包天笑《釧影樓回憶錄》五六《金粟齋的結束》，香港：大華出版社，1971年版，241 頁。

女奴》潤詞。

4、黃人（1866～1913），署名摩西、昭文黃人、黃摩西。江蘇昭文縣（今常熟）人。1894 年考中秀才。通日文。1901 年起任東吳大學漢文教習，1906年起任東吳大學校刊《學桴》主編，1906 到 1907 年任《雁來紅叢報》主編。譯《銀山女王》上中冊，《啞旅行》上下冊。潤色《福爾摩斯偵探案大復仇》（奚若譯）與《日本劍》（沈伯甫譯意），當時兩位譯者奚若和沈伯甫都是東吳大學學生。

5、海虞少年，江蘇常熟人（海虞為常熟古稱），生平不詳。和冉涇童子合譯小本小說《三疑獄》。

6、金松岑（1874～1947），《孽海花》發起者，署名愛自由者、吳江金一。江蘇吳江同里人，1898 年入江陰南菁書院。1902 年，同川學堂和同川自治學社成立，由金松岑主持校政；1906 年，同川學堂改名同川兩等小學，並創辦明華女學，為吳江現代新式小學教育的開始。通日文，但程度不高：1903 年譯日本宮崎寅藏《三十三年落花夢》時，還是由同鄉薛公俠口譯，金筆述。金松岑是丁祖蔭在南菁書院校友，1904 年起，協助丁祖蔭編輯《女子世界》。另外，金松岑是中國教育會成員，與章太炎交好；黃人和章太炎同在東吳大學教書，應聽說過他。包天笑在蘇州開東來書莊的時候，和金松岑認識。為小說林社譯有《妒之花》（署「社員編」），潤色《福爾摩斯偵探案恩仇血》（震澤陳彥譯意）。

7、陳彥，江蘇吳江震澤鎮人。和金松岑共同翻譯《福爾摩斯偵探案恩仇血》（震澤陳彥譯意，吳江金一潤詞）。

8、大愛，江蘇吳江人。譯《假女王案》，發表於《小說林》雜誌第九期。此前，在小說林社出版創作小說《文明賊》。是一個先出單行本、後在雜誌上發稿的例子。

9、任墨緣，江蘇吳江人。和李叔成合作翻譯《情海劫》（任墨緣譯意，李叔成潤詞），譯《魔海》（任墨緣譯意，東海覺我潤詞）。

10、弱男，江蘇吳江人。譯《大魔窟》（原名《塔中之怪》），署名「吳江弱男」。阿英先生在《晚清戲曲小說目》（上海：上海文藝聯合出版社，1954年版）中，把譯者標為「吳弱男」，後來的研究者也沿襲這一說法。吳弱男（1886～1973），安徽省廬江縣人，章士釗夫人，其父是「清末四公子」之

一的吳保初。吳弱男是我國最早的留學日本的女學生之一，1902 年赴日本東京，在青山女子學院攻讀英語。1905 年加入同盟會，任孫中山的英文秘書。1928 年李大釗被捕，她設法營救，後又籌款 3000 元，贍養遺屬，是中國婦女運動先驅者。建國後任上海市政協委員、文史館員。如果《大魔窟》的譯者名「吳江弱男」沒有印錯的話，其人便不是吳弱男，因為籍貫不符。而《小說林》第十期的《小說林目錄》中，譯者名單標為「弱男」，也難以確定「吳江弱男」確是「吳弱男」之誤。因此，《大魔窟》的譯者未必是吳弱男，在找到新材料前，只能存疑。筆者的處理是遵從原書標注的作者名。

11、包天笑（1876～1973），筆名吳門天笑生。江蘇吳縣（今蘇州）人。1894 年中秀才，在蘇州學習過三個多月日文，略識文法後，開始自學。還學過英文和法文，均短時間內放棄。1906 年到上海，任《時報》編輯，兼小說林社編輯。兩處付給他每月薪資總計 120 元，著譯小說另算，按每千字兩元付酬。譯《俠奴血》、《無名之英雄》、《秘密使者》、《法螺先生譚》、《法螺先生續譚》、《一捻紅》，和礀溪子合譯《身毒叛亂記》上中冊。

12、楊紫驎（1876～？），筆名礀溪子。江蘇吳縣（今蘇州）人。包天笑譜弟，上海虹口中西書院學生，通英文。和包天笑合譯《身毒叛亂記》（一名《印度魂》）上中冊，由楊口譯，包天笑筆述。

13、徐卓呆（1881～1958），原名傅霖，號築岩，又名卓呆、半梅。江蘇吳縣（今蘇州）人。早年留學日本學習體育，1905 年回國，在上海任體育教員，兼文明書局編輯。出版譯本《大除夕》，署名卓呆。並在《小說林》雜誌發表短篇創作小說《入場券》、《買路錢》、《樂隊》、《溫泉浴》，分別登載於第一、三、六、七期。與徐念慈、曾樸均有交遊。

14、吳步雲，本名繼杲，署名「洞庭吳步雲」。江蘇吳縣（今蘇州）人。南洋公學畢業，1904 年由蔣維喬推薦給曾樸，任小說林社英文譯員，1906 年離開，由陳鴻璧接替。1910 年左右任商務印書館《英文雜誌》編輯，後患肺結核去世。譯《一封書》、《女魔力》、《萬里駕》、《彼得警長》。

15、奚若（1880～1914），字伯綬，江蘇元和（今蘇州）人。1907 年畢業於東吳大學，通英文。1903 年任東吳大學格致幫教，同年任東吳大學校刊《雁來紅》雜誌總編輯。1905 到 1910 年為商務印書館翻譯了大量書籍，至遲在1908 年進入商務印書館編譯所。1910～1911 年間在奧柏林神學院（OBERLIN THEOLOGICAL SEMINARY）以 RICHARD PAI-SHOU YIE 註冊，特修碩士

學位。1911 年完成學業，被授文學碩士學位。回國後在中華基督教青年會工作，任《進步》雜誌編輯，以「天翼」之名在《進步》上發表譯著文多篇，直至 1914 年 8 月 25 日在上海去世。〔註22〕和蔣維喬共同翻譯《福爾摩斯再生第二三案》、《福爾摩斯再生第四五案》、《福爾摩斯再生第六七八案》、《秘密海島》等四部小說（奚若譯述，蔣維喬潤詞）；和許毅共同翻譯《愛河潮》上中下冊（元和奚若譯，武進許毅述）；和黃人共同翻譯《福爾摩斯偵探案大復仇》（奚若譯，黃人潤辭）；自譯《馬丁休脫偵探案》一至三冊，《髑髏杯》上中下冊，《秘密隧道》上下冊。

16、馬汝賢，江蘇元和（今蘇州）人，譯《福爾摩斯偵探案黃金骨》，很多研究者都找不到該書的英文原本，懷疑是偽譯。

17、華兮，江蘇蘇州人，通英文，譯《紅閨鏡》。署名「吳門華兮」。

18、盧達，江蘇蘇州人，譯《懸崖馬》上下冊，署名「吳郡盧達」。

19、周桂笙（1873～1936），上海人。幼年入廣方言館，後就學於上海中法學堂，專攻法文，兼攻英文，《月月小說》雜誌總譯述。在小說林社出版《福爾摩斯再生第一案》、《福爾摩斯再生九十案》、《福爾摩斯再生十一二三案》。

20、蔣維喬（1873～1958），江蘇武進（今江蘇常州）人。秀才。江陰南菁書院學生，丁祖蔭同學兼好友。協助丁祖蔭編輯《女子世界》。曾習英語，但水平不高，不能譯書。曾在上海科學儀器館學習博物課，多次與徐念慈討論植物學。商務印書館編輯，愛國學社、愛國女學、商務印書館速成小學師範講習所等多所新式學校教員，尚公小學校董兼教師。任教員不取酬，純義務。和奚若共同翻譯《福爾摩斯再生第二三案》、《福爾摩斯再生第四五案》、

《福爾摩斯再生第六七八案》、《秘密海島》等四部小說（奚若譯述，蔣維喬潤詞）。

21、許指嚴，署名武進許毅、不才。江蘇武進（今江蘇常州）人。1906始任南洋公學中院教師。著名的鴛鴦蝴蝶派作家。和奚若共同翻譯《愛河潮》上中下冊（元和奚若譯，武進許毅述），與木子合譯《情海魔》。

22、謝慎冰（1883～1952），又名謝仁冰。江蘇武進（今江蘇常州）人。曾在震旦公學學習，後就讀於北京京師譯學館。常州人演譯社成員，至遲於1947年入商務印書館。譯有《銀行之賊》，由同鄉好友蔣維喬推薦給丁祖蔭。

23、李叔成，江蘇武進（今江蘇常州）人。1906年經蔣維喬介紹入商務印書館。和任墨緣一起翻譯《情海劫》（任墨緣譯意，李叔成潤詞）。

24、謝忻，江蘇武進（今江蘇常州）人。譯《飛行記》（一名《非洲內地飛行記》）。

25、李涵秋（1873～1923），署名甘泉李涵秋、涵秋，江蘇揚州人。秀才，當過家庭教師，也寫稿謀生。譯《奇童案》（載《小說林》第九期）。爲徐念慈好友。另在小說林社出版有《雙花記》、《瑤瑟夫人》，均爲著作。

26、嵇長康，江蘇無錫人。潤色《鏡中人》（一名《女偵探》）上下冊（俞箋墀譯述，嵇長康潤辭）。

27、章仲謐，江蘇無錫人。和章季偉合譯《黃鉛筆》上下冊。

28、章季偉，江蘇無錫人。和章仲謐合譯《黃鉛筆》上下冊。

29、冉涇童子，江蘇無錫（無錫城內有冉涇橋）人。和海虞少年合譯小本小說《三疑獄》。

30、王蘊章（1884～1942），江蘇無錫人。1902年中舉，1910年主編商務印書館《小說月報》，1915年主編該館《婦女雜誌》。譯《綠林俠談》，載《小說林》第五期。

31、林蓋天，署名「丹徒林蓋天」。江蘇鎮江人。通日文，譯有《奇獄》一，原書是美國麥枯准爾特（George Mcwatters）的 *Detectives of Europe and Africa*，但林蓋天從日本千原伊之吉的《奇獄》譯出。原書共二十章，林蓋天譯出前六章，分別是《假死僞葬案》、《郵書之奇禍》、《金剛石之項鏈》、《籤票》、《金網》。

32、唐人傑，字海平，江蘇太倉人，爲小說林社譯有《小公子》（1905年版，署名「小說林社員」）。1902年，入常熟人張鴻、徐鳳書等設立的東亞譯

書會。1905 年，留學日本，譯稿爲生。其譯作除《小公子》外，還與徐鳳書合譯《破天荒》、《模範町村》兩種小說，與徐有成、胡景伊合譯《歐羅巴通史》。這三種書都不是小說林社的出版物。

33、俞箴墀，浙江德清人。譯《鏡中人》（一名《女偵探》）上下冊（俞箴墀譯述，嵇長康潤辭）。

34、周作人（1885～1967），筆名會稽萍雲女士、萍雲、平雲、碧羅、黑石等。浙江紹興人。科舉屢次失敗，1901 年入江南水師學堂，1906 年到日本留學，通英文。譯作《俠女奴》連載於《女子世界》雜誌第 8～12 期，後在小說林社出版單行本。譯《女獵人》，發表於《女子世界》13 期；譯作《荒磯》，發表於《女子世界》14～15 期；譯作《天鵞兒》，載《女子世界》16、17 期合本。譯《玉蟲緣》，半做半譯《孤兒記》，這兩種書都在小說林社出有單行本。《孤兒記》得到了二十元報酬，是其生平第一筆金錢稿酬。周作人是丁祖蔭在編輯《女子世界》時發現的作者：自《女子世界》第 8 期始，一直到停刊，周作人在每一期上都有著譯小說，幾乎是《女子世界》的專欄小說作者。因此，丁祖蔭將他的三種單行本（《俠女奴》、《玉蟲緣》、《孤兒記》）交由小說林社出版。

35、魯迅（1881～1936），署名索子，浙江紹興人。科舉失利後，先後在江南水師學堂、南京礦路學堂讀書，1902 年到日本留學。通日文。譯短篇小說《造人術》，經周作人介紹，刊登於《女子世界》第 16、17 期合本。

36、鴛水不因人，浙江嘉興（鴛水是嘉興的鴛鴦湖）人。譯《福爾摩斯偵探案深淺印》。很多研究者都找不到該書的英文原本，懷疑是僞譯。

37、陳鴻璧（1884～1966），廣東新會人。譯《電冠》、《第一百十三案》、《蘇格蘭獨立記》、《印雪簃譯叢》。上海中西女塾畢業，通英文。1906 年始，任小說林社譯員；1907 年，兼任上海女子中學和育賢女學校教師。

38、黃翠凝，廣東番禺人，通日文。丈夫早逝，靠賣文供給兒子張毅漢讀書。和陳信芳合譯《地獄村》（日本雨迺舍主人原譯，載《小說林》9～12 期）。

39、陳信芳，通日文，曾赴日本留學。和黃翠凝合譯奇情小說《地獄村》（日本雨迺舍主人原譯，載《小說林》9～12 期）。

40、沈伯甫，東吳大學學生，籍貫生平不詳。1907 年東吳大學首次授予畢業生學士學位，沈伯甫獲得中國第一個文學士學位。和黃人合譯《日本劍》

上下冊（沈伯甫譯意，黃摩西潤詞）。可能通英文。

41、延陵伯子，疑為江蘇丹陽人，因為延陵是古縣名，治所在今江蘇丹陽東南。和滄海漁郎合譯《棄兒奇冤》，以及《聶格卡脫偵探案》第五、六冊。

42、滄海漁郎，和延陵伯子合譯《棄兒奇冤》，以及《聶格卡脫偵探案》第五、六冊。

43、木子，譯《電感》。與不才（許指嚴）合譯《情海魔》。

44、陶曧旦，譯《軍役奇談》，此書並非小說，而是軍事雜談，後絕版。

45、曼陀，譯《竊電案》（一名《英日同盟電被盜案》）。

46、逍遙生，譯《海屋籌》上下冊。

47、寄生蟲，和無腸子合譯《少年偵探》上中下冊。

48、無腸子，和寄生蟲合譯《少年偵探》上中下冊。

49、張柏森，譯《燧中燈》。

50、飯囊，譯《狸奴角》、《鴻巢記》。

51、張瑛，譯《黑蛇奇談》，發表於《小說林》雜誌第1～9、11、12期，後出單行本。

52、鶴笙，譯《新戀情》上中冊。

53、井蛙，譯《女首領》上下冊。

54、鐵冰，譯《纖手秘密》。

55、君穀，譯《巴黎秘密案》上下冊。

56、沈海若，譯《俠英童》上下冊。通英文，書從英文原本譯出。

57、斯人，譯《劍膽琴心錄》。

58、小說林社員，譯《車中美人》。

59、社員，譯《雙豔記》（署名「社員編」）。

60、小說林總編譯所，譯《母夜叉》與小本小說《將家子》。

61、烏衣使者，譯《胠篋術》。

62、沈賓顏，譯小本小說《里城案》。

63、越鹵，譯小本小說《黃鑽石》。

64、竹書，譯小本小說《紅泥記》。

65、窮漢，譯小本小說《海門奇案》。

66、方笛江，譯小本小說《鬼室餘生錄》。

67、鋌夸，譯小本小說《賣解妃》（一名《狄克傳》）。

68、支那笑我生，譯小本小說《霧中案》。

69、鐵漢，和黼臣合譯《好男兒》，載《小說林》雜誌第 9 期。即李佛侅（又名李茀侯），據 1934 年 8 月 11 日《申報》，其爲「小說林特約編撰。」

70、黼臣，和鐵漢合譯《好男兒》（黼臣譯意，鐵漢演義），載《小說林》雜誌第 9 期。

71、羅人鸃，譯《外交秘鑰》，載《小說林》第 11 期。

72、石如麟，譯短篇小說《劈棺》，載《小說林》雜誌第 11 期，通英文，從英文譯出。

73、病狂，譯小本小說《香粉獄》。《小說林》第七期《新書紹介》認爲此書「名爲譯本，疑亦出於著作」。該書語言十分流暢，看不出翻譯痕跡，筆者也懷疑其爲創作。姑從原書著錄。

從地域看，在 73 位譯者中，已知籍貫的 38 人，其中江蘇爲 32 人，浙江 4 人，廣東 2 人。還有 35 位不明籍貫者，筆者估計，江浙一帶譯者應占很大一部份。從已知資料不難看出，小說林社是一個以江蘇譯者爲主的出版社。就江蘇省內來看，蘇州府有 19 人（常熟 5 人，吳江 5 人，吳縣 4 人，元和 2 人，蘇州 2 人，太倉 1 人），常州府 10 人（武進 4 人，常州 1 人，無錫 5 人），松江府 1 人（上海 1 人），揚州府 1 人（甘泉 1 人），鎮江府 1 人（丹徒 1 人）。除甘泉稍遠外，以上地區都在江蘇東部，離上海很近的地方。蘇州府人數最多的原因，有地理因素，更多人事因素：小說林社是常熟人所辦，同府的譯者與小說林社主辦人交遊較多，投稿也較方便。如吳江有 5 名譯者之多，很可能是因爲金松岑的推薦。

年齡上看。小說林社譯者大多出生於十九世紀七、八十年代，爲小說林社翻譯時，只有二、三十歲，非常年輕。開設小說林社的 1904 年，黃人 39 歲，曾樸 34 歲，丁祖蔭 34 歲，徐念慈 30 歲；包天笑 29 歲，陳鴻璧 21 歲，周作人 20 歲，魯迅 24 歲。

從性別看，確定爲女性的只有三人：陳鴻璧、黃翠凝、陳信芳。吳江弱男不一定是吳弱男，不計在內。

從科舉功名和教育背景看，小說林社譯者中，功名最高的是舉人（曾樸、王蘊章等），大多是秀才（丁祖蔭、徐念慈、包天笑、蔣維喬等），有的連秀才都沒有取得（周作人、魯迅等）。

　　相當多的譯者出身新式學校（吳步雲，南洋公學；陳鴻璧，中西女塾；
奚若、沈伯甫，東吳大學；謝憶冰，震旦公學；周作人，江南水師學堂；魯
迅，江南水師學堂，南京礦路學堂，日本留學等等），這些出身新式學校的
人大都外語較好，多從英語底本譯書，且較忠實（經作者對比，奚若、周作
人的翻譯極其忠於原作），但這部分人的中文水平似乎不夠好，需要另外的
人來潤詞。如蔣維喬、許毅、黃人給奚若潤詞，黃人給沈伯甫潤詞，丁祖蔭
給周作人潤詞等等。也有的人出身半新式學校（曾樸，同文館特班；蔣維喬、
丁祖蔭、金松岑，南菁書院），而在半新式學校學習的經歷，使得他們對西
學發生興趣，也有較開闊的眼界，這爲他們投身小說翻譯和出版提供了基
礎；有的人（如曾樸）還打下了初步的語言基礎。而且，他們雖然語言水平
不一定高，但中文素養很不錯。更多的人並非科班出身，只是經過短期的語
言培訓，基本依靠自學（如包天笑），外語水平並不好。後者又分兩種情況，
一些人的外語水平雖然不夠好，但擅於挑選適合自己的底本來翻譯，中文又
很流暢，譯作就很受歡迎。如包天笑，他只上過三個月的日語班，但他挑選
漢字多的日文小說爲原本，本人又文采飛揚，所以他的譯本在當時非常暢
銷，《時報》、小說林社、《月月小說》都爭先刊用。另外一些人的外語不夠
好，中文也不行，譯作語言枯澀，且未必忠實原作。小說林社的譯者中，這
部分人也占不小比重。

　　也有一部分譯者是新式學校教師（黃人，東吳大學教師；許指嚴，南洋
公學教師；徐念慈、蔣維喬、徐卓呆、陳鴻璧，新式中小學堂教師），也有
不少是出版人（曾樸、徐念慈，小說林社；蔣維喬、李叔成，商務印書館；
徐卓呆，文明書局；周桂笙，《月月小說》雜誌社，等等）。

　　有的人以譯稿謀生（黃翠凝、唐海平、包天笑等），甚至靠譯稿能獲取
優裕的生活（但只限於名家，如包天笑）；也有的人不以此謀生，如曾樸、
黃人、丁祖蔭等。

　　極少數人在爲小說林翻譯小說前，有過出國經歷，如徐卓呆、魯迅，但
絕大部分人沒有出過國。

　　通過上面的分析，筆者得到如下結論：小說林社的譯者群是以江蘇人爲
主，他們屬於在晚清新舊過渡時代崛起的新一代年輕知識分子，大多與新式
學校或者新書出版業有關，厭惡科舉或走不通科舉之路，對西學有興趣或有
簡單瞭解。他們的外語水平良莠不齊，很少人有出國經歷，這在很大程度上

限制了他們的視野和文學鑑賞能力。他們中間有相當一部分人有強烈的新民願望，要通過自己的譯作改良社會；但也有的人只是賣稿而已，譯出的書質量較差（並非概指所有以譯稿為生者，包天笑的譯書態度就非常嚴肅）。

第三節　小說林社翻譯小說概觀

一、翻譯文體：文言與白話

小說林社共出版 104 種單行本翻譯小說，其中有 14 種用白話翻譯，即徐念慈所譯《黑行星》、《海外天》、《美人妝》，黃人所譯《銀山女王》上中冊、《啞旅行》上下冊，曾樸所譯《影之花》上中冊，吳步雲所譯《一封書》上下冊、《女魔力》上中下冊、《萬里駕》上中下冊，謝慎冰所譯《銀行之賊》，徐卓呆所譯《大除夕》，張瑛所譯《黑蛇奇談》，斯人所譯《劍膽琴心錄》，小說林總編譯所所譯《母夜叉》，鶴笙所譯《新戀情》上中冊。也就是說，在小說林社的翻譯小說中，文言小說約占 82.5%。

徐念慈在《余之小說觀》中，曾經專門用一小節來探討文言與白話的問題。他說：

> 就今日實際上觀之，則文言小說之銷行，較之白話小說為優。果國民國文程度之日高乎？吾知其言之不確也。吾國文字，號稱難通，深明文理者，百不得一；語言風俗，百里小異，千里大異，文言白話，交受其困。若以臆說論之，似白話小說，當超過文言小說之流行。其言語則曉暢，無艱澀之聯字，其意義則明白，無幽奧之隱語，宜乎不脛而走矣。而社會之現象，轉出於意料外者，何哉？余約計今之購小說者，其百分之九十，出於舊學界而輸入新學說者，其百分之九，出於普通之人物，其真受學校教育、而有思想、有才力、歡迎新小說者，未知滿百分之一否也？……夫文言小說，所謂通行者既如彼，而白話小說，其不甚通行者又若是，此發行與著譯者，所均宜注意者也。〔註23〕

為什麼明明知道白話小說銷行不如文言小說，還是翻譯和出版白話小說呢？我們且看兩段譯者的自我陳述：

〔註23〕覺我《余之小說觀》，《小說林》第十期，1908 年 4 月。

　　小說一道，文話不如俗話，各處的土話又不如北京的官話。何以呢？文話的力量，只能到社會裏的一小部分；要是再用高等的文法，那就格外限在小陪〔部〕分裏的一小部部〔分〕，稍微識幾個字，不通文理，或是稍通文理的人，都不能懂得。如果全用俗話，不但稍微識幾個字、不狠通文理的人，能夠懂得；就是連一個大字都不識的人，叫人念給他聽，也可以懂得。況且翻譯東西洋的小說，往往有些地方，說話的口氣、舉動的神情、和那骨頭縫裏的汁髓，不拿俗話去描畫他，到底有些達不出，吸不盡。所以我說文話不如俗話。不過，俗話裏頭，又有個分別：就像蘇白、上海白，只有本地的人能懂；換了隔府隔縣的人，就未必能懂；再要是北邊人，格外看著他茫然，差不多連一句也不懂。如果用北京的官話，雖然南邊人也未必全懂，究竟看得懂的地方多些，斷沒有個全不懂的。況且現在的有心人，都講究著國語統一，在這輪船火車還沒有通行內地的時候，也沒有別的法子，只有拿官話多編些小說，叫但凡看過這部小說的人，多少懂幾句官話，也未嘗不是國語統一的一個引線。這樣看來，豈不是各處的土話，又不如北京的官話嗎？現在我這部書，全用北京官話演說，裏頭沒有一句咬文嚼字、嵌進生硬典故、雜湊字眼的地方，也沒有一句一字夾雜著別處土話土音的地方，直頭可以當官話教科書看。〔註24〕

　　我用白話譯這部書，有兩個意思：一是這種偵探小說，不拿白話去刻畫它，那骨頭縫裏的原液，吸不出來，我的文理，夠不上那麼達；一是現在的有心人，都講著那國語統一，在這水陸沒有通的時候，可就沒的法子，他愛瞧著小說，好歹知道幾句官話，也是國語統一的一個法門。我這部書，恭維點就是國語教科書罷。〔註25〕

也就是說，用白話翻譯的原因有二，其一，白話小說通俗易懂，有利於普及：稍通文理的人能看懂，目不識丁的人聽別人講述，也能聽懂。而且，時值晚

〔註24〕鶴笙《〈新戀情〉閒評》，鶴笙譯《新戀情》上冊，小說林社，丙午五月（1906年6～7月）版。

〔註25〕小說林總編譯所《〈母夜叉〉閒評》，小說林總編譯所譯《母夜叉》，小說林社，乙巳四月（1905年5～6月）版。

清「國語統一」運動，用白話譯小説，還可以起到國語教科書的作用。其二，
用白話來翻譯小説，才能更準確地傳達出東西洋小説的原汁原味。

　　小説林社翻譯小説中，使用的白話有兩種：一種是北京官話。曾樸、徐
念慈、黃人、徐卓呆、鶴笙翻譯的時候，都用的是北京官話，這樣確實更容
易保存原書的風味。請看徐念慈譯《黑行星》的開頭：

　　　黑行星！黑行星！

　　　這句話從哪裏發起？原來是一個信號，從火星球上的天文臺知
　　會我們地球上的。自得了這個信號，細細考察，果然見天空的一方，
　　有一從未見過的黑點，想來就是黑行星了。

　　　我們地球上和火星球通訊的地方，是在喜馬拉雅山最高峰頂上
　　的中央天文臺。這信號一到後，中央天文臺使用電光通訊法，報告
　　全地球。〔註26〕

楊世驥稱讚徐念慈「那種近乎直譯的白話文，和保持著西洋小説所特有的風
格」，是最「值得注意的地方」〔註27〕。至於徐文是否直譯，我們後面再討論，
而他的白話譯文能夠保持西洋小説的獨特風格，倒是確論。

　　另一種是採用明清小説中的俗話。吳步雲的三部譯作，張瑛的《黑蛇奇
談》，以及「小説林總編譯所」的《母夜叉》，用的就是這種語言。以這種語
言譯述，不太容易保存原作風格。一方面，採用明清俗話翻譯，很容易在譯
作中保留白話章回體的遺跡。如吳步雲譯《一封書》，雖然分成了二十二節，
但每一節結尾都有「要知後事如何，且聽下回分解」、「欲知後事如何，且待
下文譯出」的字樣，開頭也有「卻說」、「卻說一日……」、「卻說這回是全書
的一個楔子，沒有什麼可觀處。欲知書中所載何事，且待下回譯出，便知分
曉」等等。另一方面，採用明清小説中的俗話，在字句上也不利于忠於原作。
《母夜叉》的譯者說：

　　　白話犯一個字的病就是「俗」。我手裏譯這部書，心裏拿著兩
　　部書做藍本，一部就是《水滸》，那一部不用說了。所以這書裏罵人
　　的話，動不動就是「撮鳥」，或者是「鳥男女」，再不就是「鳥大漢」，
　　卻也還俗不傷雅。又像那偵探夜裏瞧見人家私會，他不耐煩，自言

〔註26〕美國西蒙紐加武著、東海覺我譯述《黑行星》，小説林社，乙巳七月（1905
　　年8月）版，第1頁。
〔註27〕楊世驥《徐念慈》，《文苑談往》（第一集），上海：中華書局，1946年版。

自語地說道：「那鳥男女想已滾在一堆，叫得親熱。我兀自在這裡扳空網，有什麼鳥趣！」就拿著這樣的蠢話，也覺得沒有什麼難聽，那「俗」字差不多可以免了。〔註28〕

《母夜叉》的原著是法國朱保高比（Fortune du Boisgobey，1821～1891）的 *Margot la Balafree*，黑岩淚香翻譯成《如夜叉》，日本扶桑堂 1891 年出版〔註29〕；「小說林總編譯所」正是從日文轉譯而來。無論十九世紀末、二十世紀初的法國人還是日本人，都不會說出《水滸》時代的「鳥男女」之類的話。作者這樣翻譯出來的小說，顯然與原作風味有差。當然，我們也不能苛責前人。晚清時期，寫白話「下筆之難，百倍於文話」〔註30〕，大部分文人又沒有機會長期在北方生活，所以只能去明清小說中借鑒。如曾樸那樣，能寫出漂亮純熟的京話文的，實不多見。我們還要看到，用明清小說中的白話來翻譯西洋小說，並非一無是處，起碼可以使讀者感到親切，讀起來更有興味。

而當時用白話還是文言來翻譯小說，有時並不全是作者的個人選擇，也受到原作語體風格的限制。徐念慈所譯《海外天》，原作雖然是 Captain Marryat 的 *Masterman Ready, or, the Wreck of the Pacifiic*，〔註31〕但他是從櫻井鷗村的《絕島奇譚》（東京：博文館 1902 年版）轉譯而來。而櫻井的這本譯作屬於「世界冒險譚」第 12 編，是系列少年冒險小說中的一種。既然面對的讀者對象是少年，那麼，小說內容自然也不會太深。確實，《絕島奇譚》是用一種淺易日語（裏面有大量的中文字，而且是比較接近白話的中文字）譯出。徐念慈用白話來重譯，既是要保持原書風格；同時，這樣翻譯也比轉成文言更省力。再如，徐念慈所譯《黑行星》，原作是 Simon Newcomb 的 *The End of the World*，但他是從黑岩淚香譯的《暗黑星》（日本朝報社，1904 年版）轉譯而來的。我們試引原書一段與徐念慈譯本相對照：

〔註28〕小說林總編譯所《〈母夜叉〉閒評》，小說林總編譯所譯《母夜叉》。

〔註29〕樽本照雄《新編增補清末民初小說目錄》，濟南：齊魯書社，2002 年版，第492 頁。

〔註30〕姚鵬圖《論白話小說》，《廣益叢報》65 號，1905 年；轉引自陳平原、夏曉虹《二十世紀中國小說理論資料》第一卷（1897～1916），北京：北京大學出版社，1997 年版，第 151 頁。

〔註31〕樽本照雄《〈航海少年〉原作探索》，《清末小說から》第 59 號，2000 年 10月 1 日。

　　黑岩淚香《暗黑星》：暗黑星！暗黑星！

　　徐念慈《黑行星》：黑行星！黑行星！

　　黑岩泪香《暗黑星》：遥かに天の一方，怪しき暗黑星が現れたとの信號，火星世界の天文臺から發せられた。

　　徐念慈《黑行星》：這句話從哪裏發起？原來是一個信號，從火星球上的天文臺知會我們地球上的。自得了這個信號，細細考察，果然見天空的一方，有一從未見過的黑點，想來就是黑行星了。

　　黑岩泪香《暗黑星》：此信號かヒマラヤ山の絕頂にある我中央天文臺に達し，中央天文臺から全世界電光信號を以て傳くた。

　　徐念慈《黑行星》：我們地球上和火星球通訊的地方，是在喜馬拉雅山最高峰頂上的中央天文臺。這信號一到後，中央天文臺使用電光通訊法，報告全地球。

　　可以看出，徐念慈的翻譯文體與底本《暗黑星》所用文體比較相似。在這裡，譯者採用白話文，不僅由於他主觀上想要保留原作風味，也因爲順著底本的文體來翻譯比較省力。這種情況在以日文爲底本的翻譯小說中比較常見。

二、翻譯方法：直譯與意譯

　　清末的小說翻譯家，在譯介外國小說的時候，大多采用意譯之法，直譯的很少。小說林社也是如此：意譯小說占相當大一部分，直譯小說則很少。

　　小說林社的翻譯小說，意譯的表現主要有；

（一）改變原作體例

　　徐念慈的《黑行星》本是轉譯自黑岩淚香的譯本《暗黑星》。《暗黑星》原有二十一節，分別是：一《驚く可き信號》，二《何事の前兆》，三《人心の動搖》，四《惊く可き方角》，五《理學博士の先見》，六《理學研究所》，七《博士の異樣なる舉動》，八《秘密の契約》，九《博士の演説》，十《理學者と世人と哲學者》，十一《哲學家の論理》，十二《愈よ十二月に入る》，十三《衝突の其日》，十五《其日の夜》，十六《歐米兩大陸の實況》，十七《夜の光景》，十八《人類總て死滅す》，十九《地の底に生ッ殘た人》，廿《再び見たる此世》，廿一《一切の終末、博士の斷案》。徐念慈根據黑岩淚

香《暗黑星》重譯的《黑行星》卻只有七節：一《可驚的信號》，二《軌道之測量》，三《理學研究會》，四《哲學家的論理》，五《最後的審判》，六《泥濘的地球》，七《地底的生人》。兩書的章節對應關係大致是：

《黑行星》	《暗黑星》
一《可驚的信號》	一《驚く可き信號》
二《軌道之測量》	二《何事の前兆》，三《人心の動搖》，四《惊く可き方角》五《理學博士の先見》
三《理學研究會》	八《秘密の契約》，九《博士の演說》，十《理學者と世人と哲學者》
四《哲學家的論理》	十一《哲學家の論理》，十二《愈よ十二月に入る》
五《最後的審判》	十三《衝突の其日》，十五《其日の夜》
六《泥濘的地球》	十六《歐米兩大陸の實況》，十七《夜の光景》，十八《人類總て死滅す》
七《地底的生人》	十九《地の底に生ッ殘た人》，廿《再び見たる此世》，廿一《一切の終末、博士の斷案》

黑岩淚香譯本《暗黑星》是先在明治三十七年五月六日到五月廿五日的《萬朝報》上連載，然後才結集成書的。中篇小說的篇幅，卻分了二十一節之多，想來是為了適應報刊連載的需要（原書連載了二十天）。而徐念慈的《黑行星》不到一萬三千字，這麼短的篇幅，又是以單行本的形式出版，再學《暗黑星》分成二十一節的話，體例上就會比較瑣碎；而且，《暗黑星》的分段本來就不太合理，第八節「秘密の契約」非常短，只有 3 小段 211 字（徐念慈譯文只有 6 小段 372 字），如果徐念慈的譯本《黑行星》只用這六小段作為一節，忠實倒是忠實了，但在單行本小說中，這種體例比較奇怪。所以，徐念慈相應地做了調整，把《暗黑星》的二十一節合併為七節。

《暗黑星》是科學小說，主要寫的是：有一天，我們地球接收到來自火星的信號，得知將有一顆黑行星與太陽相撞。理學研究會會長明白此次撞擊將使太陽發出過量的光和熱而毀滅地球，這是無法挽回的。他暗地囑咐理學研究會的人攜家人住到研究會的地底房屋中，以便在大災難後使人類重新繁衍。果如博士所料，太陽因被黑行星衝開一個缺口而爆炸，地球上的一切東西都被焚燒乾淨。會長和幸存的人們來到地面上，發現地球上已經無以為生，只有等死而已。小說的情節性不強，主要以科學知識為主，容易使讀者覺得枯燥。徐念慈考慮到了這一點，他在自己的譯文中，便設法使原文更生動一

些。第三節《理學研究會》中，理學研究會會長理學大博士做了一個演講，內容主要是：由於黑行星即將與太陽相撞，太陽的傷口會發出比以前大許多倍的光和熱，從而燒毀地球，世界末日即將到來。這個演講很長，中文譯本近兩千字。黑岩淚香《暗黑星》的處理是，中間沒有任何穿插，博士一人演講到底。而徐念慈在譯作中屢次插入會員的反應和博士講演的情態，如：「眾人齊聲道：『聽！聽！』」，「眾鼓掌」，「說到這裡，博士面上現出狠憂愁的樣子，聲音也帶著顫」，「座中一個會員插口道：『請問會長，到了這個時候，南北極有無變動？』」「有三五個會員同聲發問道：『這樣的大劫，既然是全地球所同受的，會長又為什麼秘密，要挾我們不要泄漏呢？』」〔註32〕這些都是原文沒有的。有了這些添加，整篇講演就不顯得那麼枯燥了。

雖然徐念慈已經極力使這本科學小說有趣一些，但還有讀者表示看不懂：

> 全書敘黑行星與太陽衝突，將太陽外殼衝破，其原質便流散地球，焚燒殆盡。此外別無事實。科學家或有意味可尋，非小說家所能索解也。〔註33〕

我們看看寅半生的反應，就知道科學小說在當年確實生存艱難。那麼，徐氏譯文即使不很忠實於日文底本，我們也不該因此責備他。他是為了更好的適應出版形式與讀者口味，以使譯作得到更廣泛的傳播。

（二）增補原作

黃人翻譯的《銀山女王》上中冊，底本是押川春浪的《銀山王》（東京：博文館，1903 年版）。小說大意是：浪島楓娘父母雙亡，財產為叔父騙奪，又在銀山王府中受辱，戀人羽衣也拋棄了她，轉戀綠姬。楓娘歷盡艱險，欲投海自殺，為一自稱海王的老人所救。老人攜其到離島上見世面。而所謂「離島」乃是老人苦心經營的結晶，是一個烏托邦。小說中兼有種族恩怨，銀山王是歐人，海王是中國人。而且海王曾在年輕時被綠姬之母白縫辜負，並被白縫和有洲二人算計，九死一生。

押川春浪的《銀山王》只是一個簡單的言情故事，黃人卻在其中做了很多發揮。《銀山女王》中的楓娘為「海王」（押川春浪原書稱為「離島老人」或「離島隱者」）所救，海王帶她到自己居住的離島上略停留數日。到此為止，

〔註32〕 美國西蒙紐加武著、東海覺我譯述《黑行星》，第 12～15 頁。
〔註33〕 寅半生《小說閒評》，《遊戲世界》第一期，1906 年。

黃人的譯作與原書沒什麼大差別。但是，楓娘和海王到離島上後，黃人就開始天馬行空的想像了。在他的筆下，離島成了一個由海王建設的烏托邦：島上宛然成一小國，有著除白種人在內的各色人種：「島上儼然一文明上國，只氣象肅穆，無歐美囂雜之風。聞初時戶口不上千數，現在已增出百十倍來，卻只有黃色人棕色人黑色人赤色人，並無一個白種人。」〔註34〕這個小國還儼然是世界進化史的縮影：各色人種在海王府的周圍，分作五路排列，建築的層次都照著五大洲進化的等級，中路是亞洲代表。「那海王自己並不稱作府第，總名為天演舞臺。他四處招留的許多紅黑色野蠻人初到島中，就隨著他的程度聽他住在前幾進，派幾個教習將上古初發明一切事物的道理指示他，教他仿傚，算作課程。能升到半開化階級，然後調到學堂，那學堂中研究史學的也免不得來此考證。」〔註35〕島上實行專制，由海王一人管理。海王練有三支奇兵，開有大小學堂百餘處，工廠、農局、商會、教堂無不完備。真是一個完美社會。可原書中並沒有這些情節。

海王還有很多科學發明：離島上的人可以騎著木鳶在空中飛，可以用無線電話通訊，還用七香溫泉洗澡，在無恨月中住宿。所謂的無恨月是「一間四面渾圓的屋兒，那屋朝東背西，四面懸空，幾朵彩雲圍繞通身，放出白光，光中隱隱有幾搭黑影，宛如三五良宵初出的真月」，「那是鐵室，四周的云是磁石，吸力平均，所以懸空不墜。那鐵上塗著一種吸收日光的藥粉，白晝把日光收足，一到黑暗就把光放出。那黑影是玻璃窗戶，透光的間在返光中間，望出反覺黑暗」〔註36〕。海王還研究出一種無機電，不需要用電池和電磨，只在空氣中分出電來應用。這些科學狂想確實令人愉快，但是，這只是黃人自己的暢想，在原書中並不存在。

嚴格說來，離島狂想這一段應算黃人的創作，而非翻譯。1905年5月26日《時報》刊出廣告「小說林俠情小說《銀山女王》出板」，也強調：

> 著者借日本押川氏原書為粉本，自抒胸臆，五光十色，不可逼視。奄有世所傳四大奇書眾勝，而理想一新。近日小說界所僅見焉。

看來，黃人確是拿他人之酒杯，澆自己之塊壘。他在押川氏原書的基礎上「自

〔註34〕日本押川春浪撰、摩西譯補《銀山女王》中冊第八回，小說林社，乙巳六月（1905年7月）版，第81頁。

〔註35〕日本押川春浪撰、摩西譯補《銀山女王》中冊第十回，第85頁。

〔註36〕日本押川春浪撰、摩西譯補《銀山女王》。

抒胸臆」的結果，是把一本純粹的言情小說改造成了言情加政治加科學的混
合類型小說，煞是有趣。雖說其譯本不忠實於原作，不過，黃人自己清楚，
小說林社的編輯也清楚並允許，讀者讀了上面的廣告後，也會明白。

　　徐念慈所譯冒險小說《海外天》也有不少增補之處。原文主要寫的是：
船橋雄次一家搭乘帆船太平艦回英國，在大西洋中，遇見颶風，船即將沉沒，
船長荒海泳三受重傷。眾水手拋棄大船，乘坐舢板，連船長一起帶走。老水
手風間利吉堅持和船橋一家共存亡，終於到達一荒島。他們在島上艱難生
存，利吉講述自己一生的經歷給船橋一家聽。野人來襲，利吉中標槍死，船
橋一家被趕來的荒海船長救離荒島。徐念慈所根據的底本——櫻井鷗村的
《絕島奇譚》，不過講述了這樣一個航海冒險故事，並沒有太多道德訓誡。
但在徐念慈筆下，通過老水手利吉的心理活動和言談，卻多次談到愛國、國
民自立和講究公德等問題。

　　如關於愛國：

　　　　利吉道：吾當時在獄中，曾作一癡想，以為世界上的人，經過
　　一番挫折，便多一番閱歷，增一番見識。你看佛所說，我不入地獄，
　　誰入地獄。耶穌捨身十字架，以救眾生。古來的大英雄，大豪傑，
　　想來無不經過這一番的。我雖一介的小民，講不到什麼經天緯地，
　　然而我為英國的百姓，這一點國民的本分，是要盡的。於這一生總
　　要做點有益於國家的事情，是以這一個身子最不可輕看的。吾想到
　　這裡，覺得在獄中，便安心任命了。

　　關於國民自立：

　　　　（利吉自述）吾暗暗忖度，吾要自立，成一個國民，不要失了
　　吾自由的主權。吾要廣廣見識，不獨看些名山名水，那交接些志士
　　名人，是一生第一的要事。決不是蠖曲家內，所能辦得到的。吾要
　　立志在社會上，人群上，種族上，國家上，做一點有益的事情，方
　　弗辜負吾盎格魯撒遜人種之特質。

　　關於合群：

　　　　利吉一手執著船輪，一面聽他們的議論，心內想著：「好好，
　　你們這一班光棍，虧你們也算大英國經過文明教化的國民。這船橋
　　一家算不得同胞嗎？此時既山窮水盡，便想到捨之而去，忍心到此
　　地步，即在杉板內，決不能邀天佑的了。我在小學校雖不多幾日，

每聽見教員說爲人在世，所當親愛的便是祖國的同胞，又道人當艱
難困苦的時候，須要認清這一宗旨，或二或三，便算不得宗旨。你
們平時也知道同心做事，據此事看來，你們可能同心麼？合群麼？
只怕你們現在雖一起的走，若再到艱難的時候，又各人顧著各人的
了。我願與這太平艦同歸於盡，決不願再與你等爲伍。」〔註37〕

還有很多，不再一一列舉。這些話都是晚清的流行話語，日文底本中本
來沒有，爲徐念慈所添加。徐念慈譯完此書後，在結尾處留詩感歎：

拔劍橫刀一長笑，群龍無首血玄黃。
中原昨望眞王氣，維蛻奴皮樹國防。
行百里者半九十，崎嶇歷盡卻無窮。
少年漫說有天擇，山海蒼蒼雲水空。
落魄依然是國民，靈魂雖死有精神。
渡江應擊祖生楫，噓起陽和大地春。
銜石猶塡小精衛，拊髀轉歎老英雄。
人天戰勝生還日，痛飲黃龍燕市中。

揣摩詩意，可以見出譯者想要振興國家、改造國民的焦灼感。徐念慈把這種
焦慮也投射到譯作《海外天》中，本是單純的冒險小說，於是加入了晚清國
民改造的主題。

（三）刪減原作

小說林社的翻譯小說不但會增加內容，有時也加以刪減。如《奇獄》一，
美國麥枯滑特爾原著，丹徒林蓋天譯述，譯者即曾「於下筆時，隨手刪節」。
而標爲「英國蕭爾斯勃內原著，常州謝炘譯」的《飛行記》，原本其實是法國
作家儒勒‧凡爾納的《氣球上的五星期》。筆者將謝炘譯《飛行記》與今人譯
本《氣球上的五星期》（李元華譯，西寧：青海人民出版社，1997 年版）比較，
《氣球上的五星期》共四十四章，而《飛行記》只有三十五節。尤其是《氣
球上的五星期》用了十一章才登上熱氣球，《飛行記》卻只用了四節。原書中
的許多與情節發展關係不大的內容，如博士追敘前人在非洲探險的歷史等，
都被刪掉了，這樣使情節顯得更加緊湊。

〔註37〕英國馬斯他孟立特著、東海覺我譯《海外天》第六回、第四回、第二回，常
　　　熟：海虞圖書館，1903 年版（後版權移贈小說林社），第 40、30、12 頁。

　　但是，這兩本譯作對原著的刪減，並不能完全由中譯者負責。據筆者考證，《飛行記》是根據日文《亞非利加內地三十五日間空中旅行》（井上勤譯，渡辺義方校，東京：繪入自由出版社，1884 年版）的底本譯出。而《飛行記》中相比法文原文的大幅度刪減，應由日譯本負責。但日譯本又是由英譯本轉譯的，井上勤根據的英譯本很可能已不忠實原作，所以謝炘翻譯的《飛行記》也就距離更遠。《奇獄》一也是從日本千原伊之吉的同名譯本轉譯而來，上引中譯者表示隨手刪節的話，其實是在千原伊之吉譯本《凡例》中的原話，所作刪減也主要出自日譯本。

　　以筆者閱讀所見，在小說林社翻譯小說中，對原作的增補不少，但大幅度的刪減並不太多。若出現此種情況，多與中國譯者根據的日文底本有關。

（四）譯文的中國化

　　首先是人名、地名等的中國化。徐卓呆譯《大除夕》，因「固有名詞，恐甚難記憶，故悉改為我國風，以便婦孺皆知」〔註38〕。書中，皇子 Julian，音譯為「幽籬庵」，還算與原作接近；但是男主人公花匠 Philipp，徐卓呆譯成「吉兒」，女主人公少女 Roschen，徐卓呆譯為「花姐」；其他人物，花姐的母親「羅寡婦」，戶部大臣袁松等等，都是中國化的名字。

　　其次為譯筆的中國化。如表現出中國式的審美情趣，用中國典故，以及用中國化的華麗詞藻等。

　　這點在包天笑的譯文中表現得特別明顯：

> 　　是晚緋霞嬌惰無力，魏哥登亦不作夜遊。娟娟新月，直上露臺。
>
> 緋霞浴罷，衣霧縠之衣，雲鬢蓬鬆，懶妝尤覺可愛，與魏哥登…幾如靈鶼比翼不能相離。嗚呼，玳梁珠箔，海燕雙棲方自為安穩之策，孰知風雨飄搖，不旋踵而禍至矣。
>
> 　　我心如石，匪可轉也。
>
> 　　君謂我樂，君視我何樂者？君乃欲以名花好月傲示盲人，鳥語泉聲貢聽聾者耶？君又如對江上孤鴛而羨雙飛之樂。嗚呼，噫唏！

〔註39〕

〔註38〕徐卓呆《譯者小引》，載氏譯《大除夕》，小說林社丙午二月（1906 年 2～3月）版；轉引自《中國近代文學大系·翻譯文學集》第 1 冊，上海：上海書店，1990 年版，第 314 頁。

〔註39〕英國麥度克著，磧溪子、天笑生譯《身毒叛亂記》上冊，小說林社，丙午四

第一段引文，換掉男女主人公的名字，簡直就是中國傳統的才子佳人小說中纏綿旖旎的場景；第二段直接用中國成語；第三段引文可看出駢文的痕迹。這些都非常地中國化。平心而論，單純作爲文章來看，上面三段引文很優美；但作爲外國文學的譯本來說，自然就不夠準確了。

意譯和直譯是一個非常複雜的問題，筆者在這裡不打算展開討論。只是想表明：意譯未必就不好。對晚清的讀者來說，他們第一考慮的並不是翻譯小說的準確，而是譯筆是否精美，情節是否曲折，內容是否新鮮有趣。包天笑此類翻譯小說文采飛揚，且讓熟悉中國傳統文學的讀者倍感親切，無疑會增加他們閱讀外國小說的興趣。筆者指出他的譯本不夠準確，僅是描述，不是譴責。

前面已談及，小說林社的翻譯小說中，直譯只占很少一部分。如《影之花》就是直譯。曾樸在《〈影之花〉敘例》裏特別說明：「譯者懼失原文本意，字裏墨端，力求吻合，且欲略存歐西文學之精神，故凡書中引用之俗諺慣語，悉寸度秒構，以意演繹，非萬不得已，決不以我國類似之語代之。」不但字句上要求準確，甚至還自覺地選擇適合《影之花》的文體：「本書文過委屈，稍涉詞華，便掩眞境。今譯者改用京話，取其流麗可聽。」〔註 40〕試看文中一段：

> 妙：「從沒有到過學堂！也沒有做過軍人！那麼，你倒象生長在棉花朵裏一個蠶似的（法蘭西俗語以喻懶惰人悖自然以生活者）」。〔註 41〕

「生長在棉花朵裏一個蠶」是地地道道的法國俗語，曾樸沒有用類似的中國俗語來代替，還用小字說明其含義，足見他嚴謹的翻譯態度，的確是「字裏墨端，力求吻合」。試對照木子、不才所譯《情海魔》中的一段：

> 最不堪者一皓首人，服飾類縉紳，旁立好女子，年及笄，苗條纖約，秀曼無儔，謚之曰美麗若惟恐唐突者，洵天人也。察此景象，知爲父女，當綽約侍立之際，輕倩銖衣，薄不勝寒，令人思姑射仙容，殆非河漢之語。（原文溫那仙子渡海，今易以本國典故。）

月（1906 年 4～5 月）版，第 24、49、103 頁。

〔註 40〕競雄《影之花敘例》，法國嘉祿傅蘭儀原著、競雄女史譯意、東亞病夫潤詞《影之花》上冊。

〔註 41〕法國嘉祿傅蘭儀著、競雄女史譯意、東亞病夫潤詞《影之花》上卷，小說林社，乙巳六月（1905 年 7 月）版，第 40 頁。

〔註42〕
《情海魔》的譯者把外國典故換成了中國典故，而曾樸讓法國俗語保持原樣。出於各自不同的翻譯動機，兩書譯者對譯文作了不同的處理。木子、不才是要力圖使中國讀者讀懂外國小說，而不會因太過陌生的表達望而生畏；曾樸是要保留西方文學原有的風味。站在我們今天的立場來說，曾樸的努力更有意義；而在當年的普通讀者看來，還是《情海魔》讀來更親切吧。

筆者曾把奚若的《秘密海島》與今譯《神秘島》相比較，發現他的譯文相當忠實於原作。筆者也曾經把周作人所譯《玉蟲緣》與英文原作 Edgar Allan Poe 的 *The Gold-Bug* 一一對比，發現周氏譯本幾乎是一字一句的對譯原文。由於並未找到所有小說林社翻譯小說的原本，所以，筆者未知的小說林社的直譯小說應該還有，但意譯小說無疑還是佔了絕對優勢。

三、把外國小說結構技巧引進中國

小說林社的翻譯小說雖然以意譯為主，直譯為輔，在對原作的忠實性上並不盡如人意，但翻譯小說畢竟是舶來品，總是或多或少地帶有外國文學新鮮的氣息。在小說內容上，近代翻譯小說給我國文學補充了科學小說、政治小說、偵探小說等新類型。在小說技巧上，近代翻譯小說也將西方小說新穎的結構形式引進了中國。

（一）分章節的形式

小說林社的翻譯小說，大多采用了西方小說分章或分節的形式。分回的只有《黃鉛筆》、《雙豔記》、《一捻紅》、《彼得警長》、《母夜叉》、《小公子》、《大魔窟》、《印雪簃譯叢》、《銀山女王》、《女魔力》、《海外天》、《大除夕》、《萬里駕》、《蘇格蘭獨立記》等 14 種。

其中，《黃鉛筆》、《雙豔記》、《一捻紅》、《彼得警長》、《母夜叉》5 種雖然分回，但無回目，其實還是與分章分節相似。《印雪簃譯叢》分了五回，而每回都是一個獨立的偵探故事，並且沒有回目，也相當於分章節。《大魔窟》、《大除夕》雖然分回，可是並不是對偶回目，而是與西方章節的命名方式一致。《大魔窟》各回分別為：第一回《怪哉此塔》，第二回《倫敦之警電》，

〔註42〕美國柯怖著，木子，不才同譯《情海魔》第一章《盜艦來》，小說林社，丁未十一月（1907 年 12 月～1908 年 1 月）初版。

第三回《美人雪子》，第四回《長崗大偵探》，第五回《生人石像》，第七回
《黑面人》，第八回《空中之怪》，第九回《大祭期》，第十回《黑面塔之歷
史》，第十一回《十二星冠》，第十二回《白衣道人》，第十三回《退魔之怪
象》，第十四回《星冠之玉》，第十五回《入塔之決心》，第十六回《約法之
預立》，第十七回《秘密隧道》，第十八回《幽暗之室》，第十九回《余其爲
袋鼠乎》，第二十回《大醉漢》，第二十一回《銅爺王之肖像》，第二十二回
《幽囚之美人》，第二十三回《大浮橋》，第二十四回《銀麟之毒蛇》，第二
十五回《空中之大傘》，第二十六回《海面之活劇》，第二十七回《無形之金
城鐵壁》，第二十八回《樹上人》，第二十九回《深山之船》，第三十回《海
底之牢獄》，第三十一回《雪子其死乎》，第三十二回《大魔窟》，第三十三
回《速戰速戰其無憚》，第三十四回《海星丸之歸航》。《大除夕》各回的回
目分別是：第一回《代父》，第二回《交換》，第三回《說情》，第四回《撇
豔》，第五回《謀泄》，第六回《賴債》，第七回《痛毆》，第八回《遇豔》，
第九回《歌諷》，第十回《受逼》，第十一回《相會》，第十二回《交卸》，第
十三回《被擒》，第十四回《謁見》，第十五回《團圓》。可見，這兩種譯作
實際上還是使用了西方章節體。

　　綜上，《黃鉛筆》、《雙豔記》、《一捻紅》、《彼得警長》、《母夜叉》、《印雪
簃譯叢》、《大魔窟》、《大除夕》等 8 種小說雖然分回，但只是名目上的，實
際與分章節相同。也即是說，小說林社的翻譯小說中，只有《小公子》、《銀
山女王》、《女魔力》、《海外天》、《萬里鴛》、《蘇格蘭獨立記》等 6 種書是傳
統章回體：分回，且有對偶回目。其中，《蘇格蘭獨立記》是文言，其餘 5 種
都是白話。

　　既然在小說林社總共 104 種翻譯小說中，只有 6 種採用了傳統章回體，
可見西方小說的章節結構方式，在小說林社翻譯小說中已佔據主導地位。再
進一步說，在小說林社存在的 1904～1909 年，西方按章節布局的結構方式，
已經被中國人接受。

（二）「一起之突兀」的開頭方式

　　小說林社的翻譯小說中，很多采用了「一起之突兀」〔註43〕的開頭方式。

〔註43〕法國焦士威爾奴原著、少年中國之少年重譯《十五小豪傑》第一回回末批語，
　　　　《新民叢報》第二號，1902 年 2 月。

如《鴻巢記》講述了這樣一個故事：因爲宗教原因，英國人迫害與他們信仰不同的蘇格蘭人，並四處捉拿追捕。農民之子鴻阿雷家的穀倉中，就藏了許多逃亡者。該穀倉因此被稱爲「鴻巢」。阿雷聽從父母的吩咐，非但沒有泄漏消息，還機智勇敢地與前來窺探的間諜鬥手。最後，隱藏在穀倉中的人全部安全地轉移到山中。間諜也死了。該書的開頭爲：「阿母！阿母！有兵繞湖濱來。」〔註44〕以小兒鴻阿雷向母親報告士兵到來的消息開場，直接把讀者帶到矛盾衝突中。

再如《棄兒奇冤》的開頭：

> 「查理好友，吾今在此……」「弗蘭克，君亦未始不快意……」然之二人語，乃出獄室中，殆楚囚相對時也。獄在倫敦西某城中。甲語爲誰？則一壯健敏妙之少年，年約十七八，繫於獄。乙答語者，亦少年，年貌相若，係入獄探訪者。欲悉斯語之由來，必請追溯其往昔。〔註45〕

用兩個人半吞半吐的對話開頭，而且又是在監獄這樣獨特的環境裏，起勢突兀，讀者的注意力一下子就給抓住了。

（三）分段和標點

小說林社的翻譯小說中，有不少採用了比較短的分段，如《巴黎秘密案》的開頭：

> 「主人！主人！」
>
> 「今何時？」
>
> 「七時。」
>
> 「七時而遽喚余起邪。余昨夜赴會而歸，睡未足三時，而汝乃欲強促余，愚執過於汝。」此侯爵毛利涅寢中，其舍人築增與之問答之語。侯爵語至此，仍蒙衾欲臥。
>
> 築增曰：「雖然，秘密偵探局長在門，謂欲謁主人，主人寧卻之邪。」
>
> 侯爵聞此，頓蹶然起曰：「黑戶局長來歟。甚善，亟促之入，

〔註44〕酒瓶著、飯囊譯《鴻巢記》，小說林社，丙午二月（1906年2～3月）版，第1頁。

〔註45〕英國老斯路斯著，滄海漁郎、延陵伯子譯《棄兒奇冤》，小說林社，丁未五月（1907年6～7月）版，第1頁。

余即更衣……」〔註46〕

如此短促的段落連續出現，這在中國傳統小說中是十分罕見的，尤其是對話單列一段，更是絕無僅有，從形式上確能給人以新鮮之感。此外，如《鴻巢記》、《影之花》、《黑行星》等的分段也都比較短，與傳統小說相比，很是特別。

小說林社的翻譯小說中，使用新式標點的現象已相當普遍，省略號、感歎號、問號等等都不難見到。如上引《巴黎秘密案》的開頭，這三種標點都用上了。（按：上引《巴黎秘密案》中，所有的省略號、感歎號、問號都是原譯文所有，並非筆者所加。）如《妒之花》用省略號和感歎號：

　　雅格尼躊躇半響而答曰　君需一婢乎　弗蘭克蘭特曰　非也乃爲……言未出急亂以他語　然此兩者已半脫諸口　曰　情……情人

　　羞！羞！！羞！！！〔註47〕

如《纖手秘密》用省略號和感歎號：

　　文司登曰　好極　但……

　　萵臺執其母手而言曰　去……速去……

　　將紙撕去　驚懼異常　何物乎　乃一雙纖手從腕際斫下者

　　手指互叉而不解！！！〔註48〕

其他的例子還有很多，這裡不再一一列舉。

（四）第一人稱敘事

中國傳統小說多用第三人稱的方式來敘述，而小說林社的翻譯小說中，很多運用了第一人稱。如《法螺先生譚》、《法螺先生續譚》、《大復仇》、《印雪簃譯叢》、《新戀情》、《海屋籌》、《魔海》（連載於《小說林》一至八期）、《地獄村》（連載於《小說林》九至十二期）、《外交秘鑰》（《小說林》第十一期）等。

這些小說中，第一人稱的敘事有兩種方式：其一，直接使用第一人稱敘

〔註46〕君毅譯《巴黎秘密案》上冊，小說林社，丙午七月（1906 年 8～9 月）版，第1頁。

〔註47〕英國洛克司克禮佛著、社員（實際是金松岑）編《妒之花》，小說林社，乙巳六月（1905 年 7 月）版，第36、80頁。標點爲原文譯者所加。

〔註48〕鐵冰譯《纖手秘密》，小說林社，丙午六月（1906 年 7～8 月）版，第11、37、37頁。標點爲原文譯者所加。

事，如包天笑《法螺先生續譚》開頭就說：「諸君，諸君，余前者所經歷，早已布告於諸君之前……」〔註49〕就好像和讀者面對面地談話，親切有味。如《印雪簃譯叢》第一回，第一句話就是：「余與卓士德君，將回家晚膳。」〔註50〕《魔海》、《地獄村》、《外交秘鑰》、《海屋籌》、《新戀情》等小說也都是同樣情況。

其二，在第一人稱前加上一個第三人稱的「殼」，用「某某曰」來開頭。如《大復仇》，開頭是：「約翰·華生曰：一千八百八十七年，余……」〔註51〕《印雪簃譯叢》第三回開頭加了個「德士柏曰」，第四回開頭加了個「亨利曰」，第五回開頭，加了個「士密生曰」，《法螺先生譚》開頭是「法螺先生曰：『諸君勿嘩，聽予一言。』」〔註52〕這種方式，應當是擔心中國讀者一時不習慣接受自敘體，所以添加個「某某曰」來輔助理解。

綜上可知，小說林社的翻譯小說，廣泛運用了西方小說的章節體、倒敘手法、新式標點、短段落和第一人稱敘事等，把西方小說的特有形式通過翻譯傳達給中國讀者。

第四節　小說林社圖書的接受

小說林發行的翻譯小說，在晚清影響很大。當時名人如邱煒萲、金松岑、孫寶瑄、徐兆瑋等人都留下了對小說林圖書的評點文字，中下層文人鍾駿文（寅半生）也在自己的《小說閒評》中談及。此節中，筆者將在這些資料的基礎上，並以徐兆瑋和鍾駿文為重點，詳細分析一下讀者對小說林社圖書的接受情況，希望可以對理解小說林社的翻譯小說，乃至瞭解整個近代翻譯小說有所幫助。為行文方便起見，以下行文中也包括了當時讀者對該社創作小說的反應。

〔註49〕日本岩谷小波譯、吳門天笑生譯述《法螺先生續譚》，小說林社，乙巳六月（1905年7月）版，第1頁。

〔註50〕英國維多夫人著，女士陳鴻璧譯《印雪簃譯叢》第一回，小說林社，丙午十一月（1906年12月～1907年1月）版，第1頁。

〔註51〕華生筆記、奚若譯、黃人潤辭《福爾摩斯偵探案大復仇》，小說林社，甲辰六月（1904年7～8月）版，第1頁。

〔註52〕日本岩谷小波譯、吳門天笑生譯述《法螺先生譚》，小說林社，乙巳六月（1905年7月）版，第1頁。

一、小說林社小說在晚清的接受概況

　　小說林社的出版物在晚清影響很大，很多文人都閱讀過它所出版的小說。

　　晚清小說理論家邱煒菱〔註53〕在《新小說品》中，共點評了 100 部新小說，小說林社就佔有 18 部：

> 《銀山女王》，如師摯《關雎》，洋洋盈耳。
>
> 《愛河潮》，如屈刀作鏡，時露鋒鋩。
>
> 《孽海花》，如列子御風，憑虛浩浩。
>
> 《無名之英雄》，如僧繇畫龍，點睛飛去
>
> 《秘密使者》，如醫師之良，兼收並蓄。
>
> 《福爾摩斯再生後探案》一至十三，如竹肉競爽，漸近自然。
>
> 《影之花》，如翠羽啁啾，師雄夢醒。
>
> 《蘇格蘭獨立記》，如楓葉霜紅，停車愛玩。
>
> 《妒之花》，如兒女喁喁，恩怨爾汝。
>
> 《彼得警長》，如枯木寒岩，庵主入定。
>
> 《新舞臺》，如李代郭軍，旌旗變色。
>
> 《新舞臺》中卷，如句踐報吳，焦思嘗膽。
>
> 《新法螺》，如稷下說士，炙輠不窮。
>
> 《新法螺續譚》，如大將登壇，指揮如意。
>
> 《暖香樓傳奇》，如花瓶茗琖，位置妥帖。
>
> 《啞旅行》，如髯參短簿，能喜能怒。
>
> 《母夜叉》，如孤舟蓑笠，獨釣寒江。
>
> 《日本劍》，如半畝方塘，一間茅屋。〔註54〕

從點評中，可以見出他對小說林社小說的欣賞與喜愛。

　　孫寶瑄〔註55〕在《忘山廬日記》中提到過小說林社的《秘密使者》，稱：

〔註53〕邱煒菱（1874～1941），近代詩人。原名德馨，字萩園，號星洲寓公。福建海澄（今龍海）人。光緒舉人。曾參加公車上書，反對割讓臺灣。回新加坡後，獨資創辦《天南日報》，鼓吹變法維新。晚禮佛參禪，不問世事。工詩，又好小說研究。著《萩園詩集》、《客雲廬小說話》、《五百石洞天揮麈》等。

〔註54〕萩園《新小說品》，原載《新小說叢》第一期，1908 年 1 月；阿英編為《客雲廬小說話》卷四，見氏編《晚清文學叢鈔·小說戲曲研究卷》，北京：中華書局，1960 年版，第 415～419 頁。

〔註55〕孫寶瑄（1874～1924），字仲璵、仲愚，浙江錢塘人。出身仕宦之家，其父孫

「我國小說之敘人一事也，往往先離而後合，先苦而後樂。外國小說亦然。
惟我國人敘述筆墨，每至山窮水盡處，輒借神妖怪妄，以爲轉捩之機軸。西
人則不然。彼惟善用科學之眞理，以幹旋之。如《電術奇談》所述喜仲達之
感電而反其腦，後復遇電而正之。《秘密使者》所述蘇朗笏之目，瞽而復明。
皆借科學實理以證之，使讀者反悲爲喜，而略無縹渺難信之談，所以可貴。」
〔註56〕小說林社的翻譯小說也成爲他比較中西小說的依據。

　　金松岑曾爲包天笑譯作《秘密使者》賦詩：

> 新宮夜燕奏笙簧，勘破天顏一種光。
> 禁禦忽傳軍報絕，直教飛使渡龍荒。
> 戰地風雲捷足先，尹邢相避又相牽。
> 衣春驛畔鞭頭銳，百劫修成忍辱仙。
> 束行豺虎窟中來，姐妹花枝邂逅開。
> 疲馬悲嘶人度嶺，亞歐天脊起風雷。
> 錯認佳兒熨眼看，《可蘭》經咒目雙刓。
> 願睜最後青瞳子，一瞬刀光火焰攢。
> 盲人瞎馬夜驅馳，俠義相逢電信師。
> 又見櫬棺冥室慘，仁羅冢上插花枝。
> 浪傳天語闃圍城，假使還將眞使迎。
> 帳殿披帷呈秘密，裂開雙眼看屍橫。　〔註57〕

借詩歌的形式，敘寫、讚賞小說中的精彩情節。

　　而1905～1908年，徐兆瑋在自己的日記中，提及的小說林社出版的小說
竟達45部之多。鍾駿文於1907～1908年，也在《小說閒評》中點評了小說
林社的18部小說。

　　此外，1907年，《新世界小說社報》第六、七期發表的《讀新小說法》，
列舉出小說林社的6部小說──《無名之英雄》、《小公子》、《啞旅行》、《孽

詒經光緒時任戶部左侍郎，岳父李瀚章任兩廣總督，兄孫寶琦晚清時出任駐
法、德公使、順天府尹，民國時任國務總理。孫寶瑄曾先後在工部、郵傳部、
大理院等處任職。有《忘山廬日記》、《忘山廬詩存》傳世。

〔註56〕孫寶瑄光緒三十二年十一月四日（1906年12月19日）日記，《忘山廬日記》
下冊，上海：上海古籍出版社，1983年版，第950頁。

〔註57〕金一《讀〈秘密使者〉》，轉引自《晚清文學叢鈔·小說戲曲研究卷》，第594
～595頁。

海花》、《馬丁休脫偵探案》與《秘密使者》：

> 新小說宜作經讀……次安幹蠱，《無名之英雄》可與言孝。
>
> 即論文章，新小說之感人也亦摯矣。以言其繕性也：常者……
> 奇者……平者布帛粟肉，如《小公子》，讀之可令人正。
>
> 以言其懺情也：顯明如《啞旅行》，冷嘲熱罵，讀之可令人笑；
> 含蓄如《賽金花》，窮形盡相，讀之可令人歎。
>
> 無警察學不可以讀吾新小說　新小說有奪滑震之斝，以造新文
> 者：量足印於鴻泥，認齒痕於蘋果；境則曲而復曲，事則歧之又歧。
> 不解此理，則睹乎爾唔斯之假面，得謂非楊戩化身乎？誦馬丁休脫
> 之奇文，得非謂張角天書乎？
>
> 以論讀人……《無名英雄》出，可令賣國奴讀；《秘密使者》
> 出，可令保皇黨讀。〔註58〕

小說林社結束兩年後，1911 年，侗生在《小說月報》發表《小說叢話》，
還提到小說林社的《一捻紅》、《銀行之賊》、《母夜叉》、《新法螺》、《孽海花》、
《碧血幕》等書：

> 余不通日文，不知日本小說何若。以譯就者論，《一捻紅》、《銀
> 行之賊》、《母夜叉》諸書，均非上駟。
>
> 《新法螺》一書，以滑稽家言，爲眾生說法，用意善良苦，文
> 筆亦足達其意，滑稽小說中上乘也。末附《法螺先生譚》，亦有可取。
>
> 《孽海花》爲中國近著小說，友人謂此書與《文明小史》、《老
> 殘遊記》、《恨海》四大傑作。顧《孽海花》能包羅數十年中外事實
> 爲一書，其線絡有非三書所及者。爲其筆之詼諧，詞之璟麗，又能
> 力敵三書而有餘。惜印行未半，忽然中止。天笑生承其意，爲《碧
> 血幕》一書，文筆優美，與《孽海花》伯仲，未數回亦止。神龍一
> 現，全豹難窺，見者當有同慨也。〔註59〕

總之，小說林社出版的小說在晚清影響很大。下文將選取徐兆瑋和鍾駿
文二人的評述，以期對小說林社小說的接受情況做較爲深入的分析。

〔註58〕《讀新小說法》，《新世界小說社報》第六、七期，1907 年；轉引自陳平原、
　　　　夏曉虹《二十世紀中國小說理論資料》第一卷（1897～1916），第 296～299
　　　　頁。
〔註59〕侗生《小說叢話》，《小說月報》第二年第三期（1911）；轉引自阿英《晚清文
　　　　學叢鈔・小說戲曲研究卷》453～455 頁。

二、徐兆瑋讀小說林社小說

　　徐兆瑋（1867～1940），字少逵，號虹隱，別署劍心。常熟人。1888 年中舉，1890 年選翰林院庶吉士，授編修，師事翁同龢。1898 年，翁同龢被罷官遣返，徐兆瑋也於這一年回鄉。光緒三十三年（1907）奉派至日本學習法律。民國成立後，當選爲常熟縣副民政長。後任國會眾議院議員。1917 年，曹錕賄選，徐兆瑋拒賄南歸，從此無意政治，專注於家鄉事務。同年，常熟縣修縣志，丁祖蔭任總纂，徐任副總纂，並在丁祖蔭去世後，繼續主持修纂《重修常昭合志》。徐兆瑋一生致力於著述，故其著作多達百餘種，現大都藏於常熟圖書館，其中包括一部長達 42 年的《徐兆瑋日記》。也就是在這部日記中，徐氏留下了大量閱讀新小說的記錄與評論。

　　徐兆瑋對新小說有濃厚的興趣。他曾經公開向朋友宣示他對小說的沉迷。在丁未年十月初三日（1907 年 11 月 8 日）的日記中，抄錄了他寫給孫雄（本名同康，字師鄭）的信，內云：「不通音問久矣。弟自六月初歸國，外懍於炎威，內耽於小說，杜門謝客者二月有餘。」他甚至拿新小說作爲送給朋友的禮物：丁未年十月二十四日（1907 年 11 月 29 日）的日記記載了他送小說給丁祖蔭一事：「與丁芝孫書云：……前日購得新出版小說二種，《地下戰爭》一冊，《電力艦隊》一冊，郵呈清覽，希即驗收。」經查，《地下戰爭》是日本人楓村居士（町田柳塘）所著，日本晴光堂、太洋堂 1907 年出版。另一本《電力艦隊》估計也是日文小說，因徐兆瑋 1907 年 3 月到日本進修法律，可能是當時在日本所購。

　　徐兆瑋獲得小說林社小說的途徑是：到丁祖蔭和朱遠生合辦的新書店海虞圖書館購買。《燕邸日記》光緒三十一年九月初五日（1905 年 10 月 3 日）記載，他「至海虞圖書館購新出小說數種」。小說林社的大部分書籍他都會購閱。在其日記中，提到了小說林社的下列小說：

　　《秘密使者》、《法國女英雄彈詞》、《雙豔記》、《一封書》、《美人妝》、《恩仇血》、《大復仇》、《新舞臺》、《軍役奇談》、《奇獄》、《福爾摩斯再生後探案》、《無名之英雄》、《小公子》、《美人妝》、《彼得警長》、《女魔力》、《情海劫》、《海外天》、《玉蟲緣》、《狸奴角》、《一捻紅》、《俠奴血》、《車中美人》、《髑髏杯》、《新法螺》、《黑行星》、《日本劍》、《萬里駕》、《秘密隧道》、《鴻巢記》、《銀山女王》、《海天嘯傳奇》、《身毒叛亂記》、《秘密海島》、《馬丁休脫偵探案》、《深淺印》、《冷眼觀》、《黃金世界》、《飛行記》、《棄兒奇冤》、《懸崖馬》、

《黃鉛筆》、《劍膽琴心錄》、《紅閨鏡》、《孽海花》，共 45 部，其中，《法國女英雄彈詞》、《新法螺》、《海天嘯傳奇》、《孽海花》、《冷眼觀》、《黃金世界》是創作小說，其餘 39 部都是翻譯小說。這 45 部小說的出版時間從 1904 年到 1908 年，貫穿小說林社的始終，看來，徐兆瑋是小說林社新小說的忠實擁躉。

　　徐兆瑋在日記中留下了對於小說林小說的諸多評論。他讚賞小說林社採用叢書體出版書籍，便於購讀〔註 60〕；認爲曾樸的《孽海花》比劉鶚的《老殘遊記》更好。〔註 61〕他評小說林社的《法國女英雄彈詞》：「雖筆勢平妥，然亦頗便於下等社會。較《天雨花》、《來生福》不及，比《三笑姻緣》、《玉蜻蜓》之誨淫，固遠勝之也。」〔註 62〕他讚賞徐念慈譯的《黑行星》「足以警動沉迷」，較梁啓超所譯《世界末日記》更有理想〔註 63〕；但批評徐念慈譯《美人妝》不標原作者：「近時往往不著譯本所自出，遂有疑其杜撰者，如徐念慈之《美人妝》類，令人無從考索，最爲譯界蟊賊。」〔註 64〕他很稱讚包天笑的譯筆，認爲包氏所譯《秘密使者》上卷「譯筆頗佳，可與《茶花女》抗衡。中原餘子碌碌，等諸自鄶以下」〔註 65〕。並因極爲讚賞包天笑此譯本，以至爲《秘密使者》上下冊的所有各章都題寫了絕句一首〔註 66〕。

　　徐兆瑋是典型的「出於舊學界而輸入新學說者」。他是晚清翰林，舊學底子很好；對西學也有濃厚興趣，1907 年還到日本學習法律。而且，他與小說

〔註 60〕 徐兆瑋《燕臺日記》光緒三十二年五月二十五日（1906 年 7 月 16 日）：「（讀）《冶工佚事》一卷，《血手印》一卷。此二書皆文明書局所出版。文明所譯小說，其版大小不一，不及商務印書館、小說林之爲叢書體，羅列書目，便於購讀也。」

〔註 61〕 徐兆瑋《虹隱樓日記》宣統元年閏二月二十七日（1909 年 4 月 17 日）：「（林紓）於近日小說家推老殘、孟樸二君。老殘人謂是劉鐵雲，不知確否？其實以《老殘遊記》和《孽海花》比較，《孽海花》尤勝也。」

〔註 62〕 徐兆瑋《劍心簃乙巳日記》光緒三十一年二月二十五日戊辰（1905 年 3 月 30 日）。

〔註 63〕 徐兆瑋《燕臺日記》光緒三十一年六月十二日（1906 年 8 月 1 日）：「（閱）《孟恪孫奇遇記》一卷，《新法螺先生譚》一卷。《法螺先生》與《奇遇記》大同小異，未知何者爲重。僅《黑行星》一卷，此科學小說之足警動沉迷者，較《世界末日記》更有理想。」

〔註 64〕 徐兆瑋《燕臺日記》光緒三十二年閏四月二十七日（1906 年 6 月 18 日）。

〔註 65〕 徐兆瑋《劍心簃乙巳日記》光緒三十一年二月二十二日乙丑（1905 年 3 月 27 日）。

〔註 66〕 見徐兆瑋《劍心簃乙巳日記》光緒三十一年二月二十二、二十三日，四月五至七日（1905 年 3 月 27、28 日，5 月 8～10 日）。

林社聯繫密切。因此，我們有必要對徐兆瑋的小説觀作一簡單介紹，以對小説林社的翻譯小説出版環境有個更好的瞭解。

首先，徐兆瑋愛讀小説的動機，是因爲新小説「思想之奇闢，佐我腦力不淺」〔註67〕。

其次，徐兆瑋非常看重翻譯小説的譯筆。他認爲，譯本小説的質量，取決於「譯筆之佳與否」，「倘譯筆平常，便覺味同嚼蠟矣」〔註68〕。他看到有重譯的小説，就會比較譯筆的優劣，如認爲商務印書館出版的《秘密電光艇》比徐念慈所譯《新舞臺》的文筆要好〔註69〕；而華美書局1903年版《小英雄》與小説林社出版的唐海平譯《小公子》相比，則譯筆稍遜〔註70〕。對文筆的重視，使得他在評論創作小説時也往往從此著眼，除了批評小説林社《法國女英雄彈詞》「筆勢平妥」外，還認爲王妙如的《女獄花》「雖思力甚新，然薄弱不能動目」，並進而概括爲「此近日自著新小説之通病也」〔註71〕。徐兆瑋對譯筆和文筆的要求，與他的舊學修養分不開，應該可以説是代表了新小説讀者的普遍要求。這也使得我們可以理解，晚清時期，爲何林紓和包天笑的翻譯小説會如此受歡迎。

第三，徐兆瑋也重視譯作的思想意義。他對於當時社會上偵探小説和言情小説流行的局面很不滿，批評説：

> 《禽海石》爲言情小説之佳者，然涉於誨淫，不及西人之雅馴也。《多少頭顱》名爲譯本，實則演揚州十日故事，而託名爲波蘭耳。《恨海春秋》一卷，《雙碑記》一卷，《谷間鶯》一卷，《未來戰國志》一卷。此四書皆前數年出版，似不及近日之精彩。天衍進化，於譯事似亦有影響也。所不解者，近二年所出小説多偵探、豔情二類，而於社會風俗毫無觀感，不能不歎爲美猶有憾也。〔註72〕

〔註67〕 徐兆瑋《燕臺日記》光緒三十二年六月初五日（1906年7月25日）。

〔註68〕 徐兆瑋《燕臺日記》光緒三十二年六月初五日（1906年7月25日）：「近日小説日出不窮，其思想之奇闢，佐我腦力不淺，然亦全在譯筆之佳與否。倘譯筆平常，便味同嚼蠟矣。」

〔註69〕 徐兆瑋《燕臺日記》光緒三十二年六月初三日（1906年7月23日）：「《秘密電光艇》一卷，此即《新舞臺》中之一節，譯筆似較《新舞臺》爲勝。」

〔註70〕 徐兆瑋《燕臺日記》閏四月二十九日（1906年6月20日）：「閲《小英雄》二卷，《小公子》二卷，此一書而復譯者。以文筆言，則《小公子》高出幾許矣。」

〔註71〕 徐兆瑋《燕臺日記》光緒三十二年六月初三日（1906年7月23日）。

〔註72〕 徐兆瑋《燕臺日記》光緒三十二年六月初六日（1906年7月26日）。

他還希望自己的親戚唐海平為小說林社多譯能夠「興起國民精神」之作：

> 與唐海平書云：……小說林中亟於覓稿，足下有暇，能譯一興起國民精神之小說否？偵探、豔情二種太夥，難於出奇制勝也。京寓多暇，足下存稿可代為潤辭。〔註73〕

徐兆瑋對當時小說翻譯界的一書重譯現象不滿，曾諄諄教誨唐海平不要重譯已經出版的書，日記中留下了這樣的信函往復記錄：

> 唐海平臘月廿三日函云：……傑現譯《噫無情》一書，乃法國文豪囂俄所著，日本黑岩淚香譯者。出版未及一月即行售罄，可知其書之價值矣。又偵探小說名《人外境》者，亦淚香所譯，共三冊。未知小說林及時報館有無翻譯？乞為探聽，將來亦擬譯之也。傑現既津貼不可得，只得且做苦學生，藉譯資以充學費。唯筆墨甚拙，將來脫稿時望姑丈為我潤色，並懇先向小說林介紹，則感德無盡矣。

> 與唐海平書云：……《噫無情》一書是否即前刊入《國民日日報》之《慘社會》，單刊本改作《慘世界》，亦是囂俄所著，望一調查，免復譯也。近日譯家往往改易面目，非將原書情節略述一二，無從考訂異同也。《人外境》未見，小說林所譯有《祕密海島》三冊，《新小說》中《海底旅行》之奇人李夢即歸宿於此書，未知即《人外境》否？但《祕密海島》是冒險而非偵探，竊疑其非一書也。潤詞一事當力為擔任，近見林琴南所著細膩熨貼，別開勝境，每為神往，輒思效顰。足下能譯稿見寄，則可破我岑寂矣。小說林需材孔亟，當為介紹。〔註74〕

他還有編輯一本「譯本小說目錄」的計劃。《燕臺日記》光緒三十二年閏四月二十三日（1906年6月14日）提到：「予欲為譯本小說書提要久矣，然不閱東西文原本，斷不能知其優劣異同。今將所閱之各書先為編目，分別門目，其重複者一一注明，以俟異日通東西文後再加考索。有原序原跋一一錄存，仿各家藏書目錄例也。」《燕臺日記》光緒三十二年閏四月二十七日（1906年6月18日）又記云：「寄耆叔書云：……近編譯本小說目錄，統計將近百種，惟中多重複：如海平所譯之《小公子》，華美書局有譯本名《小英雄》，於光緒二十九年出版，是複製矣。此次回至滬上，擬詳細搜羅，編一提要，

〔註73〕徐兆瑋《燕邸日記》光緒三十一年十二月望日（1905年1月9日）。
〔註74〕徐兆瑋《燕臺日記》光緒三十二年正月初五日（1906年1月29日）。

既便讀者，亦免重譯。」筆者赴常熟查找資料時，即看到了這本譯本小説目錄，題名爲《新書目錄》。該書收錄新譯小説，依次著錄小説類型、出版時間、書名、出版社、作者名、譯者名、情節，並簡要摘錄序言，指明是否有重譯本等。徐念慈在《余之小説觀》中，也曾反省當時一書重譯的情況：

今者競尚譯本，各不相侔，以致一冊數譯，彼此互見：如《狡狡童子》之即《黃鑽石》，《寒牡丹》之即《彼得警長》，《白雲塔》之即《銀山女王》，《情網》之即《情海劫》，《神樞鬼藏錄》之即《馬丁休脱》。在譯者售者，均因不及檢點，以致有此駢拇枝指，而購者則蒙其欺矣。此固無善法以處之，而能免此弊病者。余謂不得已，只能改良書面、改良告白之一法耳。譬如一西譯書，而於其面書明原著者誰氏，原名爲何，出版何處，皆印出原文；今名爲何，譯者何人。其於日報所登告白亦如之，使人一見而知，謂某書者即原本爲某某氏之著也。至每歲之底，更聯合各家，刊一書目提要，不特譯書者有所稽考，即購稿者亦不至無把握，而於營業上之道德，營業上之信用，又大有裨益也。〔註75〕

徐念慈對於一書數譯提出的解決方法有二：

其一，以後出版翻譯小説時，要在封面注明原著者，原名、出版社名、譯名、譯者等信息。對於這一點，小説林社做到了。如戊申正月（1908 年 2～3 月）出版的《紅閨鏡》，封面素白，依次寫明：「*IN FOLLY'S FETTERS OR THE BERILS OF A SECRET MARRIAGE* BY TENTON・R・ST，紅閨鏡，美國史德蘭原著，吳門華兮譯，小説林社出版」。

其二，編寫書目提要，徐念慈編寫了《丁未年小説界發行書目調查表》，《小説林》第十期也刊出了《小説林目錄》，依次注明書名、冊數、出版年月、著譯者和定價。徐兆瑋考證譯本小説異同的《新書目錄》正與徐念慈這一主張相合，不知道兩人是否有相互影響。

三、鍾駿文對小説林社小説的接受

鍾駿文（1865～1908 年後），字八銘，筆名寅半生，浙江永興人。他是一個熱衷科舉功名的人，但天意弄人，自 1884 年考取秀才後，即屢試不第，而

〔註75〕覺我《余之小説觀》，《小説林》第九期，1908 年 2 月。

且，一直沒有能夠養家糊口的職業。鍾氏家境寒微，是晚清郁郁不得志的下層傳統讀書人的典型代表。由其 1906 年創辦的《遊戲世界》雜誌，也基本上帶有舊式文人的情趣。

鍾駿文撰有《小說閒評》〔註76〕，連載於他主持的《遊戲雜誌》，專門評點新出小說，寫作目的是：由於「十年前之世界為八股世界，近則忽變為小說世界」，小說雖如此興盛，但是質量參差，佳本極少；又多有「一書而異名者」，很是不便。鍾本人又喜好小說，因此發願凡閱一書，必先簡介情節，再評價優劣，來為購小說者作個指南。

《小說閒評》共點評了新出小說 67 部，小說林社所出就佔了 18 部。它們是：科學小說《黑行星》、豔情小說《車中美人》、家庭小說《小公子》、傳奇小說《海天嘯》、豔情小說《萬里駕》、滑稽小說《大除夕》、偵探小說《女首領》、言情小說《情海劫》、偵探小說《纖手秘密》、偵探小說《霧中案》、言情小說《埋香記》、偵探小說《髑髏杯》、家庭小說《鴻巢記》、國民小說《無名之英雄》、社會小說《啞旅行》、偵探小說《彼得警長》、言情小說《愛河潮》、偵探小說《日本劍》。除《海天嘯》、《埋香記》外，其餘 16 部都是翻譯小說。

鍾駿文有著不錯的鑒賞力。他很贊許黃人所譯《啞旅行》，稱其充滿「種種可笑之事」，「描摹神情，淋漓盡致，足為漫遊者鑒」；還讚揚包天笑所譯《無名之英雄》「筆力矯健，令人為國捐軀之念油然而生。膩友絳靈，至性纏綿，尤足令人感泣。惜乎眾寡不敵，志士流血，讀竟為之憮然」。這兩種譯作情節性強，譯筆流暢生動，確實是小說林社所出眾譯本中的上乘之作。他對小說林社小說也有批評，而且，有些批評相當準確。如他批評《海天嘯傳奇》押韻混亂：「忽爾『尤』、『有』、『又』，忽爾『東』、『董』、『棟』，忽爾『經』、『景』、『敬』，演唱頗不順口」，而且體例乖舛：「中間忽插入尾聲。所見詞曲，雖不甚廣，亦不下百餘種，似覺無此體例。」確實，連《海天嘯》作者劉鈺自己也承認由於初學，於角色、花名、砌末、位置等均有不妥之處。再如他評點《車中美人》：「名為豔情小說，實則偵探小說耳。前半寫加之眷戀，雪之悽楚，活現紙上。後半索然無味，不及他種偵探書之離奇變幻，令

〔註76〕寅半生《小說閒評》，原刊《遊戲世界》第一至十八期，阿英《晚清文學叢鈔·小說戲曲研究卷》第 467～507 頁收錄。以下引文均出自阿英書中，不再逐一加注。

人拍案叫絕者。且雪夫人之購手槍，亦未敘明其故，處處插入加之友曰密特梅，實則毫無助力之處，未知何意。」此書的缺點也正如其所言。

　　但是，也有一些評點透露出，鍾駿文仍深受中國傳統小說接受心理的影響。在他的小說評價標準中，「奇」是判斷小說好壞的一個很重要的條件。他讚揚《女首領》：「所敘各案，一波未平，一波又起，而無不歸罪於古蘭甘，卒無證據可獲。元兇巨憝，偏致頌聲遍地，寫來卻是好看。」「第八章放鴿之後，意謂可以一鼓成擒，乃竟變詐百出，李代桃僵，元惡卒脫網而去，可謂出人意表。」他批評《埋香記》：「所敘似是實事，然列之小說中，實屬司空見慣，無出奇制勝處。」《埋香記》是一部傳統的言情小說，主要寫書生和丫鬟的愛情悲劇，鍾駿文認爲其「無出奇制勝處」，可見譯本小說已經逐漸改變讀者的閱讀口味，就連鍾氏這樣的舊式文人都不喜歡中國傳統愛情小說了。再如《情海劫》，原書「敘白脫蘭梅使侄倍恩以刑餘之人與哈蘭、羅特力等航海取寶。哈蘭故與白脫女芬恩交情甚密。途次，羅特力與鼎特等潛起謀心，爲倍恩所知，乃與哈蘭遁入荒島。哈蘭以所喪甚巨，無顏復歸，倍恩乃隻身返。白脫蘭梅聞信後，遂與芬恩、倍恩入海，冀尋哈蘭。羅特力窮追不已，併吞其所有，復將芬恩劫去。倍恩捨身保護，屢遇難而屢救之。卒能父女會合，重返家園。時哈蘭已置身外事，芬恩遂與倍恩結婚云」。小說林原書末有率眞子總評：「以一囹圄囚人，而負百折不回氣，品奇；以一脆弱女子，而存歷劫不磨想，情奇。以素所夷落，素所疾惡之人，而卒乃白頭矢志，緣奇；以絕無希望，絕無僥倖之事，而竟致靑眼有加，遇奇。以兩不相投之緣，若遇蒼蒼者故爲造作，使之合而離，離而合，合而仍離，離而終合，文奇。」寅半生對這「五奇」一一批駁：

　　　　噫嘻！率眞子可謂少見多怪者矣。倍恩之犯法也，不詳其何事，安知非深文羅織，誤入法網者？且囹圄中人，豈盡一無志氣？古今來英雄豪傑，半出於此，小說中如倍恩其人者，正不堪屈指計，則其品何足爲奇？歐美女子與男子並立，非如華女之俯仰依人。如芬恩者，隨在皆是，更有較勝萬萬者。無論芬恩並不存歷劫不磨之想，即有此想，亦與「情」字何涉？則其情未足爲奇。芬恩與倍恩本未嘗夷落，未嘗疾惡，況能捨身保護，屢出於險？其白頭矢志也，亦屬應有之事，則其緣未足爲奇。倍恩於芬恩未必絕無希望，觀其處處以情相感，以恩相結，何嘗不作僥倖之想？夫以如是捨身從事，

> 而猶不加以青眼，必非人情，則其遇未足爲奇。離合悲歡，小說家
> 必然之事，近來文人鉤心鬥角，無不肆力於小說，眞覺無奇不有，
> 無美不臻，往往有出人意外者。此書所敘，猶是尋常解數，則其文
> 亦未足爲奇。乃竟極力推崇之曰「品奇」、「情奇」、「遇奇」、「緣奇」、
> 「文奇」，眞令人拍案大呼曰：「奇！奇！奇！」

他認爲，歐美女子堅強獨立如小說女主人公倍恩者，所在多有，不能稱作「情
奇」，而其他幾「奇」，也名不副實。近來小說「無奇不有，無美不臻」，「此
書所敘，猶是尋常解數」，不足爲奇。鍾駿文在《情海劫》的情節構思是否眞
的出奇上較眞，可見他對「奇」的偏好。而這一好「奇」的評價尺度也貫穿
於他的《小說閒評》，在對小說林社之外的出版物進行評點時，同樣如此：如
評論新小說社的偵探小說《手足仇》「離奇恍惚，不可思議」；商務印書館寫
情小說《玉雪留痕》「奇事奇情，古今罕見」；寫情小說《電術奇談》「情迹離
奇」；文明書局《唯一偵探譚四名案》「奇情壯採，於離奇變幻中，更寓一段
美滿姻緣」；商務印書館道德小說《一束緣》「情節固屬離奇，筆墨亦能雋雅，
是亦小說中之上乘者」等。

晚清時期，梁啓超等人提倡小說改良社會，吳趼人等人提倡小說講求舊
道德，但普通讀者如鍾駿文，卻把關注點更多地放在了情節離奇上面，這一
點確實很耐人尋味。當然，筆者不是說鍾駿文不看重小說新民，他也很欣賞
包天笑翻譯的國民小說《無名之英雄》；也不是說鍾氏不強調小說的道德因
素，他評價小說林社版《纖手秘密》時，也認爲「文司登勸韓得生勿爲『情』
字所累，義正詞嚴，少年人俱當奉爲圭臬」。只是這種對「奇」的追求，與我
國傳統小說的欣賞心理更爲契合（比如「四大奇書」），也在很大程度上導致
了偵探小說在晚清的廣爲流行。

需要指出的是，鍾駿文所讚賞的「奇」，是「情節離奇」，和徐兆瑋欣賞
的新小說「思想之奇闢」的「奇」，並不相同。徐兆瑋更關心小說是否能給他
補充新知識、新思想。兩人都評點過小說林社的科學小說《黑行星》，但其觀
點大相徑庭。鍾駿文批評《黑行星》「科學家或有意味可尋，非小說家所能索
解也」；徐兆瑋則認爲：「此科學小說之足警動沉迷者，較《世界末日記》更
有理想。」〔註77〕原因是：徐兆瑋的知識結構中，新學佔了很大一部分（他
在家鄉辦新式學校，對催眠術感興趣，並於 1907 年出國留學）；而八次參加

〔註77〕徐兆瑋《燕臺日記》光緒三十二年六月十二日（1906 年 8 月 1 日）。

科舉均落第的鍾駿文，舊學仍是其思想的重心。可見，是否能看懂新小說，尤其是新小說中有關學理的部分，與是否有新學知識有很大的關係。同是「由舊學界而入新學者」，新學占的比重有多大，是能否鑑賞新小說的關鍵所在。正如《讀新小說法》所言，「舊小說，文學的也；新小說，以文學的而兼科學的。舊小說，常理的也；新小說，以常理的而兼哲理的。」〔註78〕兼有文學、科學、哲理三要素的新小說，顯然如徐兆瑋者才是理想的讀者。

　　察鍾駿文的一些評論，也顯示出他受中國傳統小說影響太深，對於西方小說的藝術特徵缺乏瞭解。例如他評《大除夕》：

　　　　書凡十五回。敘一跛足更夫信丞，於大除夕夜，雪冷難行，命兒子吉兒代巡。吉兒本與羅花姐有約，途遇幽籬庵皇子戴面具出行，互換裝束，吉遂入宮，赴跳舞會。所遇諸人，皆誤以為皇子，吉亦隨機應對，一無破綻。至十二點鐘，始易原裝。時皇子巡更，唱歌罵人，為警察所追，俱執之面君，以遊戲，赦之。吉本習種花樹之業，皇子遂賞銀五千圓，命作園丁。吉返，詳述之父母，與花姐皆喜。於是與花姐成婚。

　　　　此書以吉兒與花姐為主腦，配以灑脫詼諧之皇子，顧天下斷無更夫可以入宮冒充皇子者，亦斷無皇子代作更夫者，雖各國風尚容有不同，且此事原屬一時遊戲，然遊戲亦須近理，方有趣味可尋。
　　　　若此書所述，未免太覺離奇矣。

　　《大除夕》本是「極奇特而輕快之喜劇小說」〔註79〕，鍾駿文還要考究其真實性，顯示了他對小說的虛構特點缺乏理解。這也是我國古代小說依附於歷史，在他心中留下的印跡。另外，出於對情節的重視，他對一些小說中作為點綴的「閒文」很不理解。他評《小公子》：「初讀此書，頗有靜氣，其敘錫特黎拯濟窮困，並與霍布士、桀克等往還，純乎一片天真。敘夫人亦落落大方，居然有名貴氣象。至迎錫入侯邸後，曲意承歡，饒有天趣。惜乎喋喋家常，並無變化。至敘錫庚司及奧斯考忒市已為司空見慣，一望而知。末敘爭襲一事，正好大起波瀾，以娛閱者之目，乃竟旋起旋伏，易如反掌，毫

〔註78〕《讀新小說法》，《新世界小說社報》第六、七期，1907年；轉引自陳平原、夏曉虹《二十世紀中國小說理論資料》第一卷（1897～1916），第299頁。
〔註79〕徐卓呆《譯者小引》，載氏譯《大除夕》；轉引自《中國近代文學大系・翻譯文學集》第1冊，第314頁。

無波折，甚爲可惜。」評《髑髏杯》：「高手下棋，必無閒著，往往有落子於數十著以前，而得力於數十著以後。小說之起伏照應，亦不外此法。此書閒文極多，如第一章敘泊而馬剌斯夫妻，雖爲勃來克夫人僦居而設，然觀其詳寫一切，似乎爲書中要緊腳色，乃後文全無所用，此等處甚多，不無可議。作者譯本甚夥，筆墨甚爲乾淨，極無支蔓，此書竟若另出一手，何歟？」他不理解小說中關於日常生活的描寫，以爲所有的文字都必須緊扣情節展開。《小說林》雜誌所刊《觚庵漫筆》中有這麼一段，似可看作是對寅半生的回應：「余謂小說可分兩大派：一爲記述派，綜其事實而記之，開闔起伏，映帶點綴，使人目不暇給，凡歷史、軍事、偵探、科學等小說皆歸此派。我國以《三國志》爲獨絕，而《秘密使者》、《無名之英雄》諸書，亦會得此旨者。一爲描寫派，本其性情，而記其居處行止談笑態度，使人生可敬、可愛、可憐、可憎、可惡諸感情，凡言情、社會、家庭、教育等小說皆入此派。我國以《紅樓夢》、《儒林外史》爲最，而《小公子》之寫兒童心理，亦一特別者也。」〔註80〕

　　通過上述對小說林社翻譯外國小說的動機、稿源，以及譯者情況、讀者接受情況、翻譯小說概貌的分析，我們可以得出這樣的結論：小說林社的翻譯動機主要是傳播新知和新民，出於文學藝術方面的考慮較少。其譯者群的主體是江蘇籍的年輕新知識分子，這些人科班出身的並不多，大部分人的外語依靠自學，因此，很少有人具備系統的西方文學知識，這影響到小說林社的翻譯小說：很少名家之作，多是當時流行的偵探和言情小說。另外，當時的讀者或看重小說的補充新知，或喜歡小說的情節離奇，都對外國小說藝術既不太瞭解，也不大感興趣。這也影響到小說林社的小說出版，使得他們沒有把關注重點放在小說藝術的考究上。所以，總體而言，小說林社翻譯小說最大的成就在於：憑藉自己 104 種之多的翻譯小說，將外國風土人情介紹到中國，開拓了國人眼界，引起了國人對於西方小說的興趣。當然，借助譯本，一些外國小說的結構技巧也同時引進到中國。

〔註80〕觚庵《觚庵漫筆》，《小說林》第七期，1907 年 12 月～1908 年 1 月。